*Horst Claussen*

*»Des ewigen Sinnes ewige Unterhaltung«*

*Spaziergänge
durch Roms Campo Marzio
um die Casa di Goethe*

# Horst Claussen
# »Des ewigen Sinnes ewige Unterhaltung«

*Spaziergänge
durch Roms Campo Marzio
um die Casa di Goethe*

WALLSTEIN VERLAG

Bibliografische Information Der Deutschen Bibliothek
Die Deutsche Bibliothek verzeichnet diese Publikation in der
Deutschen Nationalbibliografie; detaillierte bibliografische Daten
sind im Internet über http://dnb.ddb.de abrufbar.

© Wallstein Verlag, Göttingen 2005
www.wallstein-verlag.de
Vom Verlag gesetzt aus der Stempel Garamond und der Frutiger
Umschlaggestaltung: Susanne Gerhards, Düsseldorf,
unter Verwendung von: Giovanni Paolo Panini,
Ansicht von Rom von den Abhängen
des Monte Mario, 1749 (s. auch Farbtafel nach S. 128).
Der vordere Vorsatz enthält eine Gesamtkarte
des Rione Campo Marzio mit den Rundgängen;
der hintere Vorsatz enthält einen Stadtplan Roms
von Giambattista Nolli, (»Großer Plan« von 1748)
Druck: Friedrich Pustet, Regensburg
ISBN 3-89244-949-x

# Inhalt

»Gestaltung, Umgestaltung, des ewigen Sinnes
ewige Unterhaltung«. Fünf Spaziergänge
durch zweitausend Jahre Geschichte
9

Zur Geschichte der Casa di Goethe
13

Zur Geschichte des Rione »Campo Marzio«
17

*Erster Rundgang*
Von der Piazza del Popolo über den Pincio zur Villa Medici
35

*Zweiter Rundgang*
Zwischen Via del Corso und Spanischem Platz
79

*Dritter Rundgang*
Zwischen Via del Corso und Tiber
113

*Vierter Rundgang*
Von der Piazza S. Lorenzo zum Albergo dell'Orso
145

*Fünfter Rundgang*
Rund um die Spanische Treppe und den Spanischen Platz
171

Anhang
220

Personenregister
225

*Eine Vorrede*

Wieder in Rom, im Wegkreuz, im Stein.
Wieder der kopflose Apoll vor dem Fenster,
der ausweglos Schreitende, mit einem Helm
aus Schnee auf der ewigen Wunde.
Wieder die Tafeln über den Modegeschäften,
Andersen, Gogol, Joyce, traurige Polen
in Geldverlegenheiten, die in muffigen Zimmern
ihre patriotischen Lieder schrieben,
bevor sie in unermeßlicher Fremdheit
starben wie die mageren Katzen im Forum,
die der Schnee sanft erdrückte.
Wieder das weinende Auge des Elefanten
und Christus mit dem Kopf des Esels
und der riesige Mund der Wahrheit,
der gefräßige, zahnlose Schlund,
ein Kunstgebild der echten Art,
das keiner achtet.
Wieder in Rom, im Wegkreuz, im Winter.
Und wieder die schönen Zeitungen
aus Deutschland, ihre Rhetorik der Verachtung,
immer einen Tag zu spät und feucht im Steg
und veraltet in ihrem Haß auf alles,
was sich ihnen beharrlich entzieht.
Und auch das Kopfschütteln wieder da
über den Herzverdrahtungsplänen,
über die flimmernden Zeichen
auf dem vergrößernden Schirm der Erfahrung,
die sich nicht lesen lassen wollen
ohne fördernden Beistand: wieder keine
feste Linie in der Lebensströmung,
der sich folgen ließe ohne Scham,
nur wurzellose Willkür, Lebenstrübung,
hoffnungsvolles Wünschen.
Und wieder diese deutschen Telefonbefehle:
reiß dich zusammen, mach einen Reim

auf Schönheit, wo alle Wörter ziellos
auseinanderschießen und verenden.
Und plötzlich: Schnee im Pantheon,
ein weißer Säulenfall diffusen Lichts
durchschnitt die Kugel dieser Welt.
Jetzt muß sich alles ändern, dachte ich,
von diesem weißen Zeichen überrumpelt.
Ich sah den Blutfleck, sah die Stumme,
die dich mit ihrem Finger rief – und trat
dazwischen: daß deine Augen sie verlieren.
Und plötzlich gab es einen Weg,
verkieselt und verschottert zwar
und ohne rechten Halt in diesem Winter,
es gab die helle Hautabschürfung
unter deinem linken Auge, es gab
ein Wort das andre.
Wieder in Rom, fand ich die Sprache wieder.

*Michael Krüger*

## »Gestaltung, Umgestaltung, des ewigen Sinnes ewige Unterhaltung«

### Fünf Spaziergänge durch zweitausend Jahre Geschichte

Der heutige vierte Bezirk der historischen Altstadt Roms, benannt nach dem antiken Campus Martii – »Marsfeld« –, ist nicht das Herz der Stadt. Das schlägt vielleicht auf dem Forum, dem Petersplatz oder der Piazza di Monte Citorio. Aber ihr Rückgrat bildet die berühmte Via del Corso, meist einfach nur »der Corso« genannt. Rechts und links des Corso finden sich touristische Attraktionen wie die Piazza del Popolo oder die Spanische Treppe. Und vom nahe gelegenen Pincio-Hügel bietet sich einer der schönsten Ausblicke der Welt. Die teuersten Auslagen der Stadt finden sich in der Via Condotti, die Namen der dort ansässigen Firmen lesen sich wie ein Brevier der Welt des Luxus und der Moden.

Am Rande des Viertels, zwischen dem Parlamentsgebäude und dem Amtssitz des italienischen Ministerpräsidenten, liegt das politische Zentrum der italienischen Republik. Und mittendrin erhebt sich die gewaltige Ruine des Grabmals des ersten und bedeutendsten aller römischen Imperatoren. Vom Ende des Mittelalters bis zum Beginn des Zeitalters der Flugreise war die Porta del Popolo das Entree der von Norden nach Rom ziehenden Pilger, Fürsten, Künstler oder Touristen. Nirgendwo in Rom gab es bis ins 20. Jahrhundert hinein so viele Herbergen und Hotels wie in diesem Viertel, nirgends wohnten – für Wochen, Monate, Jahre oder lebenslang – mehr Ausländer als auf dem Campo Marzio, der seit dem 16. Jahrhundert das Viertel der Künstler und Lebenskünstler ist.

Einer von ihnen war Ende des 18. Jahrhunderts der Weimarer Dichter und Staatsbeamte Johann Wolfgang Goethe. Die Wohnung am Corso, in der er von 1786 bis 1788 lebte, gehört seit 1997 zur Corona der angesehenen deutschen Kultureinrichtungen in Rom.

Die fünf Spaziergänge durch diese Region im Centro Storico Roms nehmen von der Casa di Goethe ihren Ausgang und schreiten die römische Geschichte von Augustus bis zum Jahr des Giubileo (2000) ab, von siebeneinhalb Metern unter dem heutigen Straßenniveau bis auf die Höhen des Pincio. So lassen sich zweitausend Jahre an einem Tag erleben.

In Rom ist die Zeit nicht stehengeblieben wie etwa in Karthago oder Pompei. Rom hat sich ununterbrochen verwandelt – »Gestaltung, Umgestaltung, des ewigen Sinnes ewige Unterhaltung«, so formulierte Goethe eine seiner tiefsten menschlichen und künstlerischen Überzeugungen.

»Die Einzigartigkeit der römischen Geschichte besteht darin, daß sie nicht abbricht, daß sie auch tiefe Brüche überwindet, immer wieder auf Ursprünge zurückgreift und damit Neuanfänge bewältigt«, schreibt der Schweizer Historiker Volker Reinhardt in seiner souveränen Überschau von dreitausend Jahren römischer Stadtgeschichte.

Nichts in Rom ist geblieben, was es einmal war. Aus Tempeln und Privathäusern wurden Kirchen, aus Grabmälern Festungen, aus antiken Statuen Brunnenfiguren; Marmorverkleidungen und -säulen wurden wiederverwendet oder in Kalköfen verbrannt. Seit Jahrtausenden wird in Rom angebaut, umgebaut und überbaut, weil die Stadt fast ununterbrochen Zentrum zweier Weltreiche – des römischen und des christlich-katholischen – war und ist. Außerdem ist Rom seit gut einem Jahrhundert auch Hauptstadt eines der großen europäischen Nationalstaaten. Nicht nur diese drei Reiche nutzten und nutzen die Stadt als Bühne ihrer Macht- und Geltungsansprüche. Für Konsuln und Caesaren, Feldherren und germanische Usurpatoren, Päpste und Kardinäle, Könige und einen Führer, dazu fremdländische Befreier, Retter und Besatzer vom Frankenkönig Karl bis zu Napoléon bot die Stadt nahezu ideale Voraussetzungen der Inszenierung ihrer Macht, ihrer Machtansprüche und -phantasien. »In jedem Mauerloch schwelt Geschichte. Hoch infektiös, / Verseucht von Ideen ist, von Interessen, die Atemluft« – diese Verse Durs Grünbeins könnte man auch auf Rom münzen. Allein: Damit Rom werden konnte, was es ist, bedurfte es der kompetenten Unterstützung durch die Kunst. Denn Motoren des fortgesetzten metamorphotischen Prozesses waren die Künstler, stets der Macht zu Diensten, immer aber auch sich ihrer eigenen Macht sehr bewußt. Wenn es denn eine Welthauptstadt der Kunst gäbe, dann vielleicht die an Kunstschätzen im Abendland reichste Stadt jenes Staates, in dem sich nach einer Schätzung der UNESCO etwa ein Fünftel des Kulturerbes der Welt befindet.

Die Rundgänge sind so zusammengestellt, daß sie in jeweils einem halben Tag zu bewältigen sind, wobei die individuelle Verweildauer den Zeitbedarf natürlich mitbestimmt. Dabei wird der

Blick des Betrachters nicht nur auf weltberühmte, in keinem Reiseführer ausgelassene Sehenswürdigkeiten »mit Sternchen« gelenkt, sondern auch auf Nebensächlichkeiten, auf Funde in den Sedimentschichten der Stadt, die selten oder gar nicht erwähnt werden, die aber dennoch fast noch mehr als die Objekte von überragender kunsthistorischer Bedeutung dazu beitragen, ein facettenreiches und lebendiges Bild von der Allgegenwart der Vergangenheit und von der Beharrung in der Verwandlung zu vermitteln.

Denn Rom ist der Inbegriff, ja das Urbild einer Stadt, in der die Artefakte, Stein für Stein, »gesättigt sind mit Geschichte«, wie der Architekturkritiker Heinrich Wefing über ein Frühwerk Karl Friedrich Schinkels, des Architekten Preußens, schrieb, der einen der schönsten römischen Kuppelbauten auf märkischem Sandboden errichtet hat. »Die Mauern mußten sich mit Ereignissen und Erinnerungen vollsaugen« – und nun warten sie darauf, so könnte man dies Bild fortsetzen, daß der Betrachter sie zum Sprechen bringt, daß er sie entziffert und den – oftmals verborgenen – Sinn wieder ans Licht befördert, den die anonymen und personifizierten Kräfte der Geschichte in sie eingeschrieben haben.

\* \* \*

Die fünf Spaziergänge beginnen und enden an der Casa di Goethe. Fünf Teilkarten verzeichnen die mit laufenden Nummern (im Text fett gesetzt) versehenen Bauwerke und Objekte, die im Text erwähnt oder näher erläutert werden. Je nach Interessenlage und Intensität der Betrachtung sollten pro Rundgang zwei bis drei Stunden eingeplant werden. Eine Gesamtkarte des Rione Campo Marzio findet sich auf dem vorderen Vorsatz. Fünf »Exkurse« führen über die Grenzen des Viertels hinaus, der letzte, zum Friedhof an der Porta Ostiense, so weit, daß er nicht mehr abgebildet werden konnte. Ausführliche historische und kunsthistorische Erläuterungen oder vertiefende Zitate sind kleiner gesetzt und für den Zusammenhang des Textes entbehrlich. Den Text unterbrechend und seine Bahn verlassend, finden sich einerseits kurze Prosatexte, Gedichte und Briefstellen, vor allem von Dichtern und Schriftstellern, die auf Beschriebenes Bezug nehmen, andererseits kurze lexikalische Artikel zu Personen und Sachbegriffen. Beide haben eine ähnliche Funktion wie die Abbildungen, die überwiegend weniger Bekanntes oder aber das Bekannte aus ungewohnter Perspektive oder in historischer Gestalt vor Augen führen. Die in Klammern gesetzten Ziffern bei der Beschreibung der Kirchen S. Maria del Popolo und SS. Trinità dei Monti sowie der Ara Pacis und des Augustus-Mausoleums beziehen sich auf die entsprechenden Grundrisse.

# Zur Geschichte der Casa di Goethe

Bis in die 1980er Jahre hinein war das Eckhaus in der römischen Via del Corso/Via della Fontanella eines von vielen unauffälligen Mietshäusern mit einer repräsentativen Fassade im Palazzo-Stil der Neo-Renaissance. Daß die Geschichte des Hauses heute in vielen Details bekannt ist, daß Namen von ehemaligen Eigentümern aus dem Dunkel der Geschichte aufgetaucht, daß Akten von das Gebäude betreffenden Rechtshändeln entdeckt wurden, ist das Verdienst umfassender Forschungen des ehemaligen Direktors der Biblioteca Hertziana Christoph Luitpold Frommel. Er hat seine Entdeckungen 1977 in einem Aufsatz »Zur Geschichte der Casa di Goethe« im Eröffnungskatalog des Museums publiziert. Die zentrale Frage, die Frommel zuverlässig und abschließend zu beantworten suchte, war die, in welchem Haus am Corso Goethe denn nun während seiner römischen Aufenthalte 1786/88 gewohnt habe. Die Antwort war auch im Hinblick auf die Absicht des Arbeitskreises selbständiger Kulturinstitute, in diesem Haus ein Goethe-Museum einzurichten, und die Bereitschaft des Bundes, die erforderlichen Investitionen zu einem großen Teil zu tragen, von nicht geringer Bedeutung.

Das Haus Via del Corso 18 kann als repräsentatives Beispiel neuzeitlicher bürgerlicher Bebauung des Viertels gelten. Umfangreiche Bauarbeiten, die der Einrichtung des Museums in den frühen 1990er Jahren vorangingen, haben gezeigt, daß auf dem Grundriß des heutigen Eckgebäudes in der zweiten Hälfte des 16. Jahrhunderts drei Häuser errichtet worden waren, und zwar nachdem das Gelände zwischen der alten Via Flaminia (der heutigen Via del Corso) und der unter Paul III. (1534-1549) angelegten Via del Babuino parzelliert worden war. Der Romplan Antonio Tempestas von 1593 zeigt bereits ein einziges stattliches, zweieinhalbgeschossiges Gebäude, das sich in seinem Äußeren bis Ende des 18. Jahrhunderts, das heißt bis zur Goethe-Zeit, nicht wesentlich verändern sollte. Verschiedene Indizien sprechen dafür, daß dieses später Casa Moscatelli genannte Gebäude aus den erwähnten drei oder vielleicht sogar vier Parzellen zusammengewachsen ist. Die Befunde im Keller- und im Mezzaningeschoß, also dem niedrigeren Geschoß zwischen Erdgeschoß und erstem Obergeschoß, wo sich steinerne Gewölbe aus dem 16. Jahrhundert erhalten haben, stützen diese Vermutung. Die drei oder vier Häuser gehörten schon vor 1593 dem Notar Jacopo Scala, der vielleicht auch sein Büro im Hause hatte und zwischen etwa 1577 und 1593 die unterschiedlichen Geschoßhöhen der Gebäude angleichen und damit den einheitlichen Gesamteindruck entstehen ließ.

Ab 1601 existieren Einwohnerlisten für diesen Bereich der Stadt, die über 200 Jahre bei der Pfarrkirche S. Maria del Popolo geführt wurden. Bis 1832 lassen sich anhand dieser Listen die Einwohner der Häuser namentlich ermitteln, so die Familien Scala, Graziani, Attavanti, Pozzoli und Moscatelli. Immer wieder sind Juristen und Notare unter ihnen. Die Erben der Familie Moscatelli bewohnten das Haus 1786 bei der Ankunft Goethes in Rom bereits nicht mehr selbst, sondern hatten es vermietet. Zu den Mietern gehörte auch jenes römische Ehepaar Collina, in dessen Wohnung sich Johann Heinrich Tischbein und bei diesem dann wiederum Goethe einquartiert hatte. 1816 erwarb der Architekt und Ingenieur Andrea Giorgi das gesamte Anwesen. Seine Tochter heiratete 1823 einen Enkel des Bildhauers der Fontana di Trevi, Pietro Bracci, der die umfassende Erneuerung und Modernisierung des Gebäudekomplexes einleitete. 1833/34 wurden verschiedene Bauteile unter einer regelmäßigen Fassade zu einem einheitlichen Baukörper mit zentralem Eingang und Treppenhaus zusammengefaßt. Die Tür- und Fensteröffnungen verteilten sich nun gleichmäßig über die Fassadenwand. Das Erdgeschoß erhielt eine Quaderung aus Stuck, die Formsprache von Portal und Fensterlaibungen ist die der römischen Hochrenaissance, ein frühes Beispiel historistischen Bauens also. Aus dieser Zeit haben sich im ersten und zweiten Obergeschoß die Balkendecken, teilweise sogar mit ihrer ursprünglichen Bemalung erhalten, die bei den Umbauten freigelegt und restauriert wurden.

Der letzte Erbe der Familie Bracci hinterließ das Haus 1948 einem Priester der Diözese Civita Castellana, die das erste Obergeschoß als Stockwerkseigentum 1987/90 an den Arbeitskreis selbständiger Kultur-Institute verkaufte. Der Arbeitskreis bot sich als Träger einer in Rom gelegenen Einrichtung an, weil die Bundesrepublik im Ausland kein staatliches Museum unterhalten wollte und zudem die beiden Goethe-Museen in Frankfurt und Düsseldorf – nach 1990 kam noch die Stiftung Weimarer Klassik hinzu – zu den Mitgliedern des Arbeitskreises gehörten.

Zur Zeit des Romaufenthaltes Goethes befanden sich im ersten Obergeschoß drei abgeschlossene Wohneinheiten, von denen Tischbein das Appartement bewohnt hat, welches das Eckzimmer und einige Räume zur Via della Fontanelle umfaßte. Frommel hat spitzfindig, aber sehr überzeugend, die genaue Lage des berühmten Goethe-Zimmers nachgewiesen, dessen Fenster sich zur Via della Fontanella öffnete und dessen Aussehen in einem bekannten Aquarell Tischbeins überliefert ist.

Dieses Aquarell bot Anhaltspunkte für das Aussehen römischer Innenräume zur Zeit Goethes und diente der Orientierung bei der Neugestaltung der Museumsräume der Casa di Goethe. Zehn Jahre dauerte es vom Erwerb der Wohnungen 1987 bis zur Eröffnung der Casa di Goethe 1997. Dabei hatte die Kommune schon 1872 eine marmorne Gedenktafel am Haus anbringen lassen, die mit römischem Pathos darauf verwies, daß »in questa casa immaginò e scrisse cose immortali Volfango (sic!) Goethe«, Goethe hier also »unsterbliche Dinge erdacht und geschrieben« habe.

Dem Museum steht eine Fläche von 600 Quadratmetern für eine ständige Ausstellung und für Wechselausstellungen, eine Studienbibliothek und die Räume der Mitarbeiter zur Verfügung. Goethe und seine Malerfreunde bewohnten in einer Art Wohngemeinschaft die Räume entlang der Via della Fontanella. Das »historische Eckzimmer«, der größte Raum des Museums, wird heute auch für Veranstaltungen, Lesungen, Vorträge und kleine Konzerte genutzt. Hier steht eine Kopie jenes Gemäldes von Tischbein, das Goethe, lässig lagernd, in der Landschaft der Campagna zeigt – eine Ikone der Malereigeschichte, aber auch der Werbe- und Popkultur.

Die Casa di Goethe ist aber nicht nur Dichter-Gedenkstätte und Museum, sondern vor allem auch Begegnungsstätte von Deutschen und Italienern und Ort des wissenschaftlichen und künstlerischen Dialogs. Hierzu tragen die Stipendien bei, die es zwei bis drei Schriftstellern, Publizisten, Wissenschaftlern, Übersetzern und Künstlern ermöglichen, sich mit Goethe und einem Goldenen Zeitalter der deutschen Kultur, aber auch mit einer über 1200jährigen gemeinsamen Geschichte auseinanderzusetzen.

Die Casa di Goethe hat mittlerweile eine kleine, aber charaktervolle Sammlung von Gemälden, Graphiken, Handschriften und Büchern in Erst- und bibliophilen Ausgaben, die in der ständigen Ausstellung zu Goethe in Rom und Italien zu sehen sind, aber auch die häufigen Wechselausstellungen ergänzen.

Der vorliegende kleine Führer folgt nicht den Spuren Goethes durch die Stadt, nimmt aber dessen Domizil, in dem sich heute das einzige deutsche Auslandsmuseum befindet, zum Ausgangs- und Zielpunkt für Erkundungen. Goethes Reise ist historisch, ein Meilenstein deutscher Geistesgeschichte, und das Bewußtsein, aus dem und mit dem er reiste, kann nicht zurückgewonnen werden. Es ist uns – seien wir ehrlich – trotz aller Faszination auch zunehmend fremd. Sich aber dieser Stadt, die ihn so begeisterte, heute in *dem* Bewußtsein auszusetzen, daß sie nicht mehr dieselbe ist wie vor 200 Jahren und doch merkwürdig und betörend unverändert und konstant, ist auch im 21. Jahrhundert nicht ohne Reiz.

# Zur Geschichte des Rione »Campo Marzio«

## Die Zeit der römischen Republik (6.–1. Jahrhundert v. Chr.)

Der vierte römische Stadtbezirk trägt den uralten Namen eines Areals, das sich einst von den Hängen des Capitol-, Quirinal- und Pincio-Hügels nach Westen bis zum Tiber und nach Norden in einem schmalen Streifen zwischen Pincio und Tiber bis zur Milvischen Brücke (heute: Ponte Milvio) erstreckte. Dieses Gebiet war ursprünglich Überschwemmungs- und Sumpfgebiet und daher für eine dauerhafte Besiedlung eigentlich ungeeignet. Daher entstand das vorantike Rom nicht hier, sondern eben auf den südlich und östlich angrenzenden Hügeln.

Ungeachtet der topographischen Gegebenheiten verlagerte sich das Siedlungsgebiet in nachantiker Zeit aber immer mehr von den Hügeln in die ungesunde Ebene des Marsfeldes. Das hatte nicht zuletzt mit der Neuorientierung der Stadt in christlicher Zeit – weg vom Herzen des antiken römischen Imperiums, dem Forum Romanum, hin zum neuen Zentrum des Weltreiches der Kirche, dem Grab des Apostels Petrus – zu tun.

Das Rom der republikanischen Zeit lag auf und zwischen den sieben Hügeln, die nach 386 v. Chr. von einer ersten monumentalen Stadtmauer zusammengefaßt wurden. *Vor* dieser Mauer dehnte sich nach Norden die weite Fläche des Marsfeldes, das zwar weitgehend unbesiedelt, aber nicht gänzlich unbebaut war. Unmittelbar vor der Stadtmauer, am Fuße des Capitol-Hügels begann eine der wichtigsten Fernstraßen des Römischen Reiches, die Via Flaminia. Angelegt ab 220 v. Chr. zu militärischen Zwecken während der Punischen Kriege, verband sie Rom mit dem wichtigen Adria-Hafen Rimini. Der Überlieferung nach war das Marsfeld in der etruskischen Königszeit (8. bis 6. Jahrhundert v. Chr.) königlicher Acker gewesen, der in republikanischer Zeit zum ager publicus, zum Staatsland also, wurde und dies bis in die Kaiserzeit hinein blieb. Wohl im 5. Jahrhundert v. Chr. wurde der Kult des Mars auf dem Gelände eingeführt. Der römische Kriegsgott gab dem Feld damals seinen Namen: Campus Martius. Ein monumentaler Mars-Altar könnte sich Grabungsfunden zufolge nahe der Servianischen Stadtmauer im Bereich der heutigen Piazza Venezia befunden haben. Daß dieser wichtige

Gott keinen Zutritt in das umwehrte Stadtgebiet, die Urbs, erhielt, hing mit der heiligen Furche, dem Pomerium, zusammen, die das Gemeinwesen umgab. Alles Unreine, Unheilige, Feindliche mußte von dieser symbolischen Grenze ferngehalten werden: Die Soldaten durften sie ebensowenig überschreiten wie die Geister der Toten.

Heeresversammlungen fanden deshalb außerhalb der Urbs, auf dem Marsfeld statt, wo sich das militärische Leben der Republik abspielte. Die Gesandten »ausländischer« Völkerschaften wurden in einer Villa Publica untergebracht. Und seit dem 6. Jahrhundert lag hier der Versammlungsplatz (Saepta) der Centuriatscomitien, der römischen Volksversammlungen, welche die wichtigsten römischen Beamten zu wählen hatten.

Im Laufe der republikanischen Jahrhunderte wurden auf dem Marsfeld nördlich der Mauer im Bereich zwischen Piazza Venezia, Capitol und Corso Vittorio Emanuele nach und nach öffentliche Gebäude, vor allem Tempel, errichtet, von denen bis auf die Reste am heutigen Largo Argentina kaum etwas erhalten geblieben ist. Im Jahre 221 stellte der Konsul Gaius Flaminius ein Areal für eine öffentliche Vergnügungsstätte, einen Zirkus, zur Verfügung. Seit dem 1. Jahrhundert v. Chr. wurde das Staatsland des Marsfeldes allmählich an vermögende Privatleute verkauft, um die Staatskasse aufzufüllen. Pompejus ließ um die Mitte des 1. Jahrhunderts eine riesige Säulenhalle, das erste steinerne Theater Roms, für etwa 11 000 Zuschauer auf privatem Grund und Boden errichten. Zu dem Gebäudekomplex gehörte auch ein neues Senatsgebäude, die Curia Pompeii, in welcher Cäsar 44 v. Chr. vor einer Statue des Pompejus umgebracht wurde.

### Die römische Kaiserzeit (1.–5. Jahrhundert n. Chr.)

Eine Erschließung und Bebauung des entlang der Via Flaminia (der heutigen Via del Corso) gelegenen nördlichen Marsfeldes setzte erst in der frühen Kaiserzeit unter Octavian Augustus ein. Marcus Agrippa, Schwiegersohn und designierter Nachfolger des Augustus, gab der städtebaulichen Gestaltung des Marsfeldes entscheidende Impulse. Das bedeutendste der privat finanzierten und auf Privatgrund errichteten Bauten Agrippas war das 25 v. Chr. geweihte Pantheon (der heutige Bau ist ein Neubau aus dem 2. Jahrhundert n. Chr.). Agrippa ließ eine wichtige Wasser-

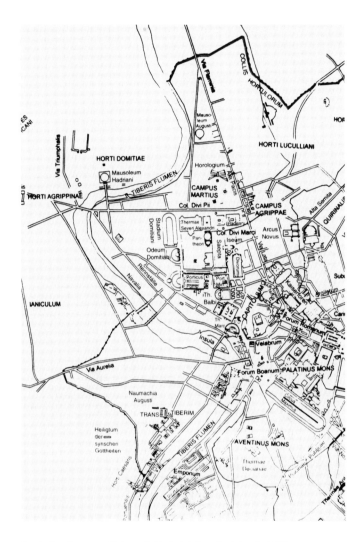

Stadtplan Roms zur Kaiserzeit (1.-4. Jahrhundert) (nach Kolb)

leitung, die Acqua Vergine **(107)**, vom Pincio über das nördliche Marsfeld bis zum Pantheon führen (19 v. Chr. fertiggestellt). Dort speiste sie – an der tiefstgelegenen Stelle des Marsfeldes – einen Teich, der seinerseits Teil des ersten großen öffentlichen Hallenbades, der Thermen des Agrippa, war. Agrippa ließ auch einen Neubau am uralten Versammlungsplatz der Saepta errichten, der mit einer lichten Weite von etwa 30 Metern die größte überdachte Halle der damaligen Welt war.

Der bedeutendste Bauherr der frühen Kaiserzeit war jedoch Octavian selbst. Auf dem südlichen Marsfeld, zu Füßen des Capitol-Hügels, ließ er in den Jahren 17 bis 13 v. Chr. unter anderem das nach seinem Neffen Marcellus benannte Theater errichten sowie 33 bis 23 v. Chr. einen später nach seiner Schwester Octavia benannten Porticus restaurieren. Auf dem nördlich gelegenen Teil des Marsfeldes gab er an städtebaulich günstiger Stelle nahe der Via Flaminia drei Anlagen in Auftrag, mit denen die Urbanisierung dieser Region einsetzte. Zuerst entstand um 28 v. Chr. der gewaltige Bau des Mausoleums (50). Da der Überlieferung nach das Marsfeld in vorrepublikanischer Zeit der Bestattung der Könige vorbehalten war, erfolgte die Wahl des Ortes sicher bewußt. Östlich des Mausoleums befand sich das Ustrinum, die Verbrennungsstätte für die Leichname der Mitglieder der Kaiserfamilie. Südlich davon wiederum, im Bereich der heutigen Piazza del Parlamento, befand sich die berühmte Sonnenuhr (Horologium) des Augustus (61), die durch Ausgrabungen Anfang der 1980er Jahre nachgewiesen werden konnte.

Östlich der Sonnenuhr, dicht an der Via Flaminia, wurde zwischen 13 und 9 v. Chr. die Ara Pacis errichtet (58). Mit diesem politisch, ideologisch und künstlerisch bedeutenden Monument wurde der »Frieden« als Leitbild der neuen Staatsform des Principats propagiert, der Princeps selbst als Friedensfürst gefeiert. Gegenüber der Ara Pacis ließ Kaiser Tiberius anläßlich der postumen Vergöttlichung des Augustus einen zweiten Altar errichten, welcher der weisen Regelung der kaiserlichen Nachfolge geweiht war (Ara providentiae Augustae).

In die lange Regierungszeit des Augustus fällt auch die Anlage einer zweiten bedeutenden Straße, deren Verlauf bis heute unverändert geblieben ist. Sie zweigte im Bereich der heutigen Piazza del Popolo von der Via Flaminia ab und führte am Mausoleum vorbei zum Pantheon (heute: Via di Ripetta).

Bis auf diese augusteischen Anlagen war das Gelände östlich und westlich der Via Flaminia vorstädtisch und unbebaut. Lediglich am Westhang des Pincio-Hügels befanden sich einige Aristokratenvillen mit ausgedehnten Gartenanlagen, etwa der Familie der Acilier und der Pincier (namengebend für den Hügel), des Sallust und des Lucull. Die lukullische Villa konnte durch Ausgrabungsfunde im Bereich zwischen der Villa Medici und der Kirche

SS. Trinità dei Monti und neuerdings auch wieder durch die Bauarbeiten in der Biblioteca Hertziana nachgewiesen werden.

In der späteren Kaiserzeit (2./3. Jahrhundert) scheint es eine lockere Bebauung unmittelbar entlang der Via Flaminia gegeben zu haben. Jedenfalls sind gegenüber der Piazza Colonna und unter der Kirche S. Lorenzo Fundamente großer Gebäude des 2. Jahrhunderts n. Chr. entdeckt worden. Diese wichtige römische Ausfallstraße war also wohl von repräsentativen mehrstöckigen Wohn- und Geschäftsbauten flankiert. Jüngere Ausgrabungen unter S. Lorenzo in Lucina haben zudem ergeben, daß das Bodenniveau im Bereich des nördlichen Marsfeldes vom 1. bis zum 5. Jahrhundert um etwa fünf Meter angehoben worden ist, während sich das heutige Bodenniveau nur etwa sieben Meter über dem der augusteischen Zeit befindet. Es wird sich teilweise um künstliche Anhebungen durch Aufschüttungen gehandelt haben, um die Folgen der regelmäßigen Tiberüberschwemmungen zu mildern. Eine erste Niveauanhebung erfolgte zur Zeit des Kaisers Domitian (81-96 n. Chr.), der die Sonnenuhr des Augustus – auf dem neuen Niveau, möglicherweise unter Verwendung augusteischer Bauteile – erneuern ließ. Spätestens als im 2. Jahrhundert das Bodenniveau nochmals beträchtlich angehoben wurde, konnte die domitianische Sonnenuhr nicht mehr genutzt werden und wurde vollständig überbaut. Erst im 3. Jahrhundert n. Chr. wurde das mehr oder weniger dicht bebaute und besiedelte vorstädtische Gebiet des Marsfeldes durch die gewaltige Stadtmauer, die Kaiser Aurelian ab 271 errichten ließ, rechtlich zum Stadtgebiet. Diese in großen Teilen erhalten gebliebene Mauer umfaßt mit ihren fast 19 Kilometern Länge ein Gebiet von rund 1400 Hektar. Auch neuere Schätzungen (Frank Kolb) und Berechnungen gehen für diese Zeit von einer Einwohnerzahl von etwa 1 Million Menschen innerhalb der Stadtmauern aus.

Bereits Augustus hatte 7 v. Chr. in einer Verwaltungsreform das besiedelte Areal innerhalb und außerhalb der alten Stadtmauern des 3. Jahrhundert v. Chr. in 14 Regionen (sieben mythische Könige, sieben Hügel) eingeteilt. Deren Grenzen sind nur noch ungefähr zu rekonstruieren. Die Via Flaminia war Grenzscheide der beiden Regionen »Alta Semita« und »Circus Flaminius«. Letztere umfaßte das Areal des Marsfeldes und des Pincio und dehnte sich nach Norden über die spätere Aurelianische Mauer hinweg aus. Die augusteische Regionengliederung ist deswegen von Bedeutung, weil in der päpstlichen Zeit auf die Einteilung von 14 Regionen zurück-

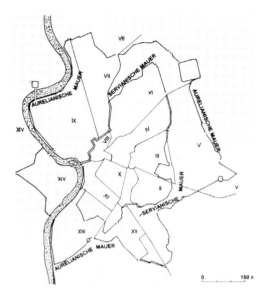

Die augusteische Gliederung der Stadt in »Regionen«
(nach Kolb)

gegriffen worden ist. Erst 1924 wurde die Zahl der Rioni innerhalb der Mauern wegen der seit dem 19. Jahrhundert stark angewachsenen Bevölkerung und der damit verbundenen Ausdehnung der bebauten Areale von 14 auf 22 erhöht.

Bis zum Anfang des 5. Jahrhunderts schützten die Mauern Aurelians die Stadt.

Erstmals erobert wurde sie 410 von den Westgoten unter König Alarich, 455 dann von den Vandalen und 546 von den Ostgoten.

## Das Mittelalter (6.–14. Jahrhundert)

Schon seitdem Kaiser Diocletian andere Städte des Reiches zu Kaiserresidenzen bestimmt hatte und endgültig seit dem Untergang der westlichen Hälfte des Römischen Reiches 476 war Rom nicht mehr Mittelpunkt des Imperiums. Aufgrund der ständigen Bedrohung durch äußere Feinde, durch Hungersnöte und Epidemien, entvölkerte sich die Stadt. Im 6. Jahrhundert lebten hier schätzungsweise höchstens noch 30 000 Menschen. Mit Papst Gregor I. lassen die Historiker die Geschichte des nachantiken, christlichen und päpstlichen Rom beginnen. Bis zum Anfang des 7. Jahrhunderts waren nur noch geringe Teile des riesigen Stadtareals innerhalb der aurelianischen Mauern besiedelt. Rom war damals auch noch keineswegs der Mittelpunkt der christlichen Welt, zu dem die Stadt im Laufe der folgenden Jahrhunderte werden sollte. Der Weg dorthin war weit.

Unter Papst Stephan III. (752-757) gewannen Papst und Kirche ein territoriales Fundament. Die berühmte »Pippinische Schenkung« begründete den Kirchenstaat.

Papst Leo III. (795-816) stellte sich und die Kirche unter den Schutz des mächtigsten europäischen Fürsten. Mit der Kaiserkrönung legitimierte er die Herrschaft des Frankenkönigs Karl über weite Teile des ehemaligen weströmischen Reiches und erneuerte zugleich das römische Imperium.

Fast drei Jahrhunderte später behauptete Gregor VII. (1073-1085) im sogenannten Investiturstreit selbstbewußt und machtvoll die Autonomie der Kirche gegenüber dem römisch-deutschen Kaiser. Das Pontifikat Papst Bonifaz' VIII. (1294-1303) zeigte die mittelalterliche Kirche auf einem Höhepunkt ihrer politischen Macht. Bevor Rom für 70 Jahre, während deren die Päpste im französischen Avignon residierten, in Agonie versank, erlebte die Stadt eine wirtschaftliche und kulturelle Blüte. Bonifaz rief das Jahr 1300 zum ersten Heiligen Jahr der Geschichte aus – ein Ereignis von enormer politischer, wirtschaftlicher und ideologischer Bedeutung für die Stadt und das Papsttum.

Zahlreiche Eroberungen durch die Sarazenen, Byzantiner, Normannen und immer wieder die deutschen Kaiser, die mit Plünderungen, Verwüstungen und Zerstörungen einhergingen, schwächten die Stadt immer mehr. Erdbeben und Seuchen taten ein übriges. Allerdings traf die verheerende Pestepidemie von 1348/50, der mindestens ein Drittel der Bevölkerung Europas zum Opfer fiel, Rom weniger schwer als andere Städte Italiens.

Während der Spätantike und des frühen Mittelalters nahm die Bevölkerung kontinuierlich ab. Infolge des Zusammenbruchs des weströmischen Staates verfiel die Infrastruktur der Stadt, Straßen und Wege, öffentliche Gebäude und vor allem auch die zahlreichen antiken Wasserleitungen und Aquädukte. Das Leben in den »gesunden«, aber wasserarmen Hügellagen wurde immer beschwerlicher. Das mittelalterliche Rom stieg von den sieben Hügeln in die Ebene des Marsfeldes, wo der Tiber zwar das lebensnotwendige Wasser lieferte, aber auch Ursache ständig wiederkehrender Typhus- und Choleraepidemien war. Entlang seiner Ufer entwickelte sich die mittelalterliche Stadt. Zwischen 600 und 1000 gab es eine zusammenhängende Besiedlung nur beiderseits des Tiber im Bereich der Tiberinsel, um das Pantheon und das Stadion des Domitian (unter der heutigen Piazza Navona), entlang der wichtigsten Straßen, etwa der Via Flaminia, und im Bereich des Vatikan-Hügels um die Peterskirche herum. Dies war der »Abitato«, der bewohnte Bereich der Stadt. Um ein vielfaches größer war der »Disabitato«, der innerhalb der antiken

Stadtmauern Ackerbau und Viehzucht ermöglichte. In diesem lagen wie Dörfer verteilt – das sollte sich bis ins 19. Jahrhundert nicht grundsätzlich ändern – kleine Siedlungen um wichtige Kirchen und Klöster, vor allem um die römische Bischofskirche im Lateran, um S. Maria Maggiore und um S. Maria Nova am Palatin. Das nördliche Marsfeld bis zur Porta del Popolo, das Gebiet des vierten Bezirks also, war und blieb fast gänzlich unbewohnt.

Der Abitato und die Siedlungsinseln waren durch das antike Straßennetz miteinander verbunden. Dabei kam es zu einer neuen Ausrichtung auf das christliche Zentrum der Stadt hin, die Basilika am vatikanischen Hügel über dem Grab des Apostels Petrus. Nadelöhr dieser Verbindungen und der strategisch wichtigste Punkt des mittelalterlichen Rom war die Brücke, die vor der Engelsburg, dem Mausoleum des Kaisers Hadrian, den Tiber überquerte.

Man solle sich, schreibt Richard Krautheimer, die Stadtkarte Roms »nicht so sehr als zusammenhängende Einheit vorstellen als vielmehr als ein Konglomerat von kleinen Anhäufungen von Häusern, die von großen Ruinen, Gärten und brachliegendem Ödland voneinander getrennt waren und zwischen denen nur vereinzelte Häuser eine dünne Verbindung aufrechterhielten.«

Indiz für eine allmähliche Konsolidierung der mittelalterlichen Stadt und damit verbunden für ein allmähliches Anwachsen der Bevölkerung und eine Ausweitung des Abitato war die Neugründung oder Wiederherstellung zahlreicher Kirchen und Klöster. Einige Beispiele seien hier erwähnt, die für die städtebauliche Entwicklung des vierten Stadtbezirkes von Bedeutung gewesen sind.

761 stiftete Papst Paul I. einen großen Teil seines im nördlichen Marsfeld gelegenen privaten Grundbesitzes einem neugegründeten Kloster, S. Silvestro in Capite, das in der Residenz seiner Familie nahe der Via del Corso (bei der Piazza S. Silvestro in Capite) untergebracht wurde. Dieses Kloster war bis weit in die Neuzeit hinein der größte Grundbesitzer im Bereich des nördlichen Marsfeldes.

Vermutlich 806, zumindest vor 1030 wurde das Kloster S. Maria in Campo Martio gegründet (77), und um 1100 wurde die frühchristliche Kirche S. Lorenzo in Lucina grundlegend erneuert. Zur gleichen Zeit ließ Papst Paschalis II. an der abgelegenen Porta del Popolo eine kleine Kapelle errichten, die der Gottesmutter geweiht war.

Ein anderer Nukleus der weiteren Entwicklung des nördlichen Marsfeldes war der Flußhafen, der im frühen Mittelalter in der Nähe des Augustus-Mausoleums wiederentstanden war. In seiner

Nähe ließen sich Angehörige schiffahrtsbezogener Handwerke und Gewerbe, Flußschiffer, Fuhrunternehmer und Kleinhändler nieder.

Im 11. Jahrhundert wuchs die Bevölkerung der Stadt wieder, der Abitato dehnte sich allmählich in Richtung der großen Tiberschleife zwischen Vatikan und Trastevere und zögernd auch nach Nordosten in den Bereich des vierten Stadtbezirkes aus. Die im frühen Mittelalter noch besiedelten Flächen wuchsen zu einem dicht bevölkerten, geschlossen bebauten Areal zusammen, das auch Gebiete jenseits des Tibers – Trans Tiberim – und die Siedlung am Fuße des vatikanischen Hügels, den Borgo, umschloß. Zahlreiche Kirchengründungen »auf der grünen Wiese« belegen dies. Im innerhalb der Aurelianischen Mauern gelegenen Brach- und Ackerland, dem Disabitato, vermehrte sich die Zahl der – häufig in oder auf antiken Ruinen angelegten – befestigten Familiensitze und Bauernhöfe.

Der Stadtbezirk wurde allmählich von seinem südwestlichen Rand her – dem Bereich zwischen S. Maria in Campo Marzio und dem Palazzo Borghese – erschlossen. Dabei verdichtete sich die Bebauung vor allem entlang der von der Porta del Popolo verlaufenden Via Ripetta / Via della Scrofa, die zugleich über die Via dei Coronari eine Verbindung zwischen Porta del Popolo und Engelsbrücke und damit der Petersbasilika herstellte. In diesem Bereich haben sich die ältesten, im Kern teilweise noch mittelalterlichen Häuser des Stadtviertels erhalten. Gleichwohl blieb ein großer Teil der Fläche des Viertels zwischen Tiber und Pincio, Piazza Colonna und Fontana di Trevi bis zur Porta del Popolo landwirtschaftlich genutzte Fläche mit kleinen Äckern, Gärten und Weinbergen. Oft standen kleine Schuppen und Kapellen sowie die Reste antiker Gebäude auf den Grundstücken.

Der Prozeß der Reurbanisierung Roms im Mittelalter orientierte sich an einigen antiken Hauptwegen und Straßen. Die Vielzahl der kleinen und kleinsten Sträßchen, Wege, Gassen, Plätzchen jedoch ist mittelalterlichen Ursprungs. Wenn auch im historischen Zentrum Roms von der mittelalterlichen Bebauung wenig erhalten geblieben ist, so folgt doch das Straßen- und Wegenetz in großen Teilen noch demjenigen des Mittelalters. Die Wege und Gassen mittelalterlichen Ursprungs sind auch heute noch schmal und dunkel. Nur die wichtigsten mittelalterlichen Durchgangsstraßen, etwa die Via di Coronari, hatten eine Breite von bis zu fünf Metern, während viele Gassen nicht breiter als zwei bis drei Meter waren, gelegentlich auch nur ein bis eineinhalb Meter. Im vierten Stadtbezirk hat sich ein solches mittelalterliches Labyrinth von Gassen und Gäßchen, Hinterhöfen und Plätzchen mit Brunnen zwischen der Via di Monte Brianzo und der Via della Scrofa erhalten.

Wie muß man sich die Bebauung der Stadt im Mittelalter vorstellen?

Zunächst einmal gab es nur wenige Bauvorschriften, die Grundstücke waren überwiegend schmal, die darauf errichteten Häuser und Häuschen höchst uneinheitlich und ganz unterschiedlich hoch. Zwischen dem 11. und dem 15. Jahrhundert wurden Hunderte sogenannter Geschlechtertürme errichtet – burgartige Stadthäuser, die nicht, wie heute die wenigen erhaltenen Beispiele, isoliert standen, sondern sich in die dichte Bebauung einfügten. Auch wenn die Häuser der Altstadt im Laufe der Jahrhunderte immer wieder erneuert und umgebaut wurden, so haben sie doch in manchen Straßen bis heute ihren mittelalterlichen Zuschnitt und Charakter bewahrt. Zu den meisten Häusern gehörte anfangs noch ein Garten, ja es gab auch im Abitato sogar noch zahlreiche gänzlich unbebaute Grundstücke. Doch mit immer dichter werdender Besiedlung und steigender Einwohnerzahl verschwanden diese Grünflächen bis zum 15. Jahrhundert weitgehend aus dem Stadtbild. Gebaut wurde vor allem mit Backstein. Gerne verwendete man antike Bauteile wie Säulentrommeln, Marmorblöcke und -platten, auch -bruchstücke, zur Verstärkung oder Dekoration. Leidlich erhaltene antike Bauwerke setzte man instand oder baute sie zu Wohnzwecken um.

Das änderte sich bis zum Beginn des 16. Jahrhunderts nicht wesentlich. Die Skizzenbücher des niederländischen Künstlers Marten van Heemskerck, der Rom in den 1530er Jahren besuchte, bestätigen dies.

1529 hatte der Rione nur etwa 4.500 Einwohner in 929 bewohnten Häusern.

## Das Zeitalter der Renaissance (15./16. Jahrhundert)

Erste Impulse für die Erschließung des Campo Marzio gaben die Päpste Nicolaus V. (1447-1455) und Sixtus IV. (1471-1484). Sie begünstigten die Ansiedlung von Ausländern und von Korporationen, so von vor den Türken geflüchteten Balkanslawen

(»Schiavoni«), denen um 1453 erlaubt wurde, ein Krankenhaus mit angeschlossener Kirche (S. Girolamo) zu bauen. Schon 1339 hatte Kardinal Pietro Colonna in der Nähe der Ruine des Augustus-Mausoleums auf unbebauter Fläche ein Krankenhaus und eine Jakobus, dem Schutzheiligen der Pilger geweihte Kirche gestiftet. Die Gegend bot sich an, zog doch ein Großteil der die Stadt besuchenden Pilger hier vorbei und konnte sofort nach Erreichen Roms bei Bedarf medizinisch versorgt werden.

Neben den »Slawen« (Schiavoni, Sammelbezeichnung für christliche Bewohner des Balkans) bildeten andere Ausländer kleine Kolonien in der dünn besiedelten Gegend, so etwa die Lombarden aus Norditalien, denen Sixtus IV. 1471 eine kleine Kirche überließ, an deren Stelle sie später ihre Nationalkirche SS. Carlo e Ambrogio dei Lombardi errichteten (28). Unter den Lombarden waren viele Bildhauer, Steinmetze und Baumeister, die vom wirtschaftlichen und künstlerischen Aufschwung der Stadt in der Renaissancezeit profitierten und in Rom Arbeit fanden.

Manche Straßennamen oder Kirchenbeinamen verweisen noch heute auf diese Ausländerkolonien, etwa die Via dei Greci an der griechischen Nationalkirche S. Atanasio, die Via Borgognona (Burgunder), die Kirche S. Ivo dei Bretoni (Bretonen). Später befanden sich auch die Botschaften wichtiger ausländischer Staaten, etwa Spaniens, Frankreichs, Portugals und des Großherzogtums Toscana in diesem Stadtviertel. Ein Erlaß Papst Sixtus' IV. von 1480 förderte die Besiedlung des nördlichen Marsfeldes nachhaltig. Er gestattete den städtischen Behörden unter bestimmten Voraussetzungen eine Enteignung der Grundbesitzer, wenn Kaufinteressenten bauwillig waren oder verfallene vorhandene Gebäude instand setzen wollten. Sixtus IV. war es auch, der einen Neubau der mittelalterlichen Kirche S. Maria del Popolo veranlaßte (7), um im nördlichen Marsfeld mit der schönsten Renaissancekirche Roms einen städtebaulichen Akzent zu setzen.

Anfang des 16. Jahrhunderts begann man damit, den umfangreichen Grundbesitz des Hospitals von S. Giacomo entlang der Via di Ripetta zu parzellieren. Papst Leo X. (1513-1521) ließ diese im Ursprung noch antike Straße erneuern und ausbauen. Einige Querstraßen zwischen der Via de Ripetta (damals Via Leonina genannt) und der Via del Corso (so die Via dei Pontefici, die Via della Frezza, die Via Lombarda) bildeten die notwendige Infrastruktur für eine weitere Erschließung des Areals.

Stadtplan von Antonio Tempestà, 1593: Der Campo Marzio

Schwieriger war die Parzellierung der Ländereien am Hang des Pincio, die zum großen Teil dem Kloster S. Silvestro in Capite und der Familie Massimo gehörten, die dank ihres Einflusses längere Zeit den Prozeß der Bebauung und Enteignung verzögern konnten. Auf dem Stadtplan Bufalinis von 1551 sind als neu angelegte Straßen die Via Trinitatis (heute: Via Tomacelli/Via Condotti), die Via della Croce, die Via dei Greci und die Via di S. Giacomo zu erkennen.

Hatte Leo X. die westliche Straßenachse des nördlichen Marsfeldes (Via di Ripetta) ausgebaut, so ließ sein Neffe Clemens VII. (1523-1534) eine östliche Achse beginnen, deren erstes Teilstück zwischen der Piazza del Popolo und der Piazza di Spagna im Heiligen Jahr 1525 eingeweiht und die 1544 unter Papst Paul III. vollendet und zunächst Via Paolina (heute: Via del Babuino) genannt wurde. Beide Achsen ergaben mit der Via del Corso eine signifikante städtebauliche Struktur, deren Gestalt schon im 16. Jahrhundert als »Dreizack« (»Tridente«) bezeichnet wurde. Das neue, im Vergleich zum mittelalterlichen Stadtgebiet sehr regelmäßig angelegte Straßennetz verband nun das Zentrum der Stadt mit der Porto del Popolo und den Tiberhafen mit dem Pincio, auf dessen Kamm mit dem Bau der Kirche SS. Trinità dei Monti ab 1520 ein wichtiger städtebaulicher Akzent gesetzt wurde, mit welchem die Erschließung des bis dahin unbebauten Pincio begann.

Die Urbanisierung des Stadtviertels wurde in der zweiten Hälfte des 16. Jahrhunderts abgeschlossen. Die verbliebenen großen Besitzungen, vor allem des Klosters S. Silvestro in Capite, wurden bis 1590 parzelliert, die letzten Querstraßen zwischen der Via del Corso und der Via del Babuino angelegt. 1564 wurde der erste Abschnitt der später nach Papst Sixtus V. benannten Via Sistina (bis zur Via Francesco Crispi) als direkte Verbindung zur Hauptkirche S. Maria Maggiore angelegt. Papst Gregor XIII. (1572-1585) ließ die Via Gregoriana als kutschengerechten Zugang von der Piazza di Spagna zur Trinità dei Monti anlegen (die imposante barocke Treppenanlage entstand erst im 18. Jahrhundert).

Papst Sixtus V. mit Veduten der von ihm initierten Bauten. Stich von Giovanni Pinadelli, 1589

Schließlich begann sein Nachfolger Sixtus V. (1585-1590) in seinem kurzen Pontifikat mit der Umsetzung eines anspruchsvollen und komplexen städtebaulichen (und kirchenpolitischen) Programmes, das die wichtigsten geistlichen und politischen Zentren der Stadt – allen voran S. Maria Maggiore, denn Sixtus war ein Marienverehrer – durch ein System schnurgerader Straßen miteinander verbinden wollte. An wichtigen Schnittstellen und an den Endpunkten wichtiger Achsen, so vor den Kirchen S. Giovanni in Laterano, S. Maria Maggiore, SS. Trinità dei Monti und S. Maria del Popolo, ließ er antike Obelisken aufrichten, die in antiker Zeit andernorts in der Stadt gestanden hatten. Zur Verbesserung der innerstädtischen Infrastruktur erhöhte er die Zahl der für die Unterhaltung der öffentlichen Straßen zuständigen städtischen Beamten (Magistri Viarum) von zwei auf vier und erließ neue Ordnungsvorschriften für das Bauwesen.

## Das Zeitalter des Barock (17./18. Jahrhundert)

Unter Sixtus V. begann auch der Ausbau Roms zur »Heiligen Stadt«, nachdem das Konzil von Trient bis 1563 mit zahlreichen Dekreten die katholische Theologie reformiert und die katholische Kirche reorganisiert hatte. Zahlreiche mittelalterliche Kirchen wurden instand gesetzt, neu entstandene Orden errichteten Klöster und Konvente. S. Lorenzo in Lucina, S. Rocco, S. Giacomo, SS. Carlo e Ambrogio verdanken der Gegenreformation ihre barocke Gestalt. In der ersten Hälfte des 17. Jahrhunderts entstanden im Viertel auch bedeutende barocke Paläste, vor allem der Palazzo di Propaganda Fide (105) und der Palazzo Borghese (88) sowie der Palazzo di Spagna (104).

Verschiedene städtebauliche Maßnahmen dienten der Inszenierung des Stadtbildes mit gestalterischen Mitteln, die der barocken Bühnenkunst entlehnt waren. So bilden die anläßlich des triumphalen Einzuges der Königin Christina von Schweden in Rom von Bernini überarbeitete stadtseitige Fassade der Porta del Popolo (4) und die beiden gegenüberliegenden, die Einmündung des Corso flankierenden Kuppelkirchen (5/6) eindrucksvolle Kulissen auf der Bühne der Piazza del Popolo, die auch in der Barockzeit das Vestibül der Stadt blieb.

Zu dieser Zeit war das Viertel wegen seiner günstigen Lage und wegen seiner modernen Infrastruktur mit geraden, relativ breiten und damit lichten Straßen das Fremdenviertel der Stadt mit zahlreichen Gasthäusern und Herbergen. Nicht wenige davon wie etwa die Hotels de Russie, Alemagna oder Londra, gehörten lange Zeit zu den führenden europäischen Häusern. Neben den Fremden prägten die Künstler, die sich zu Studienzwecken in Rom aufhielten, das Stadtviertel. Natürlich suchten sie hier auch die Nähe zu potentiellen Käufern und Auftraggebern. Manche von ihnen blieben für immer. 1835 lebten und arbeiteten in der Gegend zwischen Via Sistina und Via Gregoriana, Via del Babuino und Via del Corso und um den Spanischen Platz 128 Historien- und Porträtmaler, 56 Bildhauer, 43 Landschafts-, 22 Stilleben- und 49 Miniaturmaler sowie 48 Architekten und 56 Radierer und Stecher.

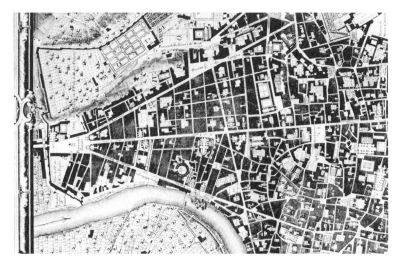

Giambattista Nolli, Stadtplan von Rom (»Großer Plan«), 1748, Detail: Der Campo Marzio

Das 18. Jahrhundert setzte noch zwei glanzvolle Akzente in das Gefüge des Stadtviertels: die Neuanlage des Hafens von Ripetta (**60**) und die Anlage einer direkten Verbindung von der Piazza di Spagna zur Trinità dei Monti, die berühmte »Spanische Treppe« (**99**): zwei Festbühnen als Anfangs- und Endpunkt der Straßenachse zwischen Tiber und Pincio (Via Tomacelli/Via Condotti).

1743 wurden die heute noch gültigen Grenzen der Stadtbezirke durch Papst Benedikt XIV. festgelegt. Deren Grenzverlauf wurde im Jahr darauf durch das Einmauern von 220 Grenzsteinen genau dokumentiert.

## Von der französischen Besetzung bis zum Giubileo

Während der französischen Besetzung Roms (1798-1814) erhielt die Piazza del Popolo ihre heutige querovale Gestalt (**1**). Oberhalb des Platzes wurde der Pincio-Park mit seiner herrlichen Aussichtsterrasse angelegt. Nachdem Napoléon auch im Kirchenstaat zahlreiche Klöster und Konvente aufgelöst hatte, wurden deren Gebäude in der Folgezeit vielfach anderweitig genutzt. So wurde das Ursulinerinnenkloster in der Via Vittoria zum Sitz der Nationalen Musikakademie S. Cecilia (**24**).

Die Jahrzehnte nach der italienischen Einigung von 1870 und dem Beginn des Ersten Weltkrieges waren auch in Italien Gründerjahre. Rom wurde zur prosperierenden Hauptstadt eines Nationalstaates. Dies hatte nicht nur positive Folgen für die Entwicklung der Stadt. Die auch in dem relativ modernen Rione Campo Marzio immer noch uneinheitliche, kleinteilige Bebauung wich nunmehr einer großbürgerlich-repräsentativen. Nach und nach verschwanden die kleinen Gebäude. Entweder wurden mehrere Häuser zusammengefaßt und mit einer einheitlichen Fassade versehen (wie auch die Casa di Goethe in den 1830er Jahren), oder Spekulanten errichteten großzügige Wohn- und Miethäuser, die die Palastarchitektur der Stadt imitierten.

Dem Viertel gegenüber auf der rechten Tiberseite wurden in der zweiten Hälfte des 19. Jahrhunderts die Wiesen um die Engelsburg (Prati di Castello) erschlossen und großzügig bebaut. Zwei neue Brücken, der Ponte Regina Margherita (1885) und der Ponte Cavour (1902), verbanden den Stadtbezirk mit dem neuen Stadtviertel jenseits des Tiber. Die barocke Anlage des Ripetta-Hafens war bereits der Kanalisierung des Tiber mit der Errichtung der hohen Ufermauern samt der flankierenden breiten Straßen (Lungo Tevere) zum Opfer gefallen. Der Fluß verschwand nun aus dem Stadtbild, seine lebensspendende und zerstörende Allgegenwart wurde gebannt und gezähmt.

Im 20. Jahrhundert wurden allein in der faschistischen Zeit (1922-1943) neue städtebauliche Akzente gesetzt. Eines der Lieblingsprojekte Mussolinis, der an die Glanzzeit des antiken Imperium Romanum anknüpfen, ja diese erneuern und übertreffen wollte, war die Freilegung und Neuordnung der Monumente aus augusteischer Zeit, des Mausoleums und der Ara Pacis (50/58). Dieses Ensemble wurde in den 1930er Jahren durch eine monumentale Bebauung umrahmt. Die Piazza Augusto Imperatore ist ein Hauptbeispiel der Architektur totalitärer politischer Systeme in Europa, vergleichbar den Planungen Albert Speers für Berlin als Hauptstadt eines neuen Weltreiches.

Nach dem Zweiten Weltkrieg begann sich auch in Rom der Denkmalschutzgedanke gegenüber den Bedürfnissen des modernen innerstädtischen Verkehrs und einer zeitgemäßen Nutzung historischer Gebäude immer stärker Geltung zu verschaffen. Dabei kämpft der Denkmalschutz in der Millionenstadt Rom angesichts der überwältigenden Fülle von Bau- und Kunstdenkmälern aus drei Jahrtausenden und der Gefährdungen vor allem durch Schadstoffemissionen und Bausünden aller Art nicht immer erfolgreich um die Erhaltung des historischen Erbes. Im Jahrzehnt vor dem Jahrtausendwechsel wurden die Bemühungen derart intensiviert, daß die Restaurierungen, Rekonstruktionen und städtebaulichen Veränderungen nicht mehr zu übersehen waren. Die spektakulärsten Maßnahmen im 4. Stadtbezirk waren die Neugestaltung der Piazza del Popolo einschließlich der Revitalisierung der verschiedenen Brunnen und Wasserspiele, die Restaurierung der Spanischen Treppe und der Fassaden der Villa Medici wie auch die Ausdehnung der Fußgängezone zwischen Via del Corso und Via del Babuino/Piazza di Spagna. Zur Aufwertung des Areals um das Augustus-Mausoleum wurde ein internationaler Wettbewerb ausgeschrieben. Nach Plänen Richard Meiers, die – wie so vieles in Rom – heftig umstritten waren, wird ein neuer Pavillon über der Ara Pacis errichtet, der erste größere moderne Bau im Centro Storico überhaupt, der gleichwohl dazu beitragen könnte, städtebauliche Probleme zu lösen, die vorangehende Zeiten hinterlassen haben. Mittlerweile (2005) geht der Bau seiner Vollendung entgegen.

Gerade in Rom ist in allen Jahrhunderten oftmals bedenkenlos Älteres abgetragen worden, wenn es aktuellen Bedürfnissen im Wege stand, zu Zeiten der römischen Kaiser wie der Päpste und Kardinäle und erst recht der Bürokraten und Bankiers. Dennoch lebt die Stadt und ist ein Gesamtkunstwerk, das auch das 28. Jahrhundert seiner Geschichte überdauern wird. Rom ist die Stadt ewiger Gestaltung und Umgestaltung, auch im Fortschritt immer im Rückgriff auf ein reiches Erbe, auf Ursprünge und Traditionen.

Volker Breidecker hat, Wilhelm Hausensteins geistreiche Reflexionen von 1932 über »Europäische Hauptstädte« zitierend, daran erinnert, wie das Geheimnis Roms in unbefangenster Weise offen vor Augen liege, wie Großes und Kleines im begrenzten, verdichteten Raum dieser Stadt einander entsprechen und wie sich die Stadt von der Antike bis in die Gegenwart »unablässig mit sich selbst mische«.

Davon bekommt schon eine Anschauung und einen Begriff, wer durch das Viertel des Campo Marzio spaziert, mit oder ohne Goethe im Gepäck, der schon wußte:

»(...) tue nur die Augen auf, und seh' und geh', und komme wieder, denn man kann sich nur in Rom auf Rom vorbereiten«
(Italienische Reise, 7. November 1786).

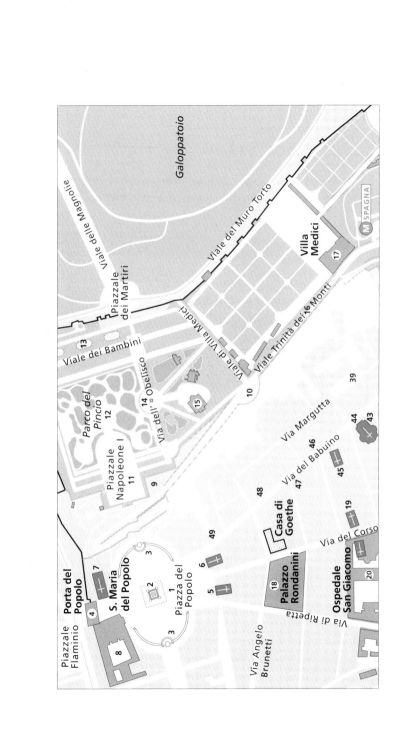

*Erster Rundgang*

## Von der Piazza del Popolo über den Pincio zur Villa Medici

An der Casa di Goethe beginnt der erste Rundgang in Richtung Norden.

Das Areal der **Piazza del Popolo (1)** gehörte zwar seit dem 3. Jahrhundert zum mauerumschlossenen Stadtgebiet, das nördliche Marsfeld beiderseits der Via Flaminia (Via del Corso) war jedoch weitgehend unbebautes Acker- und Gartenland.

Im späten Mittelalter gewann der Platz durch die Randbebauung allmählich rechteckige Gestalt. Als im frühen 16. Jahrhundert der sogenannte Dreizack (›tridente‹) durch Anlage der Straßen Via di Ripetta und Via del Babuino entstand, die gegenüber dem Tor in den Platz mündeten, begann ein vierhundert Jahre währender städtebaulicher Gestaltungsprozeß. 1572 wurde zunächst im Zusammenhang mit der Reaktivierung alter Wasserleitungssysteme ein öffentlicher Brunnen vor allem für Reisende und Pilger angelegt, einige Jahre später auch noch Tiertränken. 1589 ließ Papst Sixtus V., der in den wenigen Jahren seines Pontifikats das Stadtgefüge radikal neu ordnete, die Mitte des Platzes durch einen Obelisken als Ausgangs- und Zielpunkt mehrerer Sichtachsen markieren. Mitte des 17. Jahrhunderts initiierte Papst Alexander VII. eine barocke »Überarbeitung« des Platzes, indem er die Innenseite des antiken Stadttores dekorativ verkleiden ließ und die beiden den Anfang des Corso flankierenden Kuppelkirchen in Auftrag gab (7/8).

Seine endgültige Gestalt erhielt der Platz Anfang des 19. Jahrhunderts. In den Jahren nach der Französischen Revolution konzipierte ihn der römische Architekt Giuseppe Valadier als repräsentatives Entree der Stadt. Damals tauchte der bürgerliche Gedanke eines ersten öffentlichen Parks auf, den man an den Hängen und auf der Höhe des Pincio-Hügels anlegen wollte. Napoléon selbst genehmigte 1811 die Pläne, die dann noch einmal durch französische Architekten, unter anderem Louis Martin Berthault, den Schöpfer der kaiserlichen Schloßgärten in Malmaison und Compiègne, überarbeitet wurden. Mit der Realisierung der Pläne durch Valadier wurde erst nach Ende der französischen Besetzung 1816 begonnen.

Die Piazza del Popolo hat ein unmittelbares Vorbild in der Stadt selbst, die Piazza di San Pietro, und ist dessen Interpretation aus dem Geist des Klassizismus. Die eine, durch Tor und Kuppelkirchen markierte Längsachse wird durch eine Querachse

Piazza del Popolo, Luftaufnahme 2004

austariert, die an den beiden halbkreisförmigen Exedren (nischenartige, oft halbkreisförmige Raumteile in der antiken Architektur, die einen rechteckigen Saal erweitern) mit ihren Brunnen endet. Die Ränder des Platzes sind symmetrisch bebaut (Kirche, Kaserne, zwei Palazzi). Der Hang des Pincio wird mittels Rampen und Stützmauern erschlossen und erhält eine Bepflanzung nach den Gestaltungsprinzipien des englischen Landschaftsgartens. Ergebnis ist ein Platz, der Elemente antiker Architektur mit solchen barocker und nachbarocker Stadt- und Landschaftsplanung zu einem harmonischen und ausgewogenen Ganzen verbindet, das zu den bedeutendsten Platzanlagen der Zeit gehört.

Im Vorfeld der Feiern zur Jahrtausendwende wurden die Exedren mit ihrem Skulpturenschmuck und der Bodenbelag 1997/98 restauriert sowie die Verkehrsführung geändert, so daß die Mitte des Platzes den Flaneuren zurückgegeben wurde.

Kaum hatte ich mich ein wenig von den Anstrengungen der Reise erholt, begab ich mich schon, um keine Zeit zu verlieren, in Begleitung eines guten Antiquars zur Piazza del Popolo, dem ersten Ziel meiner Neugier, das auch wert ist, den Reigen der Sehenswürdigkeiten Roms, der Königin der Städte und des Amphitheaters der Welt anzuführen. Als ich das erste Mal durch das gleichnamige Tor geschritten war, hatte mich dieser so weitläufige Platz mit dem kostbaren Obelisken in der Mitte, drei langen schnurgeraden Straßen und zwei gleichartigen Kirchen zu beiden Seiten schon sehr beeindruckt. Abbildungen legen von diesem prachtvollen Anblick nur ein unvollkommenes Zeugnis ab.

*Johann Caspar Goethe, Reise durch Italien*


1589 ließ Papst Sixtus V. zur Markierung des Endpunktes der 1587 eröffneten und nach ihm benannten Via Sistina (als Verbindung zwischen Piazza del Popolo und einer der sieben Hauptpilgerkirchen, S. Maria Maggiore, geplant; das letzte Stück zwischen Piazza di Spagna und Piazza del Popolo wurde nie gebaut) durch den Architekten Domenico Fontana den **Obelisken (2)** des Pharao Ramses II. am 25. März, dem Fest der Verkündigung Mariens, inmitten des Platzes aufrichten und weihen. Augustus hatte ihn 10 v. Chr. aus Heliopolis in Ägypten nach Rom holen und in den Circus Maximus bringen lassen. Seit der Spätantike lag er dort viele Jahrhunderte umgestürzt und zerbrochen. Vor der Wiederaufrichtung wurden die Schäden behoben, dabei der Schaft um 75 Zentimeter verkürzt und eine neue Basis gearbeitet. Nun diente er nicht mehr als Markierung auf einer Rennbahn, sondern stand im Kreuzungspunkt wichtiger Straßen. Auf der Nord- und Südseite der Basis sind gleichlautende lateinische Inschriften der augusteischen Zeit (die denen auf der Basis des Obelisken auf der Piazza di Monte Citorio entsprechen) zu lesen, auf der West- und Ostseite Widmungsinschriften Sixtus' V., welche den imperialen Machtanspruch durch einen pontifikalen ersetzen. Nun wurde der Obelisk der Mutter desjenigen Weltenherrschers geweiht, der einer Verkündigung der tiburtinischen Sibylle an den Kaiser zu-

Piazza del Popolo mit S. Maria di Monte Santo und S. Maria dei Miracoli

folge zur Zeit seiner Herrschaft in seinem Reiche geboren werden sollte. Die Spitze des Obelisken erhielt einen Bronzeaufsatz – ein Kreuz über den Wappensymbolen (Stern und Bergkegel) Papst Alexanders VII. Chigi. Während die kaiserlichen Inschriften nüchtern Zeitpunkt und Anlaß der Aufrichtung nennen, deuten die päpstlichen das Monument christlich um:

> Papst Sixtus V. / hat diesen Obelisken, der von Caesar Augustus der Sonne / im Circus Maximus geweiht, / in jämmerlichem Sturz / zerbrochen und verschüttet war, / ausgraben, überführen, / in seiner (alten) Gestalt wiederherstellen / und dem unbesiegtesten Kreuz / weihen lassen / im Jahre 1589 / seines Pontifikats 4 (Westseite).
> Vor dem heiligen / Gotteshaus derer (der Maria) / rage ich erhabener (augustior!) / und freudiger auf, / aus deren / jungfräulichem Leib; / während Augustus herrschte, / die Sonne der Gerechtigkeit / aufgegangen ist (Ostseite).

(nach Bartels, Roms sprechende Steine)

Valadier bezog den Obelisken 1816 in seine Platzgestaltung ein und rahmte ihn in den Diagonalen durch vier **Löwenbrunnen**. Die Löwenstatuen sind Nachbildungen ägyptischer Originale, die sich im Kapitolinischen Museum befinden.

Der beste Blick auf die aus Balustraden, Terrassen, Skulpturen, Reliefs und Wasser komponierte Schaufront am Hang des Pincio, die den point de vue einer Sichtachse zum Vatikan (Piazza del Risorgimento) bildet, bietet sich vom Obelisken, also der Mitte des Platzes her.

Die beiden halbkreisförmigen **Exedren (3)** werden durch ansteigende Rampen und Stützmauern gebildet. Auf den Stütz-

Brunnen auf der Piazza del Popolo

---

**Sixtus V. Peretti** (1521-1590) war trotz seines kurzen Pontifikats (1585/90) für die Kunst- und Baugeschichte Roms von großer Bedeutung. Mit seinen stadtplanerischen Entscheidungen leitete er eine neue Phase der Entwicklung zur größten Blüte der Stadt im 17. Jahrhundert ein. Er konzipierte ein System weitläufiger Straßenachsen (vgl. S. 29f.), deren Anfangs- und Endpunkte er mit Obelisken markierte (u.a. Piazza del Popolo, P. S. Giovanni in Laterano, P. di S. Pietro, P. del Esquilino), und initiierte zahlreiche Bauvorhaben, u.a. die Vollendung der Kuppel von St. Peter, die päpstliche Bibliothek im Vatikan (Salone Sistino), die Grabkapelle an S. Maria Maggiore, den Brunnen der Acqua Felice (nach dem bürgerlichen Vornamen des Papstes) und den Palazzo della Sapienza als Sitz der Universität (vgl. Abb. S. 29).

Sixtus war seit 1566 Generalober des Franziskanerordens und wurde 1570 zum Kardinal ernannt. Nach seiner Wahl zum Papst 1585 reformierte er die päpstliche Verwaltung (Kurie), legte die Zahl der Kardinäle auf 70 fest und regelte die bischöflichen Pflichtbesuche in Rom.

Östliche Exedra der Piazza del Popolo

mauern sitzen Sphinxen, an den Enden Personifikationen der vier Jahreszeiten (Ostseite Frühling und Sommer, Westseite Herbst und Winter). Die Querachse spannt sich zwischen zwei monumentalen Brunnenanlagen. Den pincioseitigen Brunnen bekrönt die monumentale Figur der Stadtgöttin Roma, flankiert von den Flußgöttern Tiber und Arno, davor die römische Wölfin mit Romulus und Remus. Gegenüber schwingt Neptun seinen Dreizack über zwei Tritonen mit Delphinen.

Durch die **Porta del Popolo (4)** führte die von Norden kommende Via Flaminia in die Stadt hinein. Sie ist Teil der Stadtmauer, die ab 271 auf Veranlassung des Kaisers Aurelianus gebaut wurde, um die Hauptstadt des Reiches vor den Germanen zu schützen. Dabei wurden die zu den antiken Gärten gehörigen Stützmauern am Nordosthang des Pincio (der sog. ›muro torto‹ aus dem 1. Jahrhundert v. Chr.) in die Stadtmauer einbezogen. Die **Aurelianische Mauer** war 18,8 Kilometer lang, etwa sechs Meter hoch und hatte 383 Türme und 18 Tore. Ihre bis in die Gegenwart erhaltene Gestalt erhielt sie bei einer ersten Generalinstandsetzung Anfang des 5. Jahrhunderts n. Chr. Noch bis 1870 diente sie der Verteidigung der Stadt.

In antiker Zeit nach der Via Flaminia benannt, erhielt das Tor seinen heutigen Namen im 12. Jahrhundert nach der unmittelbar benachbarten Marienkirche. Die ursprüngliche Gestalt war ähnlich wie die der gut erhaltenen Porta Appia im Süden der Stadt: Zwei mächtige, vorspringende Türme flankierten das Tor auf der Landseite. Da dieses Tor für alle von Norden kommenden Reisenden und Pilger der Zugang zur Stadt war, ließ Papst Pius IV. (1564-1565, aus der Familie Medici) es renovieren und durch den Florentiner Architekten Nanni di Baccio Bigio auf der Landseite repräsentativ mit Marmor verkleiden (1562-1565; Michelangelo, der zu dieser Zeit an der Peterskirche baute, war möglicherweise beratend tätig). Inschrifttafel und Mediciwappen über dem mittleren Torbogen weisen auf diesen Umbau hin.

Fast ein Jahrhundert später gab es einen spektakulären Anlaß, um auch die innere Fassade zu modernisieren. Papst Alexander VII. (1655-1667, aus der Familie Chigi) hatte in Geheimverhandlungen, die er vor seiner Wahl zum Papst als Kardinalstaatssekretär geführt hatte, den Übertritt Königin Christinas von Schweden (1626-1689) zum katholischen Glauben vorbereitet. Im Juni 1654 hatte die Königin ihrem Thron entsagt, Weihnachten desselben Jahres konvertierte sie heimlich in Brüssel. Ein Jahr später, am 3. November 1655, schwor sie, schon auf dem Weg nach Rom, in Innsbruck öffentlich dem protestantischen Ketzerglauben ab. Daß die Tochter Gustav Adolfs II., des Führers der stärksten protestantischen Macht im Dreißigjährigen Krieg, sieben Jahre nach dem von der katholischen Kirche als demütigend empfundenen Friedensschluß von Münster und Osnabrück in den Schoß der ecclesia sancta cattolica zurückkehrte, war ein Triumph ohnegleichen, der jeden zeremoniellen und finanziellen Aufwand rechtfertigte.

Der triumphale Einzug Christinas in Rom war Anlaß, den berühmtesten Künstler der Stadt, Gianlorenzo Bernini, mit der Gestaltung der Innenfassade des Tores zu beauftragen. Die Zeit drängte, und so beschränkte sich Bernini im wesentlichen auf dekorative Elemente: Ein »Spruchband« über der Tordurchfahrt begrüßte – in Anlehnung an antike Formeln – den »glücklichen und günstigen Eingang« der Königin in die Stadt, darüber prangten die Wappensymbole des Chigi-Papstes (Berggipfel mit Stern),

> Flavio **Chigi** (1599-1667) bestieg 1655 als **Alexander VII.** den päpstlichen Thron. Er war seit 1639 Nuntius in Köln gewesen, dort mit den Schrecken des 30jährigen Krieges in Mitteleuropa in Berührung gekommen und hatte seit 1643 als Gesandter die päpstlichen Interessen beim Friedenskongreß in Münster vertreten. In den 12 Jahren seines Pontifikats gab er wie kaum ein zweiter Papst der Blütezeit des Barock in Italien wichtige Impulse für die Veränderung des Stadtbildes. Unter anderem erteilte er Aufträge für die Gestaltung des Platzes vor St. Peter durch Gianlorenzo Bernini und die Piazza del Popolo sowie den Platz vor dem Pantheon. In Erfüllung eines Gelübdes ließ er die wichtige Barockkirche S. Maria in Campitelli errichten.

Porta del Popolo, Landseite, Photographie um 1868

darunter eine Festgirlande aus Eichenlaub (ebenfalls zum Chigi-Wappen gehörig) mit zwei Ährenbündeln, Abzeichen der schwedischen Königsfamilie Wasa.

1877/79 wurden die beiden antiken Türme abgebrochen, seitlich der Tordurchfahrt zwei niedrigere Durchgänge geschaffen. Die Schaufassaden des 16. (außen) und des 17. (innen) Jahrhunderts wurden entsprechend seitlich erweitert.

Der Platz wird beherrscht von drei Marienkirchen: S. Maria del Popolo (7), S. Maria di Monte Santo (6) und S. Maria dei Miracoli (5).

Als 1658 die in der Via Babuino ansässigen Karmeliter das Grundstück zwischen der Via Babuino und dem Corso erwarben, um dort eine Kirche zu errichten, nutzte Papst Alexander VII. die Gelegenheit, die kurz zuvor mit der Umgestaltung der Porta del Popolo begonnene Modernisierung des Platzes fortzusetzen. Der eigentliche Eingang in die Stadt – die Mündungen des Corso, der Via Babuino und der Via di Ripetta – sollte repräsentativ gestaltet werden. Wahrscheinlich war es eine Idee des Papstes selbst, zwei gleich gestaltete Kirchenbauten einen triumphbogenartigen Prospekt bilden zu lassen, und er erteilte noch im selben Jahr Carlo Rainaldi, dessen Entwurf für eine Neugestaltung des Platzes vor St. Peter ihn kurz zuvor nicht hatte überzeugen können, einen ersten Planungsauftrag.

Am weiteren Planungsprozeß waren neben Rainaldi auch Carlo Fontana und Gianlorenzo Bernini beteiligt. Waren anfangs zwei Bauten mit kreuzförmigem Grundriß geplant, so ging man wegen der Schwierigkeit ungleich geschnittener Grundstücke zu Kuppelkirchen mit kreisförmigem und ovalem Grundriß über. Bernini setzte sein Können vor allem für eine wirkungsvolle Inszenierung der äußeren Ansichten ein.

Die beiden Zwillingskirchen haben Eindruck auch im Norden gemacht: Auf Wunsch Friedrichs II. von Preußen wurden der Französischen und der Neuen Kirche auf dem Gendarmenmarkt zu Berlin unter ausdrücklicher Berufung auf die beiden römischen Marienkirchen die Kuppeltürme hinzugefügt. Eine moderne Nachahmung der beiden Kirchen, die Gran Madre di Dio, 1937 geweiht, beschließt heute die Straßenachse, die von der Piazza Venezia über die Piazza del Popolo bis zur Milvischen Brücke reicht.

Porta del Popolo, Bekrönung der Stadtseite

Anstelle der Kirche **S. Maria dei Miracoli (5)** befand sich die um 1608 errichtete Kirche S. Orsola, die Papst Alexander VII. 1658 den Franziskaner-Tertiaren übergab.

Die Franziskaner betreuten schon die an der Stadtmauer gelegene kleine Kirche S. Maria dei Miracoli, so benannt nach einem wundertätigen Marienbild. 1661 wurde der Grundstein für einen Neubau von S. Orsola gelegt, in welchen man bereits ein Jahr später das Marienbild aus der Miracoli-Kirche (und mit ihm deren Namen) überführte. 1667, nach dem Tod von Papst Alexander VII., wurden die Bauarbeiten eingestellt. Erst 1675, kurz vor Vollendung der Nachbarkirche, konnte aufgrund des Engagements des Kardinals Gastaldi, der einen Stifter geworben und auch selber gestiftet hatte, weitergebaut werden. Nach dem Tod des entwerfenden Architekten Rainaldi vollendete Carlo Fontana den Bau. Seit 1673 war, wie bei der Zwillingskirche, ebenfalls Bernini an der Gestaltung der Kuppel beteiligt. Die Kirche wurde 1681 geweiht, an der Ausstattung wurde jedoch noch bis ins 18. Jahrhundert gearbeitet.

Das Äußere lebt von der Verbindung der viersäuligen Tempelfront mit einer Kuppel. Die Balustrade mit zehn Heiligenfiguren von Schülern Berninis setzt einen horizontalen Akzent. Aufwendig und elegant gestaltet ist der Glockenturm in den Formen des späten Rokoko.

Die Innenwand des runden Raumes wird von hohen Pilastern und kleinen Arkadenbögen gegliedert, die in Seitenkapellen füh-

G. B. Piranesi, S. Maria di Monte Santo und S. Maria dei Miracoli

ren. Zwischen den Säulen des Hochaltars halten Engel den Jaspisrahmen mit dem 1599 kopierten Bild der Madonna dei Miracoli. Rechts und links des Altars befinden sich zwei prunkvolle Grabmäler nach Entwurf von Carlo Fontana für den Kardinal Girolamo Gastaldi († 1685) und für Benedetto Gastaldi († 1681) mit vergoldeten Bronzebüsten.

1658 kauften Karmeliter der sizilischen Provinz des Ordens vom Monte Santo, die sich eben in Rom niedergelassen hatten, das Grundstück an der Spitze zwischen Via Babuino und Via del Corso. 1662 wurde der Grundstein der Kirche **S. Maria di Monte Santo (6)** gelegt, die Bauarbeiten nach dem Tod Papst Alexanders 1667 jedoch wegen Geldmangels unterbrochen. 1673 stiftete der eben zum Kardinal ernannte Girolamo Gastaldi eine erhebliche Summe aus seinem Privatvermögen für die Vollendung beider Kirchen, mit der Carlo Fontana betraut wurde. Er und vor allem Bernini veränderten die Gestaltung der Kuppel, um deren Erscheinungsbild – trotz des unterschiedlichen Grundrisses – dem der Zwillingskirche weitestgehend anzupassen. Im Heiligen Jahr 1675 war der Bau weitgehend vollendet (Datum über dem Hauptportal). Erst 1761 waren der Bau des Konventsgebäudes und des Glockenturmes vollendet. Die Kirche wurde 1969/70 restauriert.

Die Grundform und Gliederung der Fassade entspricht derjenigen der Zwillingskirche. Auch hier stehen auf der den Baublock zusammenfassenden Balustrade Heiligenstatuen verschiedener Künstler, die wohl auf Zeichnungen Berninis zurückgehen. Der Kuppeltambour ist zwölfeckig, die Kuppel selbst oval.

Der Glockenturm ist anders gestaltet als sein Pendant. Die Säulen des Portikus stammen von einem abgetragenen Glockenturm Berninis an St. Peter.

Der längsovale Kirchenraum hat seitlich je drei gleichgroße Kapellen, zwischen denen Pilaster ein umlaufendes Gesims tragen. Der schmale, rechteckige Chor trägt ein Tonnengewölbe und wird seitlich von je einem Balkon flankiert. In die Architektur des Hochaltars von 1677 ist ein Marienbild des frühen 16. Jahrhunderts im Goldstuckrahmen eingefügt, das der Überlieferung nach auf wunderbare Weise von einem elfjährigen Mädchen gemalt sein soll. Beiderseits des Hochaltars sind in die Apsiswand bronzierte Gipsbüsten der Päpste Urban VIII. (1623-1644), Alexander VII. (1655-1667), Clemens IX. (1667-1670) und Clemens X. (1670-1676) eingelassen, unter denen Kardinal Gastaldi Dienst am päpstlichen Hof getan hatte.

S. Maria dei Miracoli, Kuppelraum

**S. Maria del Popolo (7)** ist die schönste römische Kirche der frühen Renaissance. Bau und Ausstattung waren mehreren Kardinälen und Päpsten des späten 15. Jahrhunderts auch ein macht- und kirchenpolitisches Anliegen. Die Anfänge der Kirche sind legendenumwoben. In ihrer Nähe, am Rande der Via Flaminia und außerhalb der Stadtmauern (die Aurelianische Mauer gab es damals noch nicht), lag das Familiengrab der Domitier, in welchem antiker Überlieferung nach die Asche Kaiser Neros beigesetzt worden sein soll. Dessen Geist, so die Legende, trieb in einem

S. Maria del Popolo, Ablaßtafel an der Fassade

Nußbaum am Grab sein Unwesen. Papst Paschalis II. wollte ihn 1099 (das Datum ist urkundlich nicht belegt) durch Fällen des Baumes und Errichtung einer Marienkapelle am wichtigsten Stadttor Roms bannen und gewissermaßen aus der Stadt vertreiben.

Der Beiname »del popolo« wird gerne mit dem Baum in Verbindung gebracht (lat. populus = Pappel). Jedoch ist wahrscheinlicher, daß er auf die Funktion als Volks- (das heißt Pfarr-)Kirche von S. Maria hinweist. In den Pfarrkirchen wurden in späteren Jahrhunderten die Einwohnerverzeichnisse der Gemeinden, die »stati delle anime«, geführt. 1787 und 1788 ist in einer solchen Liste auch der Aufenthalt Goethes im Haus Via del Corso belegt (vgl. Casa di Goethe, Bd. 2 Nr. 77).

Das Kirchlein wurde 1227 dem Orden der Augustiner zugewiesen, die hier ein Kloster gründeten, das bald florierte, stand es doch an dem Ort, an welchem die Pilger und Reisenden ihr Ziel erreicht und den Boden der Heiligen Stadt betreten hatten. Papst Sixtus IV. aus der norditalienischen Ritterfamilie der della Rovere nahm sich des Klosters an und ließ ab 1472, sich selbst zum Ruhme und seiner Familie als Grablege, einen repräsentativen Kirchenneubau errichten.

Der Name des Architekten ist nicht überliefert, vielleicht war es Andrea Bregno, der verschiedene Bildhauerarbeiten in der Kirche ausführte. Das notwendige Kapital für den Bau wurde nicht zuletzt durch päpstliche Sündenablässe beschafft, die auf Inschrifttafeln rechts und links des Hauptportals angebracht wurden. Bereits 1480 wurde die Kirche geweiht. Fünfundzwanzig Jahre später ließ Papst Julius II., der große Förderer Michelangelos (und Neffe Sixtus' IV.), den Chor für die Bedürfnisse der

Ordensgemeinschaft erweitern und verschaffte dem vorher in Mailand tätigen Architekten Donato Bramante seinen ersten römischen Auftrag. Martin Luther muß sich ein prächtiger Anblick geboten haben, als er 1511 nach Rom kam und im römischen Kloster seines Ordens an der Porta del Popolo aufgenommen wurde. Hundertfünfzig Jahre später ließ der baufreudige Papst Alexander VII. aus der Familie Chigi, der aus Gründen der Familientradition besondere Bindungen an diese Kirche hatte, den Bau durch Gianlorenzo Bernini modernisieren (1655-1659). Fassade und Inneres wurden verändert, die baufälligen Konventsgebäude erneuert. Für die Chigi-Kapelle schuf Bernini zwei Marmorskulpturen. Wiederum rund hundertfünfzig Jahre später erhielt die Kirche im Zuge der Neugestaltung des Platzes durch Valadier 1816-1824 an ihrer Südseite eine klassizistische Fassade. Große Teile der Konventsgebäude wurden abgerissen.

Die **della Rovere** stiegen innerhalb einer Generation aus nichtadligen Verhältnissen an die Spitze der Kirchenhierarchie auf. Francesco della Rovere (1414-1484) aus Savona (Ligurien) trat in den Franziskanerorden ein und schlug eine Hochschullaufbahn ein. 1464 zum General seines Ordens gewählt, wurde er 1467 aufgrund seiner theologischen Reputation und seiner moralischen Integrität zum Kardinal ernannt. Bereits vier Jahre später wählten ihn die Kollegen als Sixtus IV. zum Papst. Wahlhilfe leistete ihm sein Neffe Pietro Riario, den er mit reichen Benefizien belohnte. Dieser Neffe wurde zum Prototypen des luxuriös und freizügig lebenden Kirchenmannes, der in kürzester Zeit große Reichtümer sammelte und in einen fürstlichen Lebensstil investierte. Der Nepotismus erreichte unter Sixtus, der sechs Verwandte zu Kardinälen ernannte, nie dagewesene Ausmaße.

Sixtus IV. bediente sich zielbewußt der Kunst, um päpstliche Interessen und Ansprüche zu formulieren. Er ließ die nach ihm benannte Kapelle im Vatikan errichten und ausmalen und ein prunkvolles Grabmal errichten. Sein Neffe Giuliano della Rovere, der erheblichen Einfluß auf die Politik seines Onkels hatte, wurde 1503 zum Papst gewählt und nahm unter Bezug auf Caesar den Namen Julius (II.) an. Ihm gelang in den zehn Jahren seines Pontifikats die Konsolidierung des Kirchenstaates und die Vertreibung der Franzosen aus Oberitalien. An der Blüte der Kunst der Hochrenaissance war Julius als Auftraggeber maßgeblich beteiligt. Mit Bramante, Michelangelo und Raffael zog er die bedeutendsten Künstler der Zeit an den päpstlichen Hof in Rom. Auch familienpolitisch war Julius erfolgreich. Ihm gelang es, einen Verwandten zum Herzog von Urbino zu machen. Weitere Zweige der Familie della Rovere-Riario etablierten sich in Neapel und in Genua.

S. Maria del Popolo, Fassade

Die Kirchenfassade ist die älteste der Renaissance in Rom. Sie erhebt sich über einer zehnstufigen Freitreppe und ist mit Travertin verkleidet. Bernini hat Mitte des 17. Jahrhunderts ihre bis dahin noch fast mittelalterliche Gestalt verändert, indem er die beiden seitlichen Viertelkreisgiebel, die Baluster und das Chigi-Wappensymbol auf dem mittleren Giebel hinzufügen und das Maßwerk der Fenster entfernen ließ.

Die Eichengirlanden auf den Deckflächen der den Mittelteil stützenden geschwungenen Mauern erinnern an die Familie della Rovere (ital. rovere = Eiche). Die bronzenen Reliefs der drei Portale wurden von Michele Guerisi 1963 geschaffen. Seitlich der Fassade setzt rechts die von Valadier gestaltete Ummantelung der Südfront der Kirche an, welche die Außenwände der Renaissancekapellen verdeckt.

**Martin Luther**, der 1505 als Mönch in das Kloster der Augustinereremiten in Erfurt eingetreten war, begleitete Ende 1511 den Ordensprior nach Rom und fand dort für vier Wochen Aufnahme im Kloster bei S. Maria del Popolo. Zwar ist aus dieser Zeit kein persönliches Zeugnis überliefert, aber Luthers Biographen vermuten einen Zusammenhang zwischen dem Rom-Erlebnis des Mönches aus der deutschen Provinz und dessen späterer Papst- und Rom-Kritik.

Im übrigen war die Fahrt für Luther eine Pilgerreise, die er wie alle anderen auch dafür nutzte, Ablässe zu erlangen. Nicht mit Sinn und Interesse für Kunst begabt, nahm er Rom als Zentrum der Kultur der Hochrenaissance wohl kaum wahr.

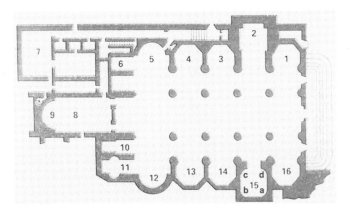

S. Maria del Popolo, Grundriß (nach Touring Club Italiano, Roma)

Schlicht wie die Fassade ist auch die Architektur des Innenraumes: eine dreischiffige Basilika, deren an antike Vorbilder erinnernde Gewölbe auf Pfeilern mit vorgelagerten Halbsäulen ruhen. Die Seitenschiffe werden begleitet von jeweils vier Kapellen, deren Außenwände von fünf Seiten eines Achteckes gebildet werden. Zwei dieser Kapellen (der Familien Chigi und Cibo), (2) und (15)) wurden später räumlich verändert. Alle Kapellen waren zwischen 1485 und 1489 von Pinturicchio einheitlich ausgemalt worden. Während die Seitenarme des Querhauses mit ihren halbrunden Apsiden unverändert blieben, wurde der Chor bereits kurze Zeit nach seiner Fertigstellung verlängert und durch seitliche Kapellen erweitert. Auch die Kuppel gehört noch zum ursprünglichen Bau. Sie war die erste auch von außen wahrnehmbare Kuppel der römischen nachmittelalterlichen Architektur.

Ein Schatzhaus ist die Kirche vor allem durch ihre Ausstattung aus der Zeit um 1500 und einige bedeutende barocke Akzente. Der Rundgang folgt den Kapellen der Südseite bis zum Chor und an der Nordseite zurück zum Hauptportal.

Die **Kapelle** der Familie **della Rovere** (1) blieb weitgehend unverändert; sie ist ein Gesamtkunstwerk der Frührenaissance. Die architektonische Gliederung des Raumes (Sockelzone mit Rovere-Wappen, Säulen, Gewölbegrate) ist gemalt und so Scheinarchitektur erzeugt. Das farneseblau gefaßte Gewölbe mit den goldenen Sternen stammt ebenso aus der Erbauungszeit

S. Maria del Popolo, Capella Rovere (Farbtafel nach S. 128)

der Kapelle wie der Bodenbelag aus farbigen Majolika-Kacheln, von dem heute nur Reste erhalten sind. Die halbkreisförmigen Lünetten am Gewölbeansatz zeigen Szenen aus dem Leben des Familienheiligen Hieronymus. Pinturicchio hat sie ebenso gemalt wie das Bild des Hochaltars mit der Madonna und dem Jesusknaben, vor denen der betende Hieronymus kniet.

Im Hintergrund der Figurenszene ist eine Brücke zu erkennen, diesseits des Flusses eine Kirche, unverkennbar diejenige – freilich ohne die späteren Veränderungen –, die der Betrachter eben betreten hat. Den Pilger führt das Bild zurück in die Wirklichkeit seiner weiten und mühevollen Reise, die gerade eben beim Betreten der Kirche geendet hat. Er hat sein Ziel erreicht, und die Gottesmutter selbst ist es, die ihn hier, in ihrer Kirche, erwartet.

**Pinturicchio**, geboren um 1454 als Bernadino di Betto in Perugia (Umbrien), war Schüler und Mitarbeiter des Malers Pietro Perugino. Unter dessen Leitung war er 1481-1483 an der Ausmalung der Capella Sistina im Vatikan beteiligt und dekorierte Räume für Papst Innozenz VIII. (1484-1492) im Belvedere des Vatikan (Galleria delle Statue, heute Teil der Vatikanischen Museen). In den gleichen Jahren entstand ein Freskenzyklus mit Szenen aus dem Leben des hl. Bernhard von Siena in der Capella Bufalini in S. Maria in Aracoeli. Sein Hauptwerk ist die Ausmalung der Privatgemächer für Papst Alexander VI. Borgia 1492-1495 im Vatikanischen Palast (sog. Apartamento Borgia), an der Mitarbeiter seiner Werkstatt beteiligt waren. Danach verließ P. Rom und malte 1502-1505 in der Bibliothek im Dom zu Siena einen Zyklus mit Darstellungen aus dem Leben Papst Pius' II. Piccolomini. Er starb 1513 in seiner umbrischen Heimat.

In die steinernen Fliesen von S. Maria del Popolo sind zahlreiche Grabplatten eingelassen, unter denen vor Zeiten Kleriker, Gelehrte und fromme Wohltäter bestattet wurden. Die Schritte der Kirchenbesucher haben das flache Linienwerk der Reliefs abgetreten und nur die tieferen Gravuren übriggelassen: die Umrisse einer Figur, einzelne Gewandfalten, ein Wappen, einen Lorbeerkranz. Manche Gestalten sind ganz in den Stein zurückgegangen. Aber anderswo sind noch die Augenhöhlen sichtbar, groß und geschwärzt vom Staub der Zeiten, hohe Stirnen, der schmale Strich der Lippen, eine Mitra, ein Buch. Als zeige sich im Verschwinden, nachdem die individuellen Züge ausgelöscht sind, noch einmal der Typus.

*Joachim Fest, Im Gegenlicht*


An der linken seitlichen Wand der Kapelle befindet sich das Grabmal zweier Neffen des Rovere-Papstes Sixtus, der Brüder Cristoforo († 1477) und Domenico della Rovere († 1501), von Andrea Bregno, der auch den Aufbau des Altares und die Marmorschranke zum Querschiff gearbeitet hat. Das Madonnenrelief des Grabmals stammt von dessen Mitarbeiter Mino da Fiesole. Das Grabmal der rechten Außenwand für Giovanni di Castro, etwa dreißig Jahre später entstanden, fügt sich dem harmonischen Kapellenraum nicht so recht ein.

Die **Kapelle** der Familie **Cibo (2)** wurde 1489 von einem Neffen Papst Innozenz' VIII., Lorenzo Cibo, anläßlich dessen Ernennung zum Kardinal gestiftet und von denselben Künstlern wie die Rovere-Kapelle ausgestattet. Ein Nachfahre, Kardinal Alderano Cibo, erster Inhaber des von Papst Innozenz X. neugeschaffenen Amtes des Kardinalstaatssekretärs, ließ die Kapelle 1682-1687 durch einen aufwendigen Zentralbau erweitern, dem die gesamte Außenwand der alten Kapelle zum Opfer fiel. Dem Architekten Carlo Fontana standen reichlich finanzielle Mittel zur Verfügung, und so konnte er für den Bau mit dem Grundriß eines griechischen Kreuzes kostbarste Materialien – kastanienbraunen Jaspis, dunkelgrünen Serpentin, vergoldeten Stuck und weißen Marmor – zu einem erlesenen Farbklang komponieren. Die freistehenden Säulen verstärken den Eindruck eines barocken

S. Maria del Popolo, Capella Cibo (Farbtafel nach S. 128)

Bühnenraumes, in den man vom Seitenschiff der Kirche hineinzusehen meint. In den flachen Seitenarmen stehen Grabmäler mit weißen Marmorbüsten für den Stifter Lorenzo Cibo und den Bauherrn Alderano Cibo († 1700).

Die nächste **Kapelle** gehörte ebenfalls der Familie **della Rovere (3)** und ähnelt der ersten. Die Fresken hat ebenfalls Pinturicchio gemalt. Das Grabmal des Schwagers von Papst Sixtus IV., Giovanni Basso della Rovere († 1483), arbeitete Andrea Bregno.

Die von Giovanni di Stefano da Siena geschaffene Liegefigur des 1485 verstorbenen Bischofs von Padua, Pietro Foscari, der 1477 von Papst Sixtus IV. zum Kardinal ernannt wurde, gehört zu einem der seltenen freistehenden Grabmäler der römischen Frührenaissance und ist für diese Zeit eine Seltenheit auch deswegen, weil sie aus Bronze gegossen ist (vielleicht nach dem Vorbild des Papstgrabmals Sixtus' IV. von Antonio Pollaiuolo in St. Peter). Es befand sich ursprünglich in der Familienkapelle der Foscari, die später von der Familie Cerasi erworben wurde, und steht jetzt in der **Capella Casta (4)**.

Von der Apsis des südlichen Querhauses gelangt man in den Sakristeigang. Gegenüber dem Zugang zur Kirche befindet sich dort eine Gedenkplatte an den Komponisten Ottorino Respighi.

Nach links führt dieser Gang in die Sakristei **(7)**, einen Raum, der zu dem von Valadier neuerrichteten Teil der Klostergebäude gehört. Dort steht der ehemalige Hochaltar der Kirche, den Kardinal Rodrigo Borgia (der spätere Alexander VI.) 1473 für zwei jung verstorbene Söhne stiftete und der ein Hauptwerk des Bildhauers Andrea Bregno ist, allerdings durch den heutigen barocken Hochaltar nicht angemessen ersetzt. Wahrscheinlich hat Luther an diesem Altar bei seinem Aufenthalt in Rom die Messe gelesen.

In der **Capella di S. Rita da Cascia (6)** befand sich die Grablege der Geliebten Alexanders VI. Borgia, Vanozza Catanei, die erst 1518 starb. Deren Sohn Giovanni, den wahrscheinlich sein Bruder Cesare hatte ermorden lassen, war bereits 1497 hier beigesetzt worden. Von der ursprünglichen Renaissanceausstattung der Kapelle ist nichts erhalten geblieben, die Erinnerung an die Familie wurde mit den Grabstätten gründlich getilgt. Die heutige Raumdekoration stammt von Bernini. Das einzige nicht zerstörte Zeugnis der Familie Borgia-Catanei in dieser Kirche ist das Grabmal der Nicholetta Catanei († 1543), das heute abseits, im erhaltenen Teil des ehemaligen Kreuzganges, aufgestellt ist.

Die bedeutendsten römischen Grabmäler der Hochrenaissance befinden sich an den Seitenwänden des **Chores (8)** hinter dem Hochaltar. An der linken Wand ließ Papst Julius II. della Rovere um 1507 von dem Florentiner Bildhauer Andrea Sansovino ein Grabmal für Kardinal Ascanio Sforza († 1505), den Bruder des Herzogs von Mailand, Ludovico Sforza, und ein zweites an der rechten für seinen Vetter Girolamo Basso della Rovere († 1507) errichten.

Kardinal Sforza war eigentlich ein Freund und Parteigänger des Borgia-Papstes Alexander VI. (dessen Vizekanzler er war), eines Gegners Papst Julius' II. Gleichwohl ließ dieser ihm aus politischen Gründen das Grabmal errichten, weil der Sforza-Kardinal wie Julius selbst Feind der Franzosen gewesen war, die

---

**Ottorino Respighi** war einer der bedeutendsten italienischen Komponisten der Spätromantik. Zeitgenosse Richard Strauss', hat er wie dieser Ruhm vor allem mit Opern und sinfonischen Dichtungen erworben, von denen die *Fontane di Roma (1916)*, die *Pini di Roma (1924)* und die *Feste Romane (1928)* die bekanntesten sind. 1879 geboren, war er Anfang des 20. Jahrhunderts Schüler von Rimskij-Korsakow in Petersburg. Nebenher konzertierte er als Geiger und Bratschist. 1908/09 lebte er in Berlin. Von 1924 bis 1926 war er Direktor des berühmten Liceo (später Conservatorio) Santa Cecilia in Rom.

dem Bruder des Kardinals, Ludovico Sforza, 1500 das Herzogtum Mailand entrissen hatten.

Der Aufbau beider Grabmäler, die einen in Venedig entwickelten Typus des Wandgrabes aufgreifen, ist ähnlich: Unter einer Triumphbogenarchitektur liegt das Abbild des Verstorbenen auf einem Sarkophag, umgeben jeweils von Personifikationen der Tugenden (links: Klugheit, Gerechtigkeit, Hoffnung, Glaube; rechts: Mäßigung, Stärke, Treue, Hoffnung). Zum erstenmal erscheint auf einem Grabmal die Figur der Verstorbenen halb aufgerichtet wie auf etruskischen und römischen Sarkophagen.

Die Borja (**Borgia** ist die italienisierte Namensform) entstammten dem spanischen Landadel. Alonso de Borja wurde von Martin V. zum Bischof von Valencia ernannt. Seit 1444 Kardinal, wählten ihn die Kardinalskollegen 1455 als Calixtus III. zum Nachfolger Nikolaus V. Sofort ernannte er seinen Neffen Rodrigo (1431-1503), den späteren Alexander VI., ebenfalls zum Kardinal und übertrug ihm das Amt des päpstlichen Vizekanzlers und lukrative Pfründen wie das Erzbistum Valencia. Dieser nutzte sein Amt skrupellos zu Machterweiterung und Machterhalt. Bis zu seinem Tod lebte er in einer eheähnlichen Beziehung mit der römischen Adligen Vanozza de' Cattanei, die ihm zwischen 1474 und 1482 die Kinder Cesare, Juan, Lucrezia und Jofrè gebar. Unablässig bemühte er sich um die standesgemäße Versorgung dieser Nachkommen. Im 5. Konklave nach dem Tod Innozenz' VIII. Cibo wurde er 1492 zum Papst gewählt.

Zum – allerdings zweifelhaften – Nachruhm des Namens trugen vor allem die Kinder Cesare und Lucrezia bei. Cesare (1474 -1507) machte er zum Partner seiner ehrgeizigen machtpolitischen Pläne. Mit militärischen Mitteln und französischer Hilfe versuchte Cesare, innerhalb des Kirchenstaates ein eigenes Fürstentum aufzubauen.

Lucrezia (1480-1519) war zunächst mit einem Sforza, dann bis zu seiner Ermordung (die Cesare aus politischen Gründen veranlaßte) mit Alfonso von Aragòn aus dem neapolitanischen Königshaus verheiratet, schließlich seit 1502 mit Alfonso d'Este, dem Herzog von Ferrara. Macht und Einfluß der Borgia waren schlagartig beendet, als 1503 Giuliano della Rovere, der die Borgia haßte, als Julius II. den Papstthron bestieg und das Verdammungsurteil über die Familie seines Vorgängers fällte. Aus dieser Zeit stammt die nachträgliche Stilisierung vor allem Cesares zum skrupellosen, zu allen Verbrechen fähigen Monstrum. Im 17. Jahrhundert erlangte die Familie im Spanien Philipps IV. noch einmal erheblichen politischen Einfluß, bevor sie 1740 ausstarb.

Die Gewölbemalereien im Chor mit der Krönung Marias, den vier Evangelisten und vier Kirchenvätern sowie Sibyllen sind 1508/09 als Pinturicchios letztes römisches Werk entstanden. Diese Malereien hatte Raffael sehr genau studiert, bevor er die stanza della segnatura im vatikanischen Palast ausmalte.

In den **Fenstern des Chores (9)** finden sich die schönsten römischen Glasmalereien der Renaissance mit Szenen aus dem Leben Jesu und Maria, ausgeführt 1508-1510 von den französischen Künstlern Claude und Guillaume de Marcillat.

S. Maria del Popolo, Grabmal Kardinal Ascanio Sforza

Den Blick in den Chor verdeckt der barocke Hochaltar (um 1630), dessen Marmoraufbau ein Madonnenbild rahmt, die Wiederholung eines byzantinischen Madonnenbildes der Mitte des 13. Jahrhunderts aus Siena. Sixtus IV. ließ es zu einem vom Evangelisten Lukas gemalten Bild erklären. Den Spendenfluß für den Neubau der Kirche förderte er mit einem Ablaß, den man vor jenem Bild erlangen konnte. Dessen Text ist – in eine Marmortafel gemeißelt – rechts neben dem mittleren Portal der Kirche angebracht (Abb. S. 46).

Die kostbare Ikone wird wie ein Juwel von fünf vergoldeten Stuckreliefs (um 1630) an den Seitenwänden und am Gewölbebogen des Joches vor dem Altar gefaßt. Sie erzählen die Legende der Kirchengründung (von links nach rechts): *Bergung des Skelettes des Kaisers Nero; die Dämonen im Nußbaum über seinem Grabe; Maria erscheint Papst Paschalis II. im Traum; dieser läßt den Nußbaum fällen; Weihe der Kirche.*

Die links des Chores befindliche **Kapelle** der Familie **Cerasi (10)** birgt zwei Hauptwerke der europäischen Barockmalerei.

S. Maria del Popolo, Caravaggio, *Bekehrung des Paulus* (Farbtafel nach S. 128)

Am 24. September 1600 schloß Tiberio Cerasi, Schatzmeister Papst Clemens' VIII., mit dem jungen Annibale Merisi, der sich nach seinem Geburtsort Caravaggio nannte, einen Vertrag über zwei Tafelbilder mit der »Bekehrung des Saulus« (rechte Wand) und der »Kreuzigung des Petrus« (linke Wand). Noch bevor Cerasi im darauffolgenden Jahr starb – sein Grabmal befindet sich auf der linken Seite der Kapelle –, waren die Bilder vollendet.

Die beiden Bilder sind den beiden Urvätern der Kirche, den Aposteln Petrus und Paulus, gewidmet, deren Gräber in Rom zu den bedeutendsten Wallfahrtsstätten gehören. Das Paulus-Bild nimmt Bezug auf die Bekehrungsszene auf dem Wege nach Damaskus: »Und als er auf dem Wege war und nahe an Damaskus kam, umleuchtete ihn plötzlich ein Licht vom Himmel; und er fiel auf die Erde und

---

**Michelangelo Merisi** wurde 1573 in **Caravaggio** bei Mailand geboren. 1590 zog er nach Rom, wo er in den folgenden Jahren erste Aufträge erhielt. Sein cholerisches Temperament ließ ihn einen unruhigen Lebenswandel führen. 1606 mußte er Rom wegen eines im Affekt begangenen Totschlages fluchtartig verlassen. Über Neapel floh er nach Malta, von dort nach Syrakus und Messina, 1609 wieder nach Neapel. Auf der Rückkehr nach Rom starb er 1610 an einer fiebrigen Erkrankung. Weitere römische Hauptwerke Merisis befinden sich in Sant'Agostino (*Madonna dei Pellegrini*, um 1605), in S. Luigi die Francesi (*Fresken zur Matthäuslegende*, 1599-1602 in der Capella Contarini), in der Galerie der Villa Borghese (u.a. *David mit dem Haupt Goliaths*, 1610; *Madonna dei Palafrenieri*, 1605; *Junge mit Früchten*); in der Galleria Doria Pamphili (*Flucht nach Ägypten*, um 1595); in der Galleria Nazionale d'Arte Antica Palazzo Barberini (u.a. *Judith enthauptet Holofernes*, um 1600) und in der Pinacoteca Vaticana (*Grablegung Christi*, 1602-1604).

hörte eine Stimme, die sprach zu ihm: Saul, Saul, was verfolgst du mich?« (Apostelgeschichte, 9. Kap.)

Dies Erlebnis verschlägt dem Christenverfolger Saulus aus Tarsos das Augenlicht, bis Gott ihn nach drei Tagen wieder sehend werden läßt und zu einem Werkzeug der Verkündigung macht: »Ich will ihm zeigen, wieviel er leiden muß um meines Namens willen.«

Caravaggio malt – das ist das Unzeitgemäße, das seinen Zeitgenossen auch Anstößige – nur das mit den Augen Wahrnehmbare, und zeigt doch – das ist seine Kunst – viel mehr. Den Bildraum füllt der Leib des Pferdes, das mit vorsichtiger Scheu seinen Huf über den gestürzten Reiter erhebt und von einem Knecht am Zügel zur Seite geführt wird.

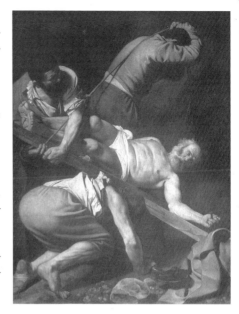

S. Maria del Popolo, Caravaggio, *Bekehrung des Paulus*

Das Geschehen ist in Nacht getaucht (wovon in der Bibel nicht die Rede ist), um das Licht in Szene zu setzen, das vor allem auf den Pferdeleib und auf Saulus fällt, der dem Schein in gefaßtem Erschrecken die Arme entgegenstreckt, der ihn greifen möchte und doch nicht be-greifen kann. Reflektieren in anderen Darstellungen des Themas (etwa von Raffael und Michelangelo) Begleitfiguren das Wunderbare des Geschehens, so malt Caravaggio die religiöse Erweckung als ein individuelles Erlebnis, das sich der Nachprüfung durch kollektive Wahrnehmung entzieht.

Die wesentlichen Bildelemente – Kopf und Oberkörper des Paulus, seine Arme, die Läufe und der Leib des Pferdes – sind konzentrisch um einen Mittelpunkt angeordnet, um den das Geschehen zur Ruhe kommt.

Caravaggio hat auch ein Bild über das Sehen gemalt. Er individualisiert und verinnerlicht dieses Sehen, macht das Wunder zu einem inneren Ereignis. Pferd und Knecht blicken erstaunt – nicht zu dem Wunderbaren, sondern zu Saulus, von dem sie nicht wis-

H ier lernst du begreifen, wie abgenutzt die Gegenstände der Kunst sind, wenn Zeit und Worte über sie hinweggegangen sind, die Zeit des Geschwätzes und die Worte der Kunsthistorie (...) Da stehst du, mit dem Baedeker in der Hand, und jemand sagt dir, daß ein ausgestreckter Arm ein ausgestreckter Arm, die Linie eines Mantels die Linie eines Mantels und zwei Figuren zwei Figuren sind (...) Du hast gesehen, wie der Liebe Gott seinen Arm ausstreckt, du hast die Linie seines roten Mantels betrachtet, du hast zwei Figuren erkannt. Ist noch was passiert? Nichts.

*Ludwig Harig, Die Laren der Villa Massimo*

sen, was mit ihm geschieht. Das Licht blendet ihn, aber es raubt ihm nicht sein Bewußtsein, so daß er die Vision verinnerlicht und nach drei Tagen sein Herz für die biblische Botschaft öffnet.

Ein nicht minder eindrucksvolles Pendant ist das Petrusbild. Auch hier ist das Bildpersonal reduziert: Auf den Apostel und drei Knechte, die in konzentrierter und koordinierter Aktion das Kreuz aufrichten, an das sich Petrus – auf eigenen Wunsch kopfüber und nicht wie Jesus mit erhobenem Haupt – im Zirkus des Nero am vatikanischen Hügel hat schlagen lassen. Die Körper bilden hier zwei sich kreuzende, durch Seil und Balken verspannte Diagonalen. Zwei der Knechtsgesichter sind verdeckt, das dritte verschattet. Nur Petrus blickt gefaßt und als ob er das Geschehen interessiert verfolge. Er nimmt nun sein Kreuz an, nachdem ihm, der sich, wie die Legenda aurea beschreibt, der Christenverfolgung durch Flucht entziehen wollte, Jesus vor den Mauern Roms noch einmal erschienen ist. Auf die Frage des Petrus »Domine quo vadis?« antwortet er: »Um mich nochmals kreuzigen zu lassen.« Nichts Vergeistigtes hat die grausame Folter, die an Petrus vollzogen wird, nichts Vergeistigtes sollen seine Gesichtszüge verraten, die, wie alle Gestalten der Bildwelten Caravaggios, von bodenständiger Diesseitigkeit sind.

Caravaggios Bilder enthielten ästhetischen und theologischen Sprengstoff. Er war der Kirche suspekt und erhielt wohl auch deshalb keine der begehrten und attraktiven Großaufträge jener Jahre, brachte er doch »die geistliche immaterielle Definition und Bestimmung des Menschen in Gefahr, die ihm eine jenseitige Heimat versprachen« (Jutta Held, Caravaggio. Politik und Martyrium der Körper, Berlin 1996). Beide Bilder erzählen nicht Geschichte, sondern verdichten Geschehen zu einer Aussage, die Caravaggio an der genauen Beobachtung und Wiedergabe des Sichtbaren entwickelt. Indem er das Göttliche ins Reich des Unsichtbaren verweist, macht er es um so eindringlicher – und auf sehr moderne Weise – sichtbar.

Auch das Altargemälde der Capella Cerasi, eine Himmelfahrt Marias, ist das Werk eines bedeutenden Künstlers. Der Bologneser Maler Annibale Caracci lieferte das Bild 1601.

Die östlichste **Kapelle** des nördlichen Seitenschiffes **(13)** wurde von einem niederländischen Künstler, Pieter van Lint (1609-1690) ausgemalt. Im Boden der Kapelle befindet sich die Grabplatte einer Ahnin von Papst Johannes XXIII., Camilla Roncalli († 1609).

In der angrenzenden **Mellini-Kapelle (14)** befinden sich zwei Bildnisbüsten des neben Bernini wichtigsten römischen Barockbildhauers, Alessandro Algardi: an der rechten Schrägwand des Mario Mellini († 1673), an der linken des Urbano Mellini († 1660).

Die nächste **Kapelle (15)** ist wiederum ein Wunderwerk römischer Renaissance-Architektur. Raffael, eigentlich bekannt als Maler, entwarf sie für seinen Freund und Förderer, den sienesischen Papst-Bankier Agostino **Chigi**, der Lukullus und Maecenas seiner Zeit. Die Kapelle wurde zwischen 1513 und 1516 gebaut, die Ausstattung jedoch erst von Bernini vollendet, dem Kardinal Fabio Chigi, damals noch Staatssekretär und erst ab 1655 Papst, 1652 einen Auftrag für seine Titelkirche erteilte. Die Kapelle ist ein kleiner Zentralbau mit Kuppel über dem Grundriß eines griechischen Kreuzes mit abgeschrägten Ecken. Die Gliederungselemente, die Pilaster, das Gesims und die Kassetten

---

Schon während der Blütezeit der flämischen (»altniederländischen«) Malerei der 1. Hälfte des 15. Jahrhunderts, deren große Namen van Eyck, van der Weyden, van der Goes und Memling die Galerien aller bedeutenden europäischen Museen zieren, gab es nicht wenige Künstler, die die neue Kunst Italiens mit eigenen Augen sehen wollten. Die Italien- und besonders Romreisen niederländisch-flämischer Künstler hatten ihre große Zeit im 16. Jahrhundert. In der Heimat nannte man sie halb verächtlich »**Romanisten**«. Ihre Bedeutung für die Entwicklung der flämischen Malerei wird erst seit dem 19. Jahrhundert gewürdigt, Leben und Werk einzelner Künstler wissenschaftlich aufgearbeitet. Zu den wichtigsten »Romanisten« des 16. Jahrhunderts gehören Maarten van Heemskerck, Lambert Sustris, Frans Floris, Jean Boulogne (=Giambologna!) und Pieter Brueghel.

der Kuppel verraten Raffaels intensive Auseinandersetzung mit den Resten der antiken römischen Architektur. Raffael ist die Konstruktion eines Raumes von vollendeter Ausgewogenheit und Harmonie gelungen, ein Meisterwerk der abendländischen Baukunst.

Die Fresken, Mosaiken und Skulpturen der Ausstattung thematisieren – einer Grabkapelle angemessen – Tod und Erlösung, wobei sich christliche Gedanken mit solchen der antiken und der neuplatonischen Philosophie des 15. Jahrhunderts verbinden.

Die Mosaiken der Kuppel wurden 1516 von Luigi della Pace nach Entwürfen Raffaels ausgeführt. Gottvater mit dem Himmelsglobus (für den Planeten Erde) wird umgeben von Darstellungen der sieben anderen (im 16. Jahrhundert bekannten) Plane-

---

Die Kaufmanns- und Bankiersfamilie **Chigi** war seit dem 13. Jahrhundert in Siena nachweisbar. Im 15. Jahrhundert teilte sie sich in einen sienesischen und einen römischen Zweig. Mit Agostino (1466-1520) erreichte die Familiengeschichte ihren ersten Höhepunkt. Er brachte durch die von ihm gepachteten Alaunminen von Allumiere ein riesiges Vermögen zusammen und lieh Papst Julius II. so große Summen für seine Kriege und Kunstprojekte, daß dieser ihm gestattete – ein unerhört ehrenvolles Privileg für eine nichtadlige Familie –, die Rovere-Eicheln ins Chigi-Wappen aufzunehmen. Agostino Chigi war der Krösus am Anfang des 16. Jahrhunderts, ein Jakob Fugger Italiens (und dessen Zeitgenosse). Seinen Nachruhm begründete er durch Aufträge an führende Künstler seiner Zeit. Von Baldassare Peruzzi ließ er sich 1508 bis 1512 eine Stadtvilla errichten (nach späteren Besitzern Villa Farnesina genannt), in deren Ausstattung sich Anspielungen auf die himmlische und gottgewollte Vorbestimmung des sozialen Aufstiegs und ökonomischen Erfolgs finden (Deckengemälde Raffaels mit der Sternenkonstellation der Geburtsstunde Agostinos).

Die Erben konnten das Vermögen nicht zusammenhalten. Ein neuer Aufstieg der Familie setzte mit Flavio Chigi ein, der 1655 zum Papst gewählt wurde (vgl. S. 41). Nicht anders als unter seinen Vorgängern blühte auch unter dem Chigi-Papst der Nepotismus. Seinen Neffen Flavio ernannte er alsbald zum Kardinal. Dieser erwarb 1661 einen Palast gegenüber der Kirche SS. Apostoli von der Familie Colonna, den er sogleich von Bernini umbauen ließ. Agostino Chigi (1634-1705) heiratete Maria Borghese. Damit stieg die Familie in den römischen Hochadel auf. Er erwarb den gleichnamigen Palazzo an der Piazza Colonna, der heute Sitz des italienischen Ministerpräsidenten ist.

tengottheiten, wobei die Sonne nach damaliger Vorstellung als Planet um die Erde kreist: Venus, Apollo (Sonne), Mars, Jupiter, Saturn, Diana (Mond) und Merkur. Gleichsam behütet von den Göttern vollzieht sich auf dem von Sebastiano del Piombo 1532 bis 1547 gemalten Altarbild die Geburt Marias.

Die Fresken in den Pendentifs (den Übergangsflächen von der runden Kuppel zum quadratischen Raum) und am Kuppel-

---

**Raffaello Santi**, geboren 1483 in Urbino, war zusammen mit Michelangelo und Leonardo da Vinci die herausragende Künstlerpersönlichkeit der Hochrenaissance und hat die europäische Malerei nachhaltig geprägt und beeinflußt. Wie Pinturicchio Schüler von Pietro Perugino, führte er zunächst ab 1500 die väterliche Werkstatt in Urbino weiter. 1504 ging er nach Florenz, wo er sich mit der Kunst der florentinischen Renaissance, vor allem Donatellos, Leonardos und Michelangelos, auseinandersetzte.

1508 berief ihn Papst Julius II. an den päpstlichen Hof und übertrug ihm die Ausmalung seiner Gemächer (Stanzen) im vatikanischen Palast. Die hier geschaffenen Fresken, vor allem in der Stanza della Segnatura, gehören zu den Höhepunkten abendländischer Malerei. Parallel zur Ausmalung der Stanzen erhielt Raffael einen zweiten Großauftrag, die Fertigung von Entwürfen für Wandteppiche in der unteren Wandzone der Sixtinischen Kapelle, von denen sich sieben erhalten haben (heute in London). 1514 wurde ihm nach dem Tod Donato Bramantes das Amt des ersten Baumeisters von St. Peter übertragen. Für diesen Bau lieferte er Entwürfe, die nicht realisiert wurden. Sein architektonisches Hauptwerk, die Villa Madama in Rom, wurde 1517 bis 1523 nur teilweise ausgeführt.

In seiner Werkstatt entstanden zahlreiche religiöse Bilder (u.a. die sog. Sixtinische Madonna für die Kirche S. Sisto in Piacenza) und Porträts, u.a. das »Staatsbild« des Nachfolgers seines Förderers Julius, Leos X., mit dessen beiden Neffen (Florenz, Uffizien). Sein bedeutendster weltlicher Förderer und Auftraggeber war Agostino Chigi (vgl. S. 60), für dessen Villa er Entwürfe für Deckengemälde lieferte (Villa Farnesina, um 1512) und dessen Grabkapelle in S. Maria del Popolo nach seinen Entwürfen gebaut und ausgestattet wurde. Zu seinen letzten Werken gehörten Entwürfe für die Ausmalung einer Loggia im vatikanischen Palast, deren kompliziertes Rahmensystem sich am Vorbild der damals gerade wiederentdeckten Reste römischer Wandmalerei der Antike orientiert. Raffael starb 1520 mit erst 37 Jahren in Rom und wurde im Pantheon bestattet.

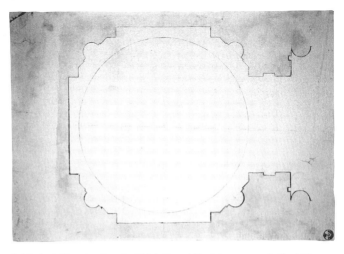

S. Maria del Popolo, Capella Chigi, Grundrißzeichnung von Raffael, Florenz, Gabinetto dei Disegni, Museo degli Uffizi

tambour von Francesco Salviati (1550/54) ergänzen das kosmologische Programm und zeigen Personifikationen der vier Jahreszeiten und Szenen der Schöpfungsgeschichte aus dem 1. Buch Mose.

Zwei der in den Nischen der abgeschrägten Raumecken stehenden Marmorskulpturen stammen aus der Erbauungszeit (**a, c**) (1519/20), wurden aber erst 1552 in der Kapelle aufgestellt, zwei weitere (**b, d**) hat 150 Jahre später Gianlorenzo Bernini ergänzt: Links des Altares der Prophet Jonas (**a**) von Lorenzo Lotto, dessen Wiedergeburt aus dem Bauch des Walfisches auf die Auferstehung hinweist; diagonal gegenüber der Prophet Elias (**c**), dessen Himmelfahrt die Himmelfahrt Christi vorwegnahm; rechts des Altars der Prophet Habakuk (**b**) (1661), der von einem Engel an seinen Haaren nach Babylon getragen wurde, ebenfalls ein Hinweis auf die Himmelfahrt Christi; diagonal gegenüber schließlich der Prophet Daniel (**d**) (1657), der den Tod in Gestalt der Löwen überwand. Im spannungsvollen Gegenüber der vier Skulpturen, die sich harmonisch in den vorgegebenen architektonischen Rahmen einfügen (Lotto) oder diesen Rahmen sprengen und in den Raum der Kapelle ausgreifen (Bernini), wird der Unterschied von Renaissance- und Barockkunst unmittelbar erfahrbar. Die beiden Grabmäler für Agostino Chigi († 1521, rechts)

S. Maria del Popolo, Kuppel der Capella Chigi

und Sigismondo Chigi († 1526, links) gehen zwar auf Ideen Raffaels zurück (ungewöhnlich und seiner Zeit voraus die Pyramidenform, die erst im 18. Jahrhundert Verbreitung fand), wurden jedoch ebenfalls von Bernini ergänzt. Von seiner Hand stammen die beiden Reliefbildnisse der Verstorbenen. Das Bronzerelief mit Christus und der Samariterin vom Grabmal Agostinos ließ er dort entfernen und am Altar anbringen.

Schließlich hat Bernini auch das Fußbodenmosaik mit dem Tod entworfen. Die Inschrift MORS AD CAELOS enthält ein Chronogramm (MDCL = 1650).

Zwischen der zweiten und der ersten Kapelle befindet sich das Grabmal der Maria Flaminia Odescalchi-Chigi, eine üppige spätbarocke Komposition (1771) einer Felsengruppe mit Löwen und Baum, an dessen Zweigen eine rote Draperie befestigt ist. Zwei Putten halten das ovale Bildnismedaillon der Fürstin.

Die 1. Kapelle schließlich diente als **Baptisterium (16)**. Hier befinden sich zwei Tabernakel für Tauföl und Taufwasser, beide wahrscheinlich aus der Werkstatt des Bildhauers Andrea Bregno, des Meisters des Hochaltars.

Das bewegendste Grabmal der Kirche findet sich rechts des Hauptportals. Man nimmt es kurz vor dem Verlassen der Kirche wahr. Giovanni Battista Gisleni (1600-1672) war Architekt der polnischen Könige Sigis-

S. Maria del Popolo, Grabmal Gisleni, Bronzemedaillons

mund III. († 1632) und Władisław IV. († 1648). Für das Grabmal des Verstorbenen, das er laut Inschrift selbst entwarf und ausführte, war ein schmaler Randstreifen zwischen dem Seitenportal und einer Halbsäule vorgesehen. Es zeigt in einer vergitterten Nische ein Skelett aus gelblichem Marmor (Neque illic mortuus – »So wie er dort nicht tot ist«), darüber eine Inschrifttafel, über dieser ein Bildnismedaillon (Neque hic Vivus – »So ist er hier nicht lebendig«). Zwei Putten halten eine gemalte Draperie. Das zarteste Detail des Grabmals aber ist kaum zu erkennen. Es sind die zwei kleinen bronzenen Medaillons oberhalb der vergitterten Nische. Das eine zeigt eine Raupe in einem Kokon mit der Umschrift IN NIDULO MEO MORIAR, das andere einen dem Kokon entschlüpfenden Schmetterling mit dem Vers UT PHOENIX MULTIPLICABO DIES. (»In meiner Hülle werde ich sterben« – »Wie der Phoenix werde ich meine Tage vervielfachen«)

Gegenüber der Kirche wurde nach Plänen Valadiers eine **Polizeikaserne (8)** errichtet. Dem von ihm einheitlich ummantelten Baukomplex von S. Maria del Popolo in der Nordostecke des Platzes gab er ein Pendant in der Nordwestecke, das nicht nur die Fassadengliederung von Kirche und Kloster, sondern auch die Kuppel der Cibo-Kapelle spiegelbildlich wiederholte. An der südwestlichen und südöstlichen Seite des Platzes wurden nach Plänen Valadiers zwei gleichgestaltete Paläste für die neuadlige Bankiersfamilie Torlonia gebaut.

Im westlichen Palazzo befindet sich das Traditionscafé Rosati. Nicht nur an diesem Ort saß der deutsche Exilschriftsteller Hermann Kesten (1900-1996) in der Zeit nach dem Zweiten Weltkrieg, ein »Dichter im Café« (erschienen 1959), und beobachtete »Menschen in Rom« (erschienen 1960).

Ich habe einen guten Teil meines Lebens im Kaffeehaus verbracht und ich bedaure es nicht. Das Kaffeehaus ist ein Wartesaal der Poesie. Das Beste am Kaffeehaus ist sein unverbindlicher Charakter. Da bin ich in Gesellschaft, und keiner kennt mich. (…) Ein großer Teil des Lebens hat Platz im Kaffeehaus, von der Liebe zum Tod, vom Spiel zum Geschäft (…) Im Café betrog ich den Müßiggang der Anderen mit meiner Arbeit. (…) Keine Stadt ist so fremd, ich brauche mich nur in ein Café zu setzen, schon fühle ich mich zu Hause (…)

Die Literaten machten den Ruhm, die Fremden das Glück der großen römischen Cafés. Der Weg der berühmten Cafés ging von der Piazza di Spagna, dem Tummelplatz der Fremden im 18. Jahrhundert, zum Corso im 19. und zur Via Veneto im zwanzigsten Jahrhundert. In der guten Jahreszeit, die in Rom mindestens neun Monate währt, wachsen die Cafés wie durch Zauber. Von einer kleinen Bar, in der es kaum einen Tisch oder gar einen Stuhl gibt, stehn plötzlich Dutzende von Tischen, wie vom Frühling hergetragen, und die Straßen von Rom sehen wie ein einziges kontinuierliches Café aus.

*Hermann Kesten, Dichter im Café*


Der Weg führt nun – der Straße folgend – an der Südseite von S. Maria del Popolo und an der Stützmauer der östlichen Exedra entlang den Hang des Pincio hinauf. (Die erste der beiden spitzen Kehren läßt sich durch eine steile Treppe abkürzen, die südlich des Chores von S. Maria del Popolo beginnt.) Dreimal kreuzt die ansteigende Straße die Querachse des Platzovals. Die beiden höher gelegenen »Kreuzungen« – jeweils oberhalb des Roma-Brunnens – sind terrassenartig erweitert und bieten Gelegenheit, den Platz zu überblicken. Auf der Balustrade der unteren Terrasse stehen vier Statuen von Gefangenen, deren Vorbilder sich am Triumphbogen des Kaisers Konstantin finden. In den Nischen unterhalb der Balustrade stehen Statuen der Göttin der Gesundheit, rechts und links begleitet von Genien des Friedens und der Künste, vor der Balustrade zwei große antike Granitsäulen, die vom Tempel der Venus und der Roma auf dem Forum stammen und mit nachgebildeten bronzenen »rostrae«, Schnäbeln antiker Schlachtschiffe, verziert und mit Waffenensembles bekrönt sind.

Auf der Hangseite ist ein Marmorrelief in die Stützmauer eingelassen, das die Göttin des Ruhmes, Fama, zeigt, welche die Genien der Künste und des Handels bekrönt (1831). Den monumentalen östlichen Abschluß der Achse bildet der dreibogige, der Stützmauer des Pincio-Hanges vorgelagerte Unterbau der Aussichtsterrasse auf der Höhe des Pincio. Valadiers Pläne sahen in den drei Nischen einen Kaskaden-Brunnen vor. Sein Gedanke wurde 1936/37 mit der Anlage eines Mündungsbrunnens für den Nuovo Aquedotto Vergine Elevato, eine moderne Wasserversorgungsleitung mit hoher Kapazität, aufgegriffen (**107**).

Geht man den Viale Gabriele d'Annunzio weiter bergauf, so steht linker Hand ein **Kriegerdenkmal (9)**, errichtet 1911 anläßlich des 50. Jahrestages der Proklamation Roms zur Hauptstadt Italiens zur Erinnerung an die Schlacht bei Legnano, in der die verbündeten lombardischen Städte unter Führung Mailands 1176 Kaiser Friedrich Barbarossa eine vernichtende Niederlage beibrachten.

Wo die Straße die Höhe des Hügelrückens erreicht und auf die Kammstraße stößt, steht rechter Hand das **Denkmal für die Brüder Enrico und Giovanni Cairoli (10)**, 1883 von Ercole Rosa geschaffen (**23**). Die Brüder werden als italienische Nationalhelden verehrt; sie fielen 1867 (Giovanni erlag 1869 seinen Verletzungen) während des ersten, erfolglosen Versuches Giuseppe Garibaldis, das von französischen Truppen verteidigte päpstliche Rom einzunehmen. Garibaldi feierte sie mit den Worten: »Griechenland hatte seine Leoniden, Rom seine Fabier, das moderne Italien seine Cairoli.«

Nach links erreicht man die **Piazzale Napoleone I (11)**, den Balkon Roms mit einem der schönsten Ausblicke über die Stadt.

Der hier beginnende kleine **Park auf dem Pincio (12)** (Plan S. 70) war die erste allgemein und öffentlich zugängliche Gartenanlage der Stadt. Die Idee zu einem Volkspark brachten die Franzosen in die Stadt, die Rom von 1798 bis 1814 besetzt hielten.

Der Hügel leitet seinen Namen von der Familie der Acilii Pinci ab, die hier im 4. Jahrhundert n. Chr. Villen- und Gartenanlagen hatten. Weiter südlich, auf dem Areal der Villa Medici und des Klosters von SS. Trinità dei Monti, befanden sich die Villen des Lucius Licinius Lucullus und der Familie der Domitier.

Spaziergang auf dem Pincio, Lithographie von Félix Benoit aus *Rome dans sa grandeur*, 1861

Giuseppe Manzini regte im europäischen Revolutionsjahr 1849 – beflügelt von vaterländischen und nationalistischen Ideen – an, im Park **Büsten** verdienter Italiener aufzustellen, wie dies schon in den Gartenanlagen antiker Villen (etwa in Tivoli) üblich gewesen war. Auch antikenbegeisterte Zeitgenossen wie König Ludwig I. von Bayern griffen den Gedanken wieder auf (Walhalla bei Regensburg). Später wurden einige zeitbedingte Korrekturen vorgenommen. So erhielt das fiktive Porträt des Mönches Savonarola den Namen des (allerdings wahrscheinlich nicht weniger anstößigen) Dichters Pietro Aretino, die Büste Napoléons wurde entfernt und an weniger prominentem Ort aufgestellt.

Im hinteren Teil des Parks ist das technische Meisterwerk einer **Wasseruhr (13)** (orologio ad acqua) installiert, die 1867 auf der Weltausstellung in Paris zu sehen war. Die durch Wasserdruck angetriebene Uhr wurde von dem Dominikanerpater Giambattista Embriago konstruiert.

Die Brücke über die Straße am Fuße der Stadtmauer, die in den Borghese-Park führt, wurde 1903 eröffnet.

Der **Obelisk (14)** im Mittelpunkt sich kreuzender Wege stammt vom Grabmal, das Kaiser Hadrian für seinen jung verstorbenen Freund und Liebhaber Antinous errichten ließ, dessen Lebensgeschichte in Hieroglyphen auf den vier Seiten festgehal-

Die vergangenen drei oder vier Tage verbrachte ich regelmäßig ein paar Stunden nach Mittag, indem ich mich in der Sonne des Pincio backen ließ, um eine Erkältung loszuwerden. (…) Alle Granden und die Hälfte der Fremden sind da in ihren Kutschen, die *Bourgeoisie* ist zu Fuß und starrt auf sie, und die Bettler säumen alle Zufahrtswege. Der große Unterschied zwischen öffentlichen Plätzen in Amerika und Europa liegt in der Zahl unbeschäftigter Menschen jeden Alters und Zuschnitts, die früh und spät auf Bänken herumsitzen und einen vom Scheitel bis zur Sohle angaffen, wenn man vorbeigeht. Europa ist sicherlich der Kontinent des praktizierten Gaffens. (…) Die europäische Frau ist erzogen in dem Gefühl, in dem Gebrauch der Umgangsformen oder in der Art und Weise, in der Öffentlichkeit zu spielen, eine bestimmte Rolle zu haben. (…) Die Zahl junger Männer, die, wie die alten Zönobiten (d.i. eine gemeinschaftliche, klösterliche Lebensweise, Anm. d. Verf.), ein rein kontemplatives Leben führen, ist beträchtlich. Sie versammeln sich in besonderer Stärke auf dem Pincio, aber der Corso wimmelt den ganzen Tag von ihnen. Sie sind gut angezogen, gut gelaunt, gut aussehend, höflich. Aber sie scheinen niemals einen härteren Schlag Arbeit zu tun, als von der Piazza Colonna zum Hotel de Rome zu bummeln oder *vice versa*. Einige von ihnen schlendern nicht einmal, sondern stehen stundenweise angelehnt an den Hauseingängen, wobei sie an den Knöpfen ihrer Spazierstöcke nuckeln, ihre Frisur am Hinterkopf prüfen und ihre Hemdenmanschetten richten.

*Henry James, Tagebucheintrag vom 21. Januar 1873*

ten ist. 1822 wurde der Obelisk hier im Park aufgestellt. Wer die anrührende Geschichte des alternden Kaisers und des Götterlieblings vergegenwärtigen möchte, lese Marguerite Yourcenars Roman »Ich zähmte die Wölfin«.

Vom Obelisken führt ein Weg direkt auf die **Casina Valadier** (15) zu. In den Jahren 1813 bis 1817 wurde das villenartige Gebäude als öffentliches Kaffeehaus über einer römischen Zisterne errichtet, die der Bewässerung der Gartenanlagen der Acilier

Die Casina Valadier auf dem Pincio

diente. Die Terrassen an der östlichen und westlichen Seite des nahezu quadratischen Baus sind vom Hochparterre zu erreichen. Den Zugang ermöglicht die repräsentative Freitreppe an der Südseite. Umgeben vom blau-silbernen Dekor der Erbauungszeit, kann man seit kurzem wieder im Festsaal des Obergeschosses tafeln oder auf der westlichen Terrasse mit Blick über die Stadt einen Kaffee trinken (wobei das atemberaubende Panorama seinen Preis hat.) Der die Villa umgebende Teil des Parks wurde eingezäunt und in einen gepflegten Garten verwandelt.

Seitlich der hangseitigen Fassade der Casina bietet sich von einer Brüstung noch einmal ein herrlicher Ausblick auf die Stadt mit der Kuppel von St. Peter im Hintergrund.

Linker Hand führt eine Rampe etwas abwärts zur Viale Trinità dei Monti, der man geradeaus weiter folgt. An der Gartenmauer der Villa Medici steht eine 1887 für den italienischen Astronomen Galileo Galilei errichtete **Gedenksäule (16).** Galilei war 1633 nach dem Urteil des Santo Uffizio in der Villa Medici inhaftiert. Hierauf spielt die Inschrift an, die übersetzt lautet:

»Der nahe gelegene Palast, ehemals den Medici gehörig, war Gefängnis des Galileo Galilei, der beschuldigt wurde, erkannt zu haben, daß die Erde sich um die Sonne dreht.«

Einige Schritte weiter erreicht man nun die **Villa Medici (17).** Gegenüber der Fassade, unter Steineichen, steht ein schlichter

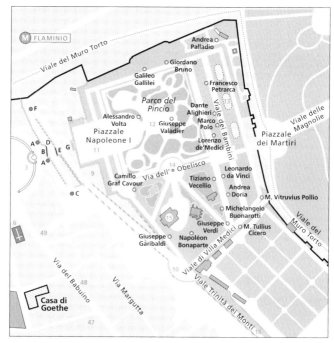

A  Säulen mit »rostrae«
B  Statuen »Hygieaia« und Genien
C  Dionysos-Brunnen
D  Statuen der Gefangenen
E  Relief »Fama« und Genien
F  Granitvase
G  Mündungsbrunnen der Acqua Vergine

Der Park auf dem Pincio, Grundriß

Brunnen mit einer flachen Granitschale. Ein dünner Strahl steigt aus einer Kugel empor, von der die Überlieferung sagt, sie stamme aus einer Kanone, welche Königin Christina von Schweden im Übermut von der Engelsburg auf die Villa Medici abgefeuert habe. Die Brunnenschale ist antiken Ursprungs und wurde 1587 von Ferdinando de' Medici für einen Springbrunnen vor seinem Palast erworben. Wenige Jahre zuvor war die antike Wasserleitung, die unter dem Gelände der Villa verlief, instand gesetzt worden, um die mediceischen Garten- und Brunnenanlagen mit Wasser zu versorgen.

1564 kauften Giulio und Giovanni Ricci, Neffen des Kardinals Giovanni Ricci da Montepulciano, am Pincio einen Weinberg mit Landhaus und ließen sich von Nanni di Baccio eine zweigeschossige Villa mit Gartenloggia und Turm bauen. Als Zugang zu dem noch unerschlossenen Gelände wurde die Rampenstraße Via di San Sebastianello angelegt. 1576 erwarb Kardinal Ferdinando de Medici das Anwesen. Geboren 1549 als

Die Villa Medici und die Abhänge des Pincio, Gemälde von Gaspar van Wittel, 1683, Rom, Galleria Nazionale di Arte Antica

Sohn des Großherzogs Cosimo I. von Toskana, wurde er 1563, erst 14jährig, zum Kardinal ernannt. In den Jahren von 1577 bis 1585 ließ er durch den Florentiner Architekten Bartolomeo Ammanati die Villa zur Aufnahme seiner umfangreichen Antikensammlung (128 Statuen, 28 Reliefs, 54 Büsten) umbauen und erweitern und die Gartenanlagen vollenden. Bereits 1587 ging der Kardinal jedoch nach Florenz, um seinem älteren Bruder Francesco als Großherzog zu folgen. Hausherr der Villa wurde nun ein anderer Medici, Kardinal Alessandro, der die Sammlungen unter anderem durch den Erwerb der berühmten Venus Medici aus den Ruinen der Villa Hadriana in Tivoli erweiterte. Er wurde 1605 für ganze 27 Tage als Leo XI. dritter Papst aus der Familie Medici. Als die Medici 1737 in männlicher Linie ausstarben, fielen das Großherzogtum und aller sonstiger Familienbesitz auf dem Erbwege an das Haus Habsburg-Lothringen. Seither stand die Villa meist leer. 1770 erlebte sie noch einmal Glanz und Gloria, als Kaiser Joseph II. und sein Bruder Leopold, der seit 1765 Großherzog der Toskana war, anläßlich eines Rombesuches dort residierten. In den 1780er Jahren wurde die bedeutende Antikensammlung nach Florenz überführt, wo sie bis heute Teil der Sammlungen der Uffizien ist. 1803 fiel das Anwesen nach der Besetzung Roms an den französischen Staat. Napoléon übergab die Villa der »Außenstelle Rom« der Académie française, die in einem Palazzo am Corso residierte. Sie war 1666 von Ludwig XIV. gegründet worden und vergab an junge und begabte Künstler ein dreijähriges Rom-Stipendium, den »Prix de Rome«. Bis heute ist die Villa Sitz der französischen Akademie, die nicht nur französische Stipendiaten betreut (wie ihr deutsches Pendant, die Villa Massimo), sondern mit Ausstellungen, Konzerten, Filmprogrammen und Tagungen das Kulturleben der Stadt bereichert.

Unter dem Direktorat des Malers Balthus wurde die Villa in den 1960er Jahren restauriert und der Garten neu angelegt.

Die Villa Medici ist das bedeutendste Beispiel einer vorstädtischen Villa (»villa suburbana«) der Kunstepoche des Manierismus in Rom, gleichzeitig und im Wettstreit entstanden mit der berühmten Villa d'Este in Tivoli und dem Schloß der Farnese in Caprarola. Die schlichte stadtseitige Fassade mit ihren beiden Türmen hat eher abweisend-kastellartigen Charakter und läßt hinter dem Renaissanceportal kaum einen Ort luxuriösen Genusses vermuten. (Zu besichtigen ist das Innere nur im Rahmen von Ausstellungen, die regelmäßig in den Sommermonaten stattfinden).

Von der Eingangshalle führt eine doppelläufige Treppe ins erste Obergeschoß. Auf dem ersten Treppenabsatz steht eine lebensgroße Statue Ludwigs XIV., die Domenico Guidi 1701 für die Akademie schuf. Zwar entspricht die Raumaufteilung des Gebäudes weitgehend derjenigen der Erbauungszeit. Auch ist die Wand- und Deckendekoration einer Reihe von Räumen erhalten, jedoch nichts von der ursprünglichen beweglichen Ausstattung. Die Treppe führt in ein Zwischengeschoß, in welchem sich Verwaltungsräume der Akademie befinden. Von hier führen zwei Wendeltreppen ins Hauptgeschoß, das Piano nobile. Auf der Gartenseite befindet sich (ebenerdig, wegen der Hanglage des Gebäudes!) eine halboffene Loggia, dahinter, zur Stadtseite gelegen, ein zweigeschossiger Saal, der vermutlich für Konzerte und Theateraufführungen genutzt wurde. In diesem Geschoß befinden sich drei Räume (heute vom Direktor der Akademie bewohnt), in denen 1961 Malereien der ersten Bauzeit der Villa unter Kardinal Ricci freigelegt werden konnten (Szenen aus dem Alten Testament, unter anderem der Schöpfungsgeschichte und der Geschichte Josephs). Im darüberliegenden Geschoß ließ Kardinal Medici den einen, vorhandenen Turm der Villa mit dem zweiten, neu errichteten durch eine Folge von drei Räumen verbinden, deren Deckengemälde von Jacopo Zucchi aus den Jahren 1576-1589 erhalten sind. Die erste Decke zeigt in der Mitte die Hochzeit Jupiters mit Juno, die zweite im Mittelmedaillon Jupiter, Juno und Minerva, umgeben von Darstellungen Apollons und der Musen, sowie Tierkreiszeichen. Die Darstellungen enthalten einen verborgenen Sinn: Die Anordnung der Planeten konnte als Horoskop entziffert werden, das dem Medici-Kardinal Macht – und das konnte in Rom nur heißen: die Wahl zum Papst – prophezeite.

Die Loggia ist überdacht, öffnet sich zum Garten hin aber mit einer Säulenstellung, deren mittlere Öffnung triumphbogenartig erhöht ist. Die beiden Löwen auf den Balustraden sind Kopien der Löwen aus der Loggia dei Lanzi zu Florenz. Auf dem terrassenartigen Podest steht ein Brunnen, der von der Kopie einer der berühmtesten und meistkopierten Skulpturen der Zeit, des Merkur des Florentiner Bildhauers Giambologna, bekrönt wird. Die Kugeln auf der Balustrade wiederholen das Wappensymbol der Medici. Die Loggia diente an heißen Tagen als Speisesaal. Der Blick des Hausherrn und seiner Gäste fiel damals auf antike

Villa Medici, Gartenfassade

Statuen in den Nischen. Zwei niedrige Treppen führen von dem Podest in den Garten.

Ganz anders als die strenge Stadtseite der Villa präsentiert sich die Gartenfassade. Deren Mittelteil wird seitlich von zwei niedrigeren und vorspringenden Flügeln eingefaßt, über denen sich die Türme erheben, die wiederum durch eine Brücke verbunden sind. Reich gegliedert und dekoriert ist diese Seite mit zahlreichen eingelassenen antiken Reliefs sowie Medaillons, Girlanden und (heute statuenlosen) Nischen. Die Reliefs stammen aus der Antikensammlung der Familie Valle-Capranica, die Ferdinando de' Medici als Grundstock seiner berühmten Kollektion angekauft hatte. Sie gehörten ursprünglich zu unterschiedlichen antiken Gebäuden, unter anderem zu einer Altaranlage, die Kaiser Claudius 43 n. Chr. als Pendant zur Ara Pacis des Augustus an der Via Flaminia (Via del Corso) errichten ließ, so das Relief im Mittelteil ganz oben rechts, das die Fassade des Tempels des Mars Ultor, flankiert von den Göttinnen Venus und Fortuna, zeigt, oder das Relief mit dem Sticropfer rechts neben dem Triumphbogen.

Die weitläufige Gartenanlage zeigt sich in den Grundzügen, wenn auch vereinfacht, noch wie im späten 16. Jahrhundert. Vor der Gartenfassade der Villa befand sich ein »Giardino all'italiano« mit sechs rechteckigen Beetflächen, in denen niedrige Buchs-

Wer die Schönheit der einfachen Natur liebt und den Reiz der Sauberkeit, wird danach vergeblich in den Wäldern Italiens suchen. Im Garten der Villa Pinciana (Anm.: das ist die Villa Medici) gibt es eine Anpflanzung von 400 Pinien, die die Italiener mit Staunen und Bewunderung ansehen. (…) Aber die Wäldchen sind vernachlässigt, die Wege bloß mit einfachem Sand belegt, schwarz und staubig. Die Hecken wirken klein, dünn und schäbig, die Bäume kümmerlich. Der freie Teil des Grundstücks, braun und verbrannt, zeigt kaum irgendein Grün. (…) Das Wasser, das es reichlich gibt, wird nicht gesammelt in großen Becken und dann in kleine Bäche und Ströme geleitet, um den durstigen Boden zu erfrischen (…) Man muß aber zugeben, daß die Brunnen zusammen mit den Skulpturen und der Architektur prächtig wirken und daß es eine große Zahl von Statuen gibt, die Aufmerksamkeit verdienen. Aber sie stellen nur das Grundstück zu und zerstören den Charakter ländlicher Einfachheit. Mit einem Wort, wir sehen eine Vielzahl von Wegen, Baumgruppen und Brunnen, einen Wald von 400 Pinien, ein Gehege mit ein paar mageren Hirschen, einen Blumengarten, ein Vogelhaus, eine Grotte und einen Fischteich. Trotzdem ist es meiner Meinung nach ein sehr verächtlicher Garten verglichen mit dem von Stowe in Buckinghamshire oder selbst dem von Kensington in Richmond. Die Italiener können, weil sie sich darum bemühen, mit der Kunst umgehen, aber sie haben keine Vorstellung von den Schönheiten der Natur.

*Tobias Smollett, Tagebucheintrag 5. März 1765*

baumhecken geometrische Muster bildeten. Der Obelisk des runden Brunnens ist die Kopie eines Originals, das heute in den Boboli-Gärten in Florenz steht. Um eine Geländedifferenz auszugleichen, war als südliche Begrenzung in Verlängerung des Galerieflügels der Villa ein langer Trakt mit Nischen errichtet worden, in dem Teile der Antikensammlung aufgestellt waren und dessen Flachdach zugleich als Aussichtsterrasse dienen

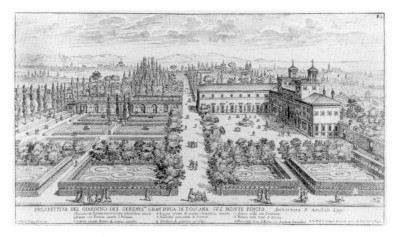

Die Gartenanlagen der Villa Medici, Kupferstich von Giovanni Battista Falda, 1667

konnte. Nach Süden schließt sich hier (über einer Aufschüttung, mit der man eine antike Zisterne verdeckte) der bosco, ein Waldstück, an, in dessen Mitte sich ursprünglich (noch in Resten erkennbar) ein von Zypressen umgebenes »Mausoleum« mit Wasserspielen befand, die vom Vergine-Aquädukt gespeist wurden. Zwischen zwei Mauern, das Waldstück nach Westen begrenzend, verläuft ein langer Weg zu einem Parkausgang an der Via di Porta Pinciana. Rechter Hand befindet sich hinter der Mauer das Grundstück des Klosters Trinità dei Monti. Unmittelbar südlich der Villa, von diesem Weg zugänglich, wurde auf unregelmäßigem Grundriß ein kleiner durch eine Mauer begrenzter Gartenteil angelegt, ein »giardino segreto«, ein »geheimes Gärtchen«, wie es damals in Italien Mode war. Nördlich schließt sich dem »giardino all'italiano« ein »giardino labirinto« an, der aus vier mal vier, von hohen Hecken eingefaßten quadratischen Flächen besteht, in denen früher Obstbäume angepflanzt waren. Am Ende der Hauptachse, die am Eingang an der Porta Pinciana beginnt, wurde schon im 16. Jahrhundert die monumentale sitzende Gestalt der Göttin Roma – ein Geschenk Papst Gregors XIII. an Kardinal de' Medici – aufgestellt. Sie wird eingefaßt von kulissenartigen Mauern, an deren vorderen zwei antike Brunnenmasken angebracht sind.

Die zweite, ost-westliche Hauptachse dieses Areals wird zur Stadt hin begrenzt von einem Portal, am anderen Ende von einem

Villa Medici, Ausschnitt aus den Fresken von Jacopo Zucchi im Stanzino dell'Aurora, um 1576-1580, Detail mit Ansicht der Villa (Farbtafel nach S. 128)

offenen Pavillon, der »Loggia di Cleopatra«, die 1576 auf den Resten eines Turmes der antiken Stadtmauer angelegt wurde.

Bis zum Ende des 18. Jahrhunderts standen hier drei antike Statuen, die dann nach Florenz abtransportiert wurden. Heute befindet sich hier der Torso einer römischen Kopie jener berühmten Venus, die der griechische Bildhauer Praxiteles um 340 v. Chr. für die ostgriechische Stadt Knidos schuf und die auch Vorbild des berühmtesten Stückes der Antikensammlung des Kardinals Ferdinando, der sogenannten Venus Medici, gewesen ist. 1677 holten die Nachfahren des Kardinals diese Statue bei Nacht und Nebel nach Florenz, wo sie noch heute ein Glanzstück der Antikensammlung der Uffizien ist.

Im nördlich des Pavillons gelegenen Turm ließ Kardinal de'Medici einen kleinen, »Studiolo« genannten Raum einrichten (heute: »Stanzino dell'Aurora«), der über eine Treppe von jenseits der Mauer her zugänglich war. Er diente dem Kardinal wohl eher als bukolisches Liebesnest denn als Ort wissenschaftlicher Studien. Die Fresken von 1576 zeigen unter anderem Ansichten der Villa und des Parks nach einem Holzmodell des Architekten Ammannati, das so nicht ausgeführt wurde. Im Gewölbe schweben die Göttin Flora und der Windgott Zephyr, umgeben von Personifikationen anderer Winde. An den Wänden finden sich Allegorien der vier Jahreszeiten und Tierkreiszeichen.

Über die Piazza del Popolo geht es zurück zur Casa di Goethe.

Mit Anbruch der Nacht erholte ich mich auf der Villa Medicis, Neumond ist eben vorbei, und neben der zarten Mondsichel, konnte ich die ganze dunkle Scheibe, fast mit bloßen Augen, durchs Perspektiv ganz deutlich sehen. Über der Erde schwebt ein Duft, des Tags über, den man nur aus Gemälden und Zeichnungen des Claude kennt (…)

*Johann Wolfgang Goethe, Italienische Reise*

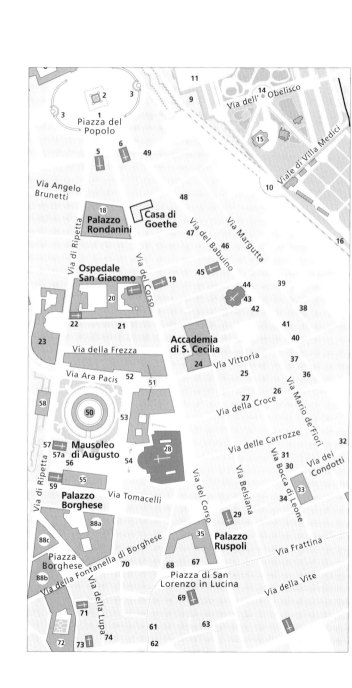

## Zweiter Rundgang
## Zwischen Via del Corso und Spanischem Platz

Gleich gegenüber der Casa di Goethe liegt der **Palazzo Rondanini (18)** (Via del Corso 519).

Seine Geschichte begann damit, daß der Marchese Giuseppe Rondanini 1744 den bescheidenen Palazzo des Malers Giuseppe Cesari, bekannt unter dem Namen Cavalier d'Arpino, erwarb, den Flaminio Ponzio im späten 16. Jahrhundert errichtet hatte.

Die Familie war 1570 aus der Romagna nach Rom zugewandert und hatte sich zunächst in der Via di Campo Marzio niedergelassen. Als man – nicht zuletzt für eine der mittlerweile bedeutendsten Antiken- und Kunstsammlungen der Stadt – einen großzügigeren und repräsentativeren Rahmen benötigte, fand sich am oberen Ende der Via del Corso eine geeignete Liegenschaft. Der Marchese ließ den Palast von 1744 an von dem Architekten Alessandro Dori und nach dessen Tod 1772 von Gabriele Valvassori umbauen und erweitern. Dabei war die gleichzeitig ab 1756 für die bedeutendste damalige Antikensammlung des Kardinals Albani entstehende Villa sicherlich heimliches, aber unerreichbares Vorbild. Schon 1801, nach dem Tode des Marchese, wurde der Palazzo an die Familie Capranica verkauft, die Sammlungen zerstreut. Im 19. Jahrhundert war der Palast zeitweise Sitz der russischen Botschaft, bis er 1946 in den Besitz der Banca d'Agricoltura überging.

Die schlichte Fassade zum Corso wird beherrscht von einem Doppelportal, dessen Vollsäulen einen Balkon tragen. Über den Toren befinden sich Stuckkopien eines der beiden berühmtesten Stücke der Kunst- und Antikensammlung der Rondaninis, einer Medusenmaske, die sich heute in der Glyptothek zu München befindet. Das Antlitz der Gorgone faszinierte Goethe so sehr, daß er sich, wie von anderen antiken Plastiken auch, einen Gipsabguß anfertigen ließ, den er mit nach Weimar nahm.

Den in der Regel nicht zugänglichen Palazzo betritt man über ein Vestibül, in dem einst das andere berühmte Stück der Sammlung, eine Pietà Michelangelos, wirkungsvoll den Besucher empfing (daher *Pietà Rondanini* genannt, heute als napoleonische »Beute« im Musée du Louvre in Paris). Das Vestibül führt geradeaus in einen Innenhof mit einer Brunnenanlage, einem sogenannten Nymphäum. Hier waren ursprünglich zahlreiche antike Skulpturen aufgestellt, Inschriften und Reliefs in die Wände eingelassen (ähnlich wie an der Gartenfassade der Villa Medici **(17)**).

Links des Vestibüls führt eine Treppe ins Piano Nobile; die Stuckdekoration des Treppenhauses spielt mit den heraldischen Emblemen der Familie Rondanini-Crivelli und zeigt Schwalben (rondini) und Siebe (crivelli). Die Flucht der Repräsentationsräume entlang des Corso zeigt die intimen Formen der Innenraumdekoration des späten Rokoko und frühen Klassizismus.

Im piano nobile des Palazzo hat der altehrwürdige Circolo degli Scacchi seinen Sitz. Für die Mitgliedschaft in diesem gediegenen Club ist die Beherrschung des Schachspiels zwar keine unumgängliche Voraussetzung, wohl aber das Leumundszeugnis zweier unbescholtener und ehrenwerter Bürger der Gesellschaft.

Der Weg führt nun den Corso entlang Richtung Piazza Venezia. Die wichtigste, berühmteste, belebteste Straße Roms ist die **Via del Corso**, meist einfach Il Corso genannt, die sich über einein-

Medusa Rondanini, Gipsabguß nach dem Original in der Glyptothek München, Privatbesitz Bonn

Medusa war eine der Gorgonen, die wegen ihres Stolzes von den Göttern in furchterregende Ungeheuer mit Reißzähnen und Flügeln am Haupt verwandelt wurden. Ihr Anblick ließ jeden zu Stein erstarren. Medusa war, anders als ihre beiden Schwestern Stheno und Euryale, sterblich, weswegen Perseus, Sohn des Zeus und der Danaä, sie im Auftrag der Göttin Athene enthaupten konnte. Dies gelang ihm, weil er den Blick von ihr abwandte und weil sich ihr Haupt in dem ihm von Athene geschenkten polierten Schild spiegelte, so daß er es abschlagen konnte. Aus Medusas Wunde entsprang das geflügelte Roß Pegasus, das der Göttin Aurora und den Musen zu Diensten war. Athena aber führte das abgeschlagene Haupt fortan als Attribut auf ihrem eigenen Schild.

Die **Medusa Rondanini** ist die qualitätvollste von sechs erhaltenen Kopien aus der römischen Kaiserzeit vom Medusenhaupt, das in der Mitte des über 4 Meter hohen Schildes der Kultstatue der Göttin Athene im ihr geweihten Tempel auf der Akropolis in Athen angebracht war. Die 438 v. Chr. geweihte Statue war ein

halb Kilometer von der Piazza Venezia bis zur Piazza del Popolo erstreckt. Sie war in der Antike eine der schnurgeraden Ausfallstraßen und hieß vom Fuß des Kapitolhügels bis zur heutigen Piazza Colonna Via Lata, von da ab Via Flaminia. Ab 1466 wurde sie dann wegen der volkstümlichen Rennen (»corsi«) mit arabischen (oder Berber-) Pferden (»barberi«) »Corso« genannt. Ende des 19. Jahrhunderts verbot die Regierung diese Rennen, weil es immer wieder zu schweren Unfällen kam. Die Straße wurde in »Corso Umberto I« umbenannt, erhielt aber 1946 nach Abschaffung der Monarchie ihren Traditionsnamen zurück. Auch ohne die corsi wurde der Straßenname zur Gattungsbezeichnung repräsentativer Flaniermeilen, so daß heute viele italienische Städte ihren »Corso« haben.

Werk des berühmten Bildhauers Phidias und schon wegen der verwendeten kostbaren Materialien Gold und Elfenbein eines der meistbewunderten antiken Kunstwerke. 1811 ließ Kronprinz Ludwig von Bayern diese Kopie durch seinen Kunstagenten Martin von Wagner von der Familie Rondanini erwerben, die wie viele römische Adelsfamilien wegen der hohen von den Franzosen auferlegten Kontributionen Teile ihrer Kunstsammlungen veräußern mußte.

Goethe bewunderte die Medusa Rondanini. »(...) daß so etwas zu machen möglich war«, schreibt er aus Rom, »macht einen zum doppelten Menschen. Wie gern sagt ich etwas drüber, wenn nicht alles, was man über so ein Werk sagen kann, leerer Windhauch wäre. Die Kunst ist deshalb da, daß man sie sehe, nicht davon spreche, als höchstens in ihrer Gegenwart. Wie schäme ich mich alles Kunstgeschwätzes, in das ich ehmals einstimmte (...) Besonders ist der Mund unaussprechlich und unnachahmlich groß.«

Schon gleich nach seiner Ankunft hatte er nach Weimar berichtet: »Gegen uns über im Palast Rondanini steht eine Medusenmaske, wo in einer hohen und schönen Gesichtsform über Lebensgröße das ängstliche Starren des Todes unsäglich trefflich ausgedrückt ist. Ich besitze schon einen guten Abguß, aber der Zauber des Marmors ist nicht übrig geblieben. Das edle Halbdurchsichtige des gelblichen, der Fleischfarbe sich nähernden Steins ist verschwunden. Der Gips sieht immer dagegen kreidenhaft und tot.« (Italienische Reise, 25. Dezember 1786 und 29. Juli 1787).

Der römische Corso ist seit Jahrhunderten eine Straße des Handels und des Gewerbes. Schneider, Buchhändler, Antiquare und Schmuckhändler hatten hier ihre Geschäfte.

Zeitgenössische Quellen überliefern, daß auch schon damals Gruppen von jungen Männern, Staatsdienern, Studenten und reichen Nichtstuern das muntere Treiben auf dieser Straße von den Cafés oder den Balkonen der die Straße säumenden Paläste beobachteten.

1895 konnten die Passanten und Flaneure erstmals ein Automobil auf dem Corso bestaunen.

In Höhe des an der Ecke zur Piazza S. Lorenzo in Lucina gelegenen Palazzo Fiano verengte bis 1665 eine quer über die Straße verlaufende mittelalterliche Mauer, welche die Reste eines antiken Triumphbogens aus trajanischer Zeit (2. Jahrhundert n. Chr.) umschloß, die Via del Corso zum Nadelöhr. Wegen der Residenz des Gesandten von Portugal beim Heiligen Stuhl hieß der Bogen Arco di Portogallo. Hier endete bis ins 16. Jahrhundert – weit vor der Porta del Popolo – das bebaute Stadtgebiet.

Auch heute noch folgen die Hausnummern der traditionellen römischen Zählweise, welche in aufsteigender Folge – auf der nördlichen Seite bei der Piazza del Popolo beginnend, von der Piazza Venezia an auf der Südseite zurücklaufend – die Hauseingänge erfassen, wobei Nummernschilder auch über zu Schaufenstern umgebauten oder zwischenzeitlich vermauerten Eingängen zu finden sind.

Eine der schönsten Beschreibungen des historischen Corso als Festmeile und als »ungeheure ausgeschmückte Galerie« findet sich in Goethes »Italienischer Reise«, und zwar als Kapitel in der eigenständigen Abhandlung über »Das Römische Carneval«, die er in die Tagebucheintragungen des Jahres 1788 einfügte.

Genau 200 Jahre später (1987) hat der Schriftsteller Hans Bender in seinen »Postkarten aus Rom« den heutigen Corso als Konsummeile, die Schaufenster als seine »erleuchteten Altäre« und die großen Modeschöpfer als seine Heiligen erlebt.

Linker Hand, bei der Einmündung der Via di Gesù e Maria in den Corso, steht die gleichnamige Kirche **SS. Gesù e Maria (19)**, mit deren Bau vermutlich 1633 begonnen wurde. Erst in den 1670er Jahren vollendete Carlo Rainaldi Ausstattung und dreiteilige Fassade. Dies wurde möglich durch die großzügige finanzielle Unterstützung des Bischofs Giorgio Bolognetti von Rieti, dem der Orden der Augustinereremiten im Gegenzuge erlaubte, die Kirche zu einem Mausoleum seines Geschlechtes auszugestalten.

Das Innere der schlichten Saalkirche ist aufwendig mit verschiedenfarbigem Marmor ausgeschlagen, zu dem nur die Industriekacheln des Fußbodens nicht recht passen. Seitlich sind zwischen den jeweils drei Kapellen zu beiden Seiten des Raumes je zwei Grabdenkmäler der Stifter-Familie angebracht: Über einem Sprenggiebel und vor einer dekorativen Säulenkulisse knien die Figuren verstorbener Familienmitglieder einzeln oder zu zweit (um 1686 von Francesco Aprile, Francesco Cavallini und Michel Maille gearbeitet).

SS. Maria e Gesù, Grabmal Ercole und Luigi de' Bolognetti von Ercole Ferrata und Michele Maglia, um 1686 (Farbtafel nach S. 128)

Mit Pathos-Gesten blicken sie zum Hauptaltar wie der Stifter-Bischof vorne links oder zueinander. Dabei scheinen sie späte Nachkommen der Figuren Berninis, die dessen Grabkapellen bewohnen. Von oben herab blicken Gottvater, die Gottesmutter und Engel, ebenso gemalt von Giacinto Brandi wie das Bild des Hauptaltars mit der Krönung Marias, auf das Geschehen herab.

Die zweite Kapelle der Nordseite hat Giuseppe Valadier, Architekt der Piazza del Popolo, 1820 im klassizistischen Stil neu ausgestattet.

Gegenüber liegt der ein Carré umfassende Gebäudekomplex von Kirche und Hospital **S. Giacomo in Augusta (20)**.

1332 entstand als Stiftung des Kardinals Pietro Colonna nahe bei der Porta del Popolo das vierte Hospital für Kranke und Pflegebedürftige auf städtischem Boden. Der Bauplatz wurde so gewählt, daß die Ströme der von Norden über die Via Flaminia in der Stadt eintreffenden Pilger gleich bei ihrer Ankunft medizinisch und hygienisch versorgt werden konnten.

S. Giacomo in Augusta, Kupferstich von Giovanni Battista Falda, 1669

Der erste Kirchenbau im Bereich des Spitals war vermutlich eine Kapelle S. Maria in Porta Paradisi, deren Beiname wohl vom Friedhof des Spitals (»Paradies«) abzuleiten ist. 1515 stiftete Papst Leo X. ein Arcispedale degl'Incurabili (Erzhospital der unheilbar Kranken), das auf dem beträchtlich erweiterten Areal des alten Hospitals neu errichtet werden sollte. Zugleich erhielt der Florentiner Architekt Antonio da Sangallo den Auftrag, Pläne für die Gesamtanlage vorzulegen. Die Kirche konzipierte er als Zentralbau. 1536 lieferte ein anderer Architekt, Baldassare Peruzzi, einen zweiten Entwurf, mit welchem er den ovalen Grundriß in die römische Sakralarchitektur einführte. Auch diese Kirche wurde nicht gebaut, sondern statt dessen nur ein schlichter Saalbau, der 1537 fertig war.

Erst Ende des Jahrhunderts kam wieder Bewegung in die Bauabsichten. Der päpstliche Administrator des Spitals, Kardinal Antonio Maria Salviati, beauftragte Antonio da Volterra mit neuen Plänen. Der dritte seiner Entwürfe wurde schließlich ausgeführt. 1592 wurde der Grundstein gelegt. Nach dem Tod Volterras wurde der junge Carlo Maderno mit der Bauleitung beauftragt. 1602 erfolgte die Weihe. 1824 erhob Papst Leo XII. die Spital- zur Pfarrkirche. In den Jahren 1842 bis 1844 wurden die Hospitalgebäude des späten 16. Jahrhunderts vollkommen umgebaut.

Die zweigeschossige Fassade der Kirche an der Via del Corso läßt die Form des dahinterliegenden Raumes nicht ahnen. Einzige Schmuckform der strengen Gliederung mit flachen Pilastern, Giebeln und Gesimsen sind das Wappen des Kardinals Salviati und die den Oberbau flankierenden Voluten. Betritt man den Hof durch die Einfahrt an der Via Canova, kann man einen Blick auf die unverkleideten Seiten und die Rückfront der Kirche aus Backstein werfen. Die Schubkräfte der ovalen Kuppel werden durch mächtige volutenbekrönte Strebepfeiler aufgefangen.

Der festliche ovale Kuppelraum wird durch Pilaster mit Stuckkapitellen gegliedert.

Das Fresko in der Kuppel *Der heilige Jacobus in der Glorie* von 1863 ist von mittelmäßiger Qualität. Interessanter ist das marmorne Altarrelief im rechten Querarm des Kuppelraumes: *Der heilige Franz von Paula erbittet die Hilfe der Gottesmutter für die Kranken*. Links oben ist in dieses Relief das von Engeln gehaltene Gnadenbild der *Madonna dei Miracoli* aus dem 15. Jahrhundert eingelassen. Ursprünglich an einem Turm der Stadtmauer angebracht, wurde das Bild von dort 1525 in eine Kapelle gebracht, die sich an der Stelle der heutigen Kirche S. Maria dei Miracoli befand, um schließlich 1585 in die Spitalkirche übertragen zu werden. Große Teile der Ausstattung stammen aus dem 19. Jahrhundert.

Weiter geht es nach rechts in die Via Antonio Canova. An der Ecke der Via Colonette hat sich das **Atelierhaus (21)** des bedeutendsten italienischen Bildhauers des Klassizismus, **Antonio Canova**, erhalten, in dem dieser von 1784 bis 1822 lebte. In die Außenwände sind Teile antiker Skulpturen und Reliefs sowie Architekturfragmente unterschiedlicher und unklarer Herkunft eingelassen, die überwiegend aus dem Zusammenhang seiner Tätigkeit als Inspektor der Kunstdenkmäler des Kirchenstaates stammen dürften.

Der 1757 in Venetien geborene **Antonio Canova** kam 1779 nach dem Besuch der Kunstakademie in Venedig nach Rom, verkehrte bald im Künstlerkreis um Kardinal Alessandro Albani und lernte dort Johann Joachim Winckelmann kennen. Vor allem der Auftrag für das Grabmal Papst Clemens XIII. († 1769), den er 1787-1792 ausführte, begründete seinen Ruhm als Meister des neuen Kunstideals. Napoléon wurde auf ihn aufmerksam und versah ihn mit ehrenvollen Aufträgen, unter anderem für verschiedene Bildnisse seiner Familie und die Gruppe *Amor und Psyche* (Musée du Louvre). Zu den berühmtesten und skandalträchtigsten Kunstwerken der Zeit gehörte eine Ganzfigur der Schwester Napoléons, Paolina, die in die Familie Borghese eingeheiratet hatte, als ruhende Venus (Galleria Borghese, 1805/08). Eine Berufung nach Paris als Generaldirektor des Musée Napoléon im Louvre lehnte Canova 1802 dankend ab, nahm aber im gleichen Jahr die Ernennung zum Oberaufseher der päpstlichen Antikensammlungen an. Der bedeutendste Bildhauer des italienischen Klassizismus starb 1822 in Venedig.

Casa Canova, Fassade

Am Ende der Via Canova befindet sich rechter Hand an der Ecke zur Via Ripetta das ab 1523 errichtete Kirchlein **S. Maria Porta Paradisi** (**22**), das heute zum Hospitalkomplex S. Giacomo gehört. Der Entwurf wird dem Florentiner Architekten Giuliano da Sangallo d. J. (geb. 1483 in Florenz, seit 1503 in Rom und dort an zahlreichen Bauprojekten, u.a. dem Neubau von St. Peter und dem des Palazzo Farnese beteiligt, 1546 in Rom gestorben) zugeschrieben. Die Fassade verarbeitet die Form eines antiken Triumphbogens und setzt damit Florentiner Traditionen fort. Das Madonnenrelief von Andrea Sansovino ist älter und somit ursprünglich nicht für diesen Bau bestimmt gewesen. Inwieweit der schlichte achteckige Innenraum auf Ideen Sangallos zurückgeht, der zahlreiche Zentralräume entworfen hat, etwa auch für St. Peter, ist schwer zu beurteilen, da er im 17. Jahrhundert erneuert worden ist.

Gegenüber der Kirche liegt das Gebäude der **Kunstakademie** (**23**), das die kleine **Piazza Ferro di Cavallo** (»Hufeisen-Platz«) einrahmt. Papst Gregor XVI. (1831-1846) ließ diesen Platz anlegen. Eigentlich handelt es sich um zwei Gebäude, rechts und links des Platzes, die durch eine konkav geschwungene Galerie verbunden werden. Am rechten Gebäude ist eine Tafel angebracht, die an diejenigen Künstler erinnert, die 1944 in den Fosse Ardeatine vor den Toren der Stadt als »Vergeltungsmaßnahme« der deutschen Besatzer erschossen wurden (hierzu auch (**78**)). Am linken Gebäude ist eine Inschrift für Ercole Rosa (1846-1893), den Schöpfer des Cairoli-Denkmals (**10**), angebracht, der sich als Bildhauer um die Restaurierung und Ergänzung antiker Skulpturen Verdienste erworben hat.

Der große Torbogen öffnet sich zur Passegiata di Ripetta, der ehemaligen Uferstraße, die sich auf dem Niveau des Tiber-Wasserspiegels befindet. Die Ende des 19. Jahrhunderts neu angelegte Uferstraße Lungotevere Augusta verläuft beträchtlich höher, oberhalb der gewaltigen Kaimauern, die den Fluß kanalisieren und die Altstadt vor Überschwemmungen schützen.

Durch die Via della Frezza (ein Familienname), einer südlichen Parallelgasse der Via Canova, geht man zurück zum Corso, dann rechts über den Corso bis zur nächsten Querstraße linker Hand, der Via Vittoria. Dort stößt man (neben Eingang Nr. 6) auf die ehemalige **Kirche des Ursulinenklosters (24)**, in dessen Gebäuden seit 1870 die 1584 gegründete römische Musikhochschule (**Accademia di S. Cecilia**) ihren Sitz hat.

Weiter geht es durch die zweite Querstraße rechts, die Via Bocca di Leone. Rechter Hand erinnert am Haus Nr. 41 eine **Gedenktafel** an **Robert und Elizabeth Browning (25)**, gesetzt am 7. Mai 1912, dem 100. Geburtstag des englischen Dichters. Die Liebe des 34jährigen Schriftstellers zur bereits bekannten und gefeierten 40jährigen Dichterin bewegte das viktorianische England. 1846 heirateten sie heimlich, flohen nach Italien, und lebten 15 Jahre bis zum Tode Elizabeth' in Florenz. Beide nahmen Anteil am politischen Geschehen ihrer neuen Heimat und unterstützten die beginnende Befreiung Italiens von der Fremdherrschaft europäischer Mächte, den *risorgimento* (»Wiedergeburt«).

> Le sue memorie eterne / attestano che l'Italia è immortale
> (»Ihre ewigen Erinnerungen bezeugen, daß Italien unsterblich ist«) (Elizabeth Browning)
>
> Aprendo il mio cuore / vi trovereste inciso Italia
> (»Beim Öffnen meines Herzens fändet ihr Italien eingraviert«).
> (Robert Browning)

Palazzo Gomez, Innenhof

Elizabeth' 1850 erschienene, als *Sonnets from the Portugese* getarnte Liebesgedichte wurden 1908 von Rainer Maria Rilke ins Deutsche übersetzt und waren im wilhelminischen Deutschland ein literarischer Erfolg.

Der Weg führt nun weiter nach links in die Via della Croce.

Der **Palazzo Gomez Silj (26)** (Nr. 78 a, linke Seite) wurde 1678 von Giovanni Antonio De Rossi für die spanische Familie Gomez errichtet. Das schlichte Portal führt in einen Innenhof, der nach Norden durch einen Portikus mit drei Arkaden (19. Jh.) begrenzt wird. Spätbarocke Büsten sowie antike Fundstücke und Fragmente, unter anderem ein Marmorsarkophag mit Figurenrelief, der als Brunnenbecken dient, geben dem Hof ein malerisches Erscheinungsbild (Der Palazzo ist Privatbesitz und eigentlich nicht zugänglich. Der Portiere läßt aber mit sich reden).

Zurück geht es in Richtung Corso. Der **Palazzo Nr. 70 b (27)** aus dem 17. Jahrhundert hat ein markantes Portal. Beidseitig tragen zwei Pfeiler mit Herkules-Halbfiguren ein Gebälk, darüber ein Fenster mit geschweifter Bekrönung.

Der Weg führt weiter bis zur Kreuzung Via della Croce/Via Belsiana. Das Gebäude an der südwestlichen Straßenecke trägt in Höhe des ersten Obergeschosses ein kleines Madonnenrelief aus glasierter Keramik.

Der Blick fällt nun unweigerlich auf die monumentale Fassade der Kirche **SS. Carlo e Ambrogio (28).** Sie ist seit 1471 die Nationalkirche der Lombarden in Rom und deren »Nationalheiligen« Ambrosius (um 340-397) und Karl Borromäus (1538-1584), beides Mailänder Bischöfe, geweiht.

Kirche und Hospiz des spätmittelalterlichen Baukomplexes waren bald zu klein, so daß – nach Zukauf umliegender Grundstücke – bis 1520 ein Neubau errichtet wurde. Letzter Anstoß für die Errichtung der Barockkirche war die Heiligsprechung des Bischofs Karl Borromäus 1610. Mit dem Bau wurde 1612 nach Entwürfen des lombardischen Baumeisters Onorio Longhi begonnen. 1612 gelangte das Herz des Bischofs als Geschenk nach Rom. Nach Longhis Tod übernahm Sohn Martino, der sich

SS. Carlo e Ambrogio, Fassade

später mit der Kirche S. Maria delle Salute in Venedig einen bedeutenden Namen machte, 1619 die Bauleitung. Dann stockte der Weiterbau wegen Geldmangel. Noch 1664 war die Kirche ohne Chor und Kuppel. Nach Beratung für die Form und Konstruktion der Kuppel durch die angesehenen römischen Architekten Pietro da Cortona und Francesco Borromini im Jahre 1665 wurde der Bau 1672 vollendet. In den folgenden zehn Jahren entstanden die Nebengebäude.

Schließlich erhielt die Kirche in den Jahren 1682 bis 1684 ihre repräsentative Fassade nach einem Entwurf des Mailänder Kardinals Luigi Omodei. Pilasterbündel mit vorgelegten Halbsäulen geben ihr eine Monumentalität, die in der Enge des Corso nicht recht zur Geltung kommt.

Auf dem Hauptarchitrav ist die Inschrift DIVIS AMBROSIO ET CAROLO DICTATUM (»Benannt nach den hl. Ambrosius und Karl«) zu lesen.

Der stattliche Bau von 78 Metern Gesamtlänge ist eine dreischiffige Pfeilerbasilika mit jeweils drei Seitenkapellen an den Seitenschiffen, die um den rechteckigen Chor als Umgang herumgeführt werden. Diese Raumdisposition ist in Rom ungewöhnlich und möglicherweise angeregt durch den Grundriß einer »heimischen«, lombardischen Architektur, des gotischen Mailänder Domes.

Das Mittelschiff ist von einem Tonnengewölbe überspannt, Kuppeln wölben sich über den Seitenschiffen und den Kapellen. Das Gewölbefresko im Mittelschiff zeigt den Sturz der Engel von Giacinto Brandi, diejenigen im Chor und in der Apsiswölbung den heiligen Karl Borromäus in der Glorie und bei den Pestkranken seiner Mailänder Diözese. Auch am Hochaltar, der die Architektur des Raumes aufnimmt, werden die beiden Titelheiligen zusammen mit dem heiligen Sebastian der Anbetung empfohlen (Carlo Maratta, 1685-1690).

Schräg gegenüber, in der Via del Corso Nr. 126, steht eines der ältesten und nobelsten neuzeitlichen Hotels der Stadt, das 1860 gegründete Hotel Palace, das wegen seiner üppigen Dekoration im Stil des Fin de siècle schon als Filmkulisse diente. Der Speisesaal könnte Thomas Mann als Vorbild für jenen »herrlichen, kirchenweiten Raum mit seinen kanellierten Säulen, auf deren vergoldeten Kronen in weißem Stuck die Deckenflächen ruhten, mit seinen rot beschirmten Wandleuchten, rot wallenden Fenster Draperien« gedient haben, in dem der zum Oberkellner avancierte Felix Krull in Paris die Herzen der Gattinnen besser-

Im Juli 1895 reiste der Lübecker Senatoren- und Kaufmannssohn **Thomas Mann**, der seit 1893 mit seiner verwitweten Mutter in München lebte, mit seinem Bruder Heinrich – ausgestattet mit einer monatlichen Rente aus dem väterlichen Vermögen – erstmals nach Rom. Der Name beider war noch gänzlich unbekannt, Thomas hatte erst einige Novellen veröffentlicht. Im Oktober des darauffolgenden Jahres zog es ihn erneut nach Italien; den Winter verbrachten die Brüder in Neapel, das Frühjahr wiederum in Rom in der Via del Pantheon. Am dortigen Haus Nr. 57 befindet sich eine Gedenktafel (Ein kleiner Abstecher ist von der Piazza di S. Maria in Campo Marzio (**77**) möglich). Im Juli 1897 übersiedelten die Brüder in den kleinen Ort Palestrina südöstlich Roms, wo sie die Sommermonate verbrachten. Heinrich machte erste Aufzeichnungen für seinen Roman »Die Göttinnen«, Thomas arbeitete an jenem Roman, der ihm 1929 den Nobelpreis einbringen sollte. Zurückgekehrt nach Rom und in der Via del Torre Argentina logierend, begann er Ende Oktober 1897 mit der Reinschrift der »Buddenbrooks«. Bis zur Abreise nach München am 10. Februar 1898 vollendete er den dritten Teil. Rom und Italien jedoch haben in diesem Stück Weltliteratur keine Spur hinterlassen.

verdienender Herren höher schlagen läßt (3. Buch, 1. Kapitel). Die prachtvollen Löwen rechts und links der großen Freitreppe hingegen träumen noch vom literarischen Ruhm.

Der Weg wird auf dem Corso Richtung Süden fortgesetzt. Die nächste Querstraße links ist die Via delle Carozze, in der früher zahlreiche Kutschenmacher ihre Werkstätten hatten. Den linken Teil des Platzes an der nächsten Kreuzung (Via Tomacelli / Via Condotti) akzentuiert eine konvex geschwungene Fassade. Sie gehört zur Kirche **SS. Trinità degli Spagnoli** (29) und war ursprünglich point de vue von der barocken Hafenanlage am Tiberufer her (vgl. (60)).

SS. Trinità degli Spagnoli, Fassade

1733 erwarb der spanische Orden der Trinitarier von den Fürsten Ruspoli einen Palast, an dessen Stelle er 1733/34 zunächst ein Hospiz, 1741-1746 nach Plänen des Portugiesen Manuel Rodriguez Dos Santos Kirche und Konvent errichten ließ. Das Projekt wurde maßgeblich betrieben und gefördert vom Erzbischof von Lima, Don Diego Morcillo y Auñon (1649-1739), der zugleich spanischer Vizekönig in Peru war. Die politische Bedeutung der Präsenz dieses Ordens in Rom wurde dadurch unterstrichen, daß ihn König Philipp IV. von Spanien seinem persönlichem Schutz unterstellte. Hierauf verweist das große Wappen im Hauptgiebel der Kirche. 1811 konfiszierte die französische Verwaltung der Stadt das Hospiz und Teile des Konvents und versteigerte sie. 1894 gingen Kirche und Konvent nach dem Tod des letzten Ordensgenerals an die Dominikaner auf den Philippinen. Seit 1995 werden Fassade und Inneres restauriert.

Die zweigeschossige Fassade fügt sich mit ihrer konkaven Wölbung in den Gebäudeblock des Klosters ein. Im Giebel über dem Portal das Ordenswappen mit dem Trinitarierkreuz, darüber ein vollplastischer Stuckengel und zwei aneinandergekettete Sklaven: Der Orden setzte sich in den spanischen Kolonien Südamerikas für die Befreiung der Sklaven – im physischen und spirituellen Sinne – ein. In den Nischen der Seitenteile stehen Statuen des hl. Felix von Valois und des hl. Johannes' von Matha, die 1198 den Orden zum Freikauf christlicher Gefangener und Sklaven im Vorderen Orient gründeten; über dem Mittelfenster das farbig gefaßte Wappen des spanischen Königs.

Durch ein querrechteckiges Vestibül betritt man den längsovalen Kuppelraum der Kirche. Die gemalte gelb-grüne, in der oberen Zone grau-goldene Marmorierung stammt aus dem 19. Jahrhundert. Das Kuppelfresko des Gregorio Guglielmi von 1748 ist eine Allegorie auf den Orden und sein Wirken: Die Personifikation des Glaubens (mit verbundenen Augen) hält einen Spiegel in der Hand, der das göttliche Licht auf eine Matrone mit Diadem und kostbarem Gewand lenkt, die Wasser aus einer Schale – vielleicht eine Anspielung auf die Taufe der befreiten Sklaven – gießt; die Ketten der Sklaverei in der Hand des Engels, die sich um den Globus winden, sind schon gesprengt, das Werk der Befreiung ist also vollendet.

Die vier in den Diagonalen angeordneten Kapellen sind kuppel-, die in der Querachse tonnengewölbt. Effektvoll sind die Altäre aus grünem und korallenfarbenem Marmor, deren Gemälde alle aus der zweiten Hälfte des 18. Jahrhunderts stammen.

In der Kuppel des rechteckigen Chores, die in einer weiten Landschaft zwei Szenen aus der Geschichte Abrahams – den Besuch und die Bewirtung der drei Engel – zeigt, hat sich möglicherweise der junge Francisco Goya durch Mitarbeit verewigt, der 1770/71 die Kirche besuchte und Motive des Freskos später in eigenen Gemälden aufgriff. Das Bild des Hochaltars von Corrado Giaquinto von 1750 zeigt die Heilige Dreifaltigkeit sowie einen Engel und zwei Sklaven in Ketten.

In der Sakristei hat sich die Nußholzausstattung des 18. Jahrhunderts vollständig erhalten. Hier befindet sich auch das Grabmal des Stifters von Kirche und Konvent, Don Diego Morcillo († 1739).

Rechts neben der Kirche, an der Fassade des Ordenshospizes, befindet sich eine 1893 angebrachte Tafel mit dem Hinweis auf das Logis des venezianischen Theaterdichters Carlo Goldoni – einer Wegmarke in der Geschichte des europäischen Theaters.

Die **Via Condotti** verbindet den Corso mit dem Spanischen Platz. Relativ schmal und dunkel, zieht sie den Blick auf die grandiose Kulisse der Spanischen Treppe, die von der Doppelturmfassade der Kirche Trinità dei Monti überragt wird – eines der unverwechselbaren europäischen Panoramen. Die Straße hat ihren Namen von (unterirdisch verlaufenden) Wasserleitungen (»condotto«), Abzweigungen von der Acqua Vergine, die Papst Gregor XIII. (1572-1585) zur besseren Versorgung des Viertels instand setzen ließ (107).

Die Straße ist heute berühmt vor allem wegen ihrer exklusiven Geschäfte und Hotels, aber Glanz und Exklusivität verkommen sehr schnell, wo Millionen sich ein Stelldichein geben.

An der nordöstlichen Ecke der Kreuzung Via Condotti/Via Bocca di Leone befindet sich der **Palast des Hochmeisters des souveränen Ordens der Malteserritter (30).** In der zweiten Hälfte des 16. Jahrhunderts hatte der Chronist des Ordens, der Historiker Giacomo Bosio, das Carré mit einem kleinen Palast erworben. 1629 vererbte sein Neffe, der berühmte Archäologe Antonio Bosio, die Liegenschaft dem Orden. 1721 bis 1724 wurde der Palast repräsentativ umgestaltet und ausgebaut. Nachdem der Hochmeister 1834 seinen Sitz von Malta nach Rom verlegt hatte, wurden 1850 die Flügel an der Via Condotti und der Via Bocca di Leone aufgestockt. An der Straßenecke weist in Höhe des zweiten Obergeschosses eine lateinische Inschrift auf die Geschichte des Hauses hin.

Da der Palast Sitz der Administration eines Souveräns ist und dort Amts- und Staatsgeschäfte abgewickelt werden, kann man – zumindest in den Vormittagsstunden – auch einen Blick in den Hof mit seinem malteserkreuzgeschmückten Brunnen werfen (Zugang über Nr. 68).

---

Der 1099 gegründete Orden der **»Ritter vom Hospital des Heiligen Johannes«** hatte seinen Sitz ursprünglich in Jerusalem, dann in Rhodos, bis er auch dort (1522) von den Muslimen vertrieben wurde und nach Malta auswich. 1530 übergab Karl V. dem Orden die Insel zum Lehen (seither »Malteserritter«). Nachdem die Briten 1814 Malta erobert hatten, verlegte der Orden 1834 seinen Sitz nach Rom. Der Palast des Botschafters des Ordens beim Heiligen Stuhl in der Via Condotti wurde nun Sitz des Hochmeisters und des Souveränen Rates. Der Orden ist heute Völkerrechtssubjekt mit Beziehungen zu 81 Staaten und hat rund 11 000 Mitglieder.

Man hat mich so oft gefragt, warum ich nach Rom gegangen bin, und ich habe es nie gut erklären können. Denn Rom ist für mich eine selbstverständliche Stadt, man pilgert heute nicht mehr nach Italien. Ich habe kein Italienerlebnis, nichts dergleichen, ich lebe sehr gerne hier (...) Das schwer Erklärliche ist aber, daß ich zwar in Rom lebe, aber ein Doppelleben führe, denn in dem Augenblick, in dem ich in mein Arbeitszimmer gehe, bin ich in Wien und nicht in Rom (...) Meine römischen Freunde machen sich alle lustig über meine Wohnung, weil sie sagen, daß es mir gelungen ist, mitten in Rom eine wienerische Wohnung zu haben und ostinamente daran festzuhalten.

*Ingeborg Bachmann, Wir müssen wahre Sätze finden*

Geht man nach links einige Meter in die Via Bocca di Leone hinein, erreicht man eine Adresse der jüngeren Literaturgeschichte, das Haus Nr. 60, in welchem die österreichische Dichterin **Ingeborg Bachmann** von 1966 bis 1971 in einer Mietwohnung gelebt hat.

Im Jahr 2000 ließ die römische Stadtverwaltung eine **Marmortafel** anbringen (**31**), die ein Zitat Ingeborg Bachmanns in italienischer Übersetzung wiedergibt: »Ich sah, daß wer ›Rom‹ sagt, noch die Welt nennt und der Schlüssel der Kraft vier Buchstaben sind S.P.Q.R.«

> Die 1926 in Klagenfurt geborene Dichterin **Ingeborg Bachmann** lebte von 1953 bis 1957, 1960 bis 1962 und von 1965 bis 1973 in Rom. 1953 erschien ihr erster Lyrikband unter dem Titel *Die gestundete Zeit*, 1956 der zweite, *Anrufung des Großen Bären*, der sie endgültig zu einer der bedeutendsten Lyrikerinnen des 20. Jahrhunderts machte. 1958 bis 1963 war sie in einer intensiven Beziehung dem Schweizer Schriftsteller Max Frisch verbunden; beide bezogen 1960 eine gemeinsame Wohnung in Rom. 1961 Übersetzungen von Gedichten Giuseppe Ungarettis. 1963, nach der Trennung von Frisch, die sie physisch und psychisch aufs äußerste belastete, begann sie mit der Arbeit an einem Roman-Zyklus, dem *Todesarten- Projekt*, der aber unvollendet blieb. Am 25. September 1973 erlitt sie in ihrer römischen Wohnung einen Brandunfall, an dessen Folgen sie am 17. Oktober starb.

## Via Bocca di Leone

Wohnung, dieses Versteck
Mit keinem Fenster
Zur Straße hin
Via Bocca di Leone
In der doch eines Nachts
Der Schläger stand
Ausholte zum Fausthieb
Ängste Dir zugemutet
Gewitter und auf der Terrasse
Der riesigen kiesbedeckten
Die Schreie der räudigen Katzen
Ihre wahnwitzigen
Sprünge im Oleander
(...)
Gestorben nicht ist dein Rom
Dieses bestimmte
Voller Blumenstände
Voller Friseure
Mit dem Holzkohlenfeuergeruch
Winterlich sotto casa
Manchmal sehe ich dich
Noch unversehrt
Da stehst du
Da gehst du umher
Kein Glas in der Hand
Kein Wort auf den Lippen
Schutzflehende immer
»dein Herz erstarrt
in schneeiger Stille« ...

*Marie Luise Kaschnitz*

Die Lyrikerin **Marie Luise Kaschnitz** hatte von 1926 bis 1932 und von 1952 bis 1956 in Rom gelebt und dort Ingeborg Bachmann kennengelernt. Sie starb am 10. Oktober 1974 in Rom, fast auf den Tag genau ein Jahr nach der Freundin.

Zurück geht es zur Via Condotti. Im Haus Nr. 80 wohnte, so erzählt es die Marmortafel von 1879, 1822/23 fünf Monate lang Giacomo Leopardi (1798-1837), der bedeutendste italienische Lyriker der Romantik, für nicht wenige Italiener der bedeutendste seit Petrarca. (Die neuere Forschung verlegt seinen Aufenthalt allerdings in den Palazzo Mattei di Giove).

Jenseits der nächsten Querstraße in Richtung Via Mario de' Fiori erreicht man bei Nr. 86 das berühmte **Caffè Greco (32)** – neben dem »Le Procope« in Paris und dem »Caffè Florian« in Venedig das älteste Kaffeehaus der Welt.

1760 wurde es erstmals im »stato delle anime«, dem Einwohnerverzeichnis der Pfarrei von S. Lorenzo in Lucina, in dieser Straße aufgeführt, als Betreiber ein Grieche namens Nicola genannt. Mitten im Künstlerviertel der Stadt gelegen, frequentierten vor allem Maler, Bildhauer, Dichter und Musiker aus Deutschland, Frankreich, England, Polen, Rußland, Spanien, Schweden, Ungarn und Amerika das Haus. Viele hinterließen eine Zeichnung oder aber wenigstens eine Signatur in den Gästebüchern. In der ersten Hälfte des 20. Jahrhunderts war das Caffè, das um 1860 sein heutiges Aussehen erhielt, auch Treffpunkt politischer und kultureller Vereinigungen. Freilich scheint es nicht immer so adrett zugegangen zu sein wie heute. In einer Reichstagsdebatte um die Schaffung einer würdigen Stätte für die in Rom ansässigen Künstler führte im März 1879 der bayrische Abgeordnete und Künstler Ferdinand von Miller seinen Kollegen die unhaltbaren Lebensumstände deutscher Künstler am Beispiel des Caffè Greco vor Augen: »Der Deutsche aber ist angewiesen auf das schmutzige Café greco, wo er vielleicht Freunde findet, dies ist seine Börse, sein Salon, sein Zusammenkunftsplatz (…) gegenwärtig ist es für die deutsche Nation nicht sehr entsprechend, wenn der deutsche Künstler ein anderes Asyl, ein anderes Heim dort nicht findet, als dieses Café greco.«

Drei Generationen der Eigentümer-Familie Gubinelli (Giovanni 1839-1905, Federico 1866-1954, Antonietta 1896-1985) trugen eine ansehnliche und umfangreiche Sammlung von Kunstwerken zusammen, in der auch Namen des Goethe-Kreises, wie etwa die von Jacob Philipp Hackert, Angelica Kauffmann und Christoph H. Kniep vertreten sind. Die zehn Räume des Caffè (Sala Venezia, Sala Roma, Sala delle Vedute, Sala Omnibus, Sala Luigi Galli, Sala Soldaticz, Sala Audito, Sala Ufficio, Sala Gubinelli, Sala rosso) sind nach wie vor mit Bildern und Graphiken der Sammlung ausgestattet.

Caffè Greco, Inneres 1996

Der Weg führt zurück bis zur Via Bocca di Leone, in die man nach links einbiegt.

Gleich linker Hand, Nr. 78, erhebt sich der **Palazzo Nuñez-Torlonia (33)**, dessen Flügel zur Via Condotti zwischen 1658 und 1660 von Giovanni Antonio de Rossi für den Marchese Francesco Nuñez Sanchez errichtet wurde. Als die Bankiersfamilie Torlonia 1842 den Palast kaufte, wurde dieser rückwärtig bis zur Via Borgognona erweitert, der Eingang dabei in die Via Bocca di Leone verlegt. Vorher hatten Angehörige der Familie Bonaparte, so Napoléons Mutter Letizia und sein Bruder Jerôme, der »König von Westfalen«, in dem repräsentativen Gebäude gewohnt.

Genau gegenüber sieht man einen **Wandbrunnen (34)**, dem ein antiker Sarkophag als Wasserbecken dient. Er ist wie die dahinterliegenden Arkaden und das Gebäude des Albergo Inghilterra im Zusammenhang mit dem Umbau des Palazzo nach 1842 entstanden. Durch die geringfügige Erweiterung der Straße in diesem Abschnitt entsteht der Eindruck eines kleinen Platzes vor dem Palast.

Am Haus Nr. 14, dem Albergo Inghilterra, erinnert eine **Gedenktafel** an den polnischen Schriftsteller **Henryk Sinkiewicz**

Wandbrunnen am Palazzo Torlonia in der Via Bocca di Leone

(1846-1916), der hier Gast war. Er erhielt 1905 für seinen epochalen Roman »Quo vadis«, der die Christenverfolgungen in Rom zur Zeit Kaiser Neros verarbeitete, den Literaturnobelpreis.

Nach rechts folgt man der Via Borgognona, deren Name seit dem 16. Jahrhundert auf eine »Kolonie« von Kaufleuten, Künstlern und Studenten aus Burgund verweist (womit das Herzogtum Burgund gemeint war, das im späten Mittelalter auch die Gebiete der heutigen Benelux-Staaten umfaßte).

Die Straße führt auf das Hauptportal des **Palazzo Ruspoli (35)** am Corso zu, dessen strenge schmucklose Fassade nicht ahnen läßt, daß sich dahinter einer der schönsten römischen Festräume der Spätrenaissance verbirgt.

1583 kaufte der Florentiner Kaufmann und Bankier Orazio Rucellai († 1605) einen unvollendeten Palazzo an der Via della Fontanella Borghese und ließ diesen durch den Florentiner Architekten Bartolomeo Ammanati um einen Flügel an der Via del Corso erweitern und fürstlich ausstatten.

Die Rucellai waren eines der vermögendsten und politisch einflußreichsten Patriziergeschlechter in Florenz und faßten in der ersten Hälfte des 16. Jahrhunderts im Gefolge der beiden Medici-Päpste Leo X. und Clemens VII. Fuß in Rom. Bereits 1629 wurde der Palast an die Familie Caetani verkauft (die den Flügel an der Via Fontanelle di Borghese umbauen und das repräsentative Treppenhaus von Martino Longhi d.J. einbauen ließ), von dieser 1712 an die Familie Ruspoli (die den Palast schon vorher bewohnte und dann nochmals, zur Via Leoncina hin, erweitern ließ).

Unter Fürst Francesco Maria Ruspoli war der Palast in der ersten Hälfte des 18. Jahrhunderts Ort glanzvoller kultureller, vor allem musikalischer Veranstaltungen. Bedeutende europäische Musiker konzertierten im Hause. Die führenden römischen Adelsfamilien wetteiferten darin, einander mit immer neuen künstlerischen und kulinarischen Genüssen auszustechen. Der Palast der Ruspolis war dabei eine der ersten Adressen. Georg Friedrich Händel wohnte 1707/08 während seines Aufenthaltes in Rom im Palast Bonelli (den die Ruspolis bewohnten, bevor sie den Palast am Corso erwarben) und schrieb für den Fürsten ein Oratorium.

Im 19. Jahrhundert mußte die Familie, um die erheblichen Unterhaltungskosten aufbringen zu können, Räume des Erdgeschosses zur Straße hin verpachten.

Palazzo Ruspoli, Galleria Ruccelai (Farbtafel nach S. 128)

Einzelne Appartements wurden an zahlungskräftige, teilweise prominente Interessenten vermietet. So wohnte von 1828 bis 1831 Ortensia Beauharnais, Tochter der französischen Kaiserin Joséphine, mit ihrem Sohn Louis, dem späteren Napoléon III., im Palast, daneben Botschafter ausländischer Staaten und vermögende Hochadlige.

Die Familie Ruspoli selbst, die noch heute Teile des Palastes bewohnt, stellte mit Emanuele (1838-1899) von 1878 bis 1880 und nochmals von 1892 bis 1899 in der Gründerzeit der Stadt nach der italienischen Einigung den Bürgermeister (»sindaco«). Seit 1975 hat die Fondazione Memmo ihren Sitz im Palast, welche die Räume des Erdgeschosses zum Corso hin museal hergerichtet hat und dort regelmäßig große kultur- und kunsthistorische Ausstellungen zeigt.

Die 1972 von dem römischen Geschäftsmann **Roberto Memmo** gegründete **»Fondazione Memmo«** ist Eigentümerin des größeren Teiles des Palazzo Ruspoli, den sie bis 1975 aufwendig restaurieren ließ. Sie veranstaltet vor allem vielbeachtete kultur- und kunsthistorische Ausstellungen (u.a. Caravaggio, 1992; Nefertari-Licht aus Ägypten, 1995; Alexander der Große, 1996; Christine von Schweden, 2003). Die Stiftung ist der bedeutendste private Kulturveranstalter der italienischen Hauptstadt.

Die Galleria Rucellai im Palazzo Ruspoli wurde um 1590 von dem aus Florenz gebürtigen Jacopo Zucchi (um 1541-1590) mit einem Freskenzyklus ausgemalt, der die komplizierte und bildungsgesättigte Ideenwelt des Manierismus ausbreitete und zusammenfaßte.

Zucchi war ein Schüler des Künstlers und Kunstgelehrten Giorgio Vasari, dessen 1550 erschienene Lebensbeschreibungen berühmter italienischer Künstler als Gründungsurkunde der Kunstgeschichtsschreibung gelten. Das 170seitige Programm für die Malereien im Palazzo Ruspoli – Dokument einer umfassenden philosophisch-literarischen und naturwissenschaftlichen Bildung, die für die Kunst der Zeit charakteristisch war – entwickelte Zucchi selbst. 1602 erschien es posthum unter dem Titel *Discorso sopra li Dei de'Gentili e loro Imprese (Erörterung über die heidnischen Götter und ihre Unternehmungen).* Diese Schrift richtete sich ungewöhnlicherweise nicht an fürstliche Auftraggeber oder Fachkollegen, sondern an Kunstliebhaber und sollte diesen das Verständnis der Bilderfindungen erleichtern oder überhaupt ermöglichen.

Das Gewölbe ist den olympischen Göttern sowie den zwölf Tierkreiszeichen (in Medaillons) vorbehalten: Okeanos, Saturn, Jupiter, Mars, Apollon, Venus, Merkur, Luna, Neptun, Pluto, Juno, Vesta, Bacchus, Minerva, dem Titan Atlas, der Nymphe Maia, Pan, Herkules. In den Lünetten und den dazwischenliegenden Ovalkartuschen finden sich in monochromer Malerei dreißig Sternbilder: Schlange, Wolf, nördliche Krone, Leier, Asklepios, Schwan, Pegasus, Delphin, Herkules, Dreieck, Argus, Hydra, Kentaur, Rabe, Großer Hund, Fisch, Adler, südliche Krone, Erigone (eine Tochter des Ikarus), kleiner Hund, Eridanus (eine Flußgottheit), Hase, Orion, Drachen, Perseus, Adler und Pfeil, Andromeda, Kassiopeia, Kepheus, Wal.

Mit der Götterwelt an der Decke korrespondiert die irdische Welt der römischen Geschichte an den Wänden. Den zwölf Büsten römischer Kaiser in ovalen Nischen (Caesar, Oktavian, Tiberius, Caligula, Claudius, Nero, Galba, Otho, Vitellius, Vespasian, Titus, Domitian) sind darüber und darunter gemalte Personifikationen ihrer – ihnen durch den römischen Kaiser-Biographen Sueton zugeschriebenen – Tugenden und Laster zugeordnet. Über den Fenster- und Bildnischen zieht sich ein Fries fiktiver Porträts verdienter und tugendhafter Römerinnen und Römer der republikanischen Zeit – ein Panoptikum gemeinschaftstauglicher und politikfähiger Charaktere, das den

Zeitgenossen als Spiegel vorgehalten wurde. An den Schmalseiten der Galerie beherrschen jeweils Personifikationen der Stadtgöttinnen von Rom und Florenz mit den Flußgöttern Tiber und Arno und den Wappentieren Löwe und Wölfin die Wände.

Die im piano nobile zur Via Fontanella Borghese/Via Leoncino 1782 für Francesco Ruspoli und seine Gemahlin Isabella Giustiniani eingerichteten Appartements sind nicht zugänglich und werden von der Familie Ruspoli bewohnt.

Weiter geht es entlang der Via del Corso in Richtung Piazza del Popolo bis zur Via della Croce, dieser bis zum Spanischen Platz folgend.

Von hier führt der Weg nach links in die Via Babuino. Die Straße, die den nördlichen Arm des »Dreizacks« bildet und im 15. Jahrhundert angelegt wurde, war damals von einer Kolonie von Neapolitanern bewohnt (eine kleine Seitenstraße heißt noch heute »Via dell'Orto di Napoli« – »Straße des Neapolitaner Gartens«). Schon Papst Leo X. (1513-1521) wollte die Straße ausbauen, doch erst Papst Clemens VII. (1523-1534) verwirklichte diese Absicht anläßlich des Heiligen Jahres, weshalb die Straße damals Via Clementina, dann nach Clemens' Nachfolger Paul III. Via Paolina genannt wurde. Schließlich erhielt sie 1576 ihren Namen nach einer volkstümlichen Brunnenfigur, die als Pavian (»babuino«) gedeutet wurde (**43b**).

Auf der linken Seite sind schöne Portale erhalten, etwa an Haus **Nr. 114 (36)** mit aufwendigen Türflügeln aus Nußbaumholz mit bronzenen Löwentürklopfern, oder an Haus **Nr. 127 (37)** mit Eigentümerinschrift im Architrav (›Proprietà Aloisi‹).

Nach rechts geht es in die kurze **Via Alibert**. An deren oberem Ende befand sich das 1718 als Holzbau errichtete gleichnamige Theater, das Goethe in seiner *Italienischen Reise* erwähnt und das im Stadtplan von Nolli gut zu erkennen ist. Es fiel 1868 einem Brand zum Opfer.

Von der Via Alibert gelangt man nach links in die **Via Margutta**, die mit ihrer engen und kleinteiligen Bebauung, ihren Höfen, Gärten, Treppen und Treppchen am Hang des Pincio einen halbwegs malerischen Eindruck macht.

Die Ableitung des Namens Via Alibert ist unklar, vielleicht handelt es sich um die Figur aus einem volkstümlichen Spottgedicht. Um 1570/75 war die Straße schon vorhanden. Seit dem 17. Jahrhundert war das

Gebiet zwischen Spanischem Platz und Piazza del Popolo von zahlreichen Künstlern bewohnt, später kamen Fotografen und Antiquitätenhändler dazu. Die ersten Künstler waren vorwiegend Holländer und Flamen, so Paulus Bril (1554-1626, in Rom zuerst 1594/95) und Willem Nieulandt. Nach 1600 war die revolutionäre Malerei Caravaggios eine Attraktion für holländische und flämische Künstler. Peter Paul Rubens war 1606/08 hier, Dirk Baburen, Abram Bloemaert (1564-1651), dessen Schüler Gerrit van Honthorst (1590-1656) und viele andere in ebendiesen Jahren. 1625 ließ sich Claude Lorrain, der schon seit 1612/13 in Rom lebte, in dieser Straße nieder und starb dort 1682. Um 1624 ist Nicolas Poussin (1594-1664 in Rom) mit seinem Neffen Gaspar Dughet (Rom 1615 – Rom 1675) nachgewiesen. Nahezu sein ganzes Künstlerleben hat Gaspar Adriaensz van Wittel (1653-1736 in Rom) in der ewigen Stadt zugebracht und sich dabei vor allem auf die Anfertigung von Stadtansichten spezialisiert. Urban VIII. führte 1633 eine jährliche Abgabe aller in Rom ansässigen Künstler an die Accademia di San Luca ein, der sie damit quasi zwangsweise angehörten. Die Holländer und Flamen weigerten sich zu zahlen und pochten auf die von den Päpsten Paul III. und Sixtus V. zur Belebung des Viertels gewährten Privilegien. Aber Urban blieb hart und drohte mit Entzug der Arbeitserlaubnis, welche die Akademie jeweils ausstellte. Im Zusammenhang dieser Auseinandersetzung ließ der päpstliche Kämmerer die Anschriften aller holländischen und flämischen Künstler zusammenstellen. Ein anderes Verzeichnis von 1634 nennt bei 244 Künstlern in Rom 104 ausländische Maler.

Die Via Margutta blieb im 17. und 18. Jahrhundert die Straße der Niederländer, deren Interesse an Rom in der zweiten Hälfte des 18. Jahrhunderts allerdings spürbar nachließ. Zu einer neuen Belebung kam es in der zweiten Hälfte des 19. Jahrhunderts. 1880 lebten hier 53 Künstler. Chronist der Epoche vor dem Zweiten Weltkrieg war Augusto Jandolo (1873-1952), dessen »Erinnerungen eines Kunsthändlers« (dt. 1939) der Straße ein Denkmal gesetzt haben. Jandolo – Kunsthändler, Restaurator, Dichter und Theaterautor – war eine Autorität und Celebrität des künstlerisch-literarischen Roms der Zwischenkriegszeit.

Der Ruf der Via Margutta zog in den 1970er Jahren Scharen von Touristen an; viele Künstler suchten das Weite. Heute pflegt die Straße mit teuren Läden und Studios ein pittoreskes Image.

Auf der rechten Seite steht vor Nr. 54 a ein kleiner Brunnen, die **Fontanella degli Artisti (38)**, 1927 als einer von neun Brunnen für historische römische Stadtviertel nach Entwürfen des Bildhauers Pietro Lombardi entstanden (1997 restauriert). Er steht in einer flachen Wandnische, gerahmt von einer Arkade. Das Quadrat seines Grundrisses ist übereck gestellt. Das Wasser rinnt aus zwei Masken und dem Gelenk eines Zirkels. Attribute künstlerischer Tätigkeit – Staffelei, Pinsel, Zirkel, Meißel – bekrönen die Komposition.

Hier hatte seit 1884 der 1859 gegründete Künstlerclub »Associazione artistica internationale« seinen Sitz, dem Richard

Wagner und Franz Liszt, Giacomo Puccini, Paolo Tosti, Gabriele d'Annunzio, Emile Zola, Eleonora Duse und sogar der italienische König Umberto I. angehörten. Die Vereinigung organisierte als Alternative zu den exklusiven Karnevalsbällen des Hochadels volkstümliche Künstlerfeste. In der faschistischen Zeit wurde sie gleichgeschaltet und umbenannt. Nach 1935 hatte sie verschiedene Sitze, die Bibliothek und die Sammlungen verschwanden in kommunalen Archiven.

Einige Schritte weiter (Nr. 53 c) folgt an der Mauer vor dem Palazzo Patrizi eine **Nische** mit einem Marienbild (**39**).

Via Margutta, Fontanella degli Artisti

Bei Nr. 53 b erinnert eine alte Marmortafel, Studj di pittura e di scultura, daran, daß sich auch in diesem Palast Künstlerateliers befanden. Bei Nr. 53 a ist Jandolos Gedicht »La magnolia di Via Margutta« in die linke Hauswand eingelassen.

Der Eingang Nr. 51 a führt in einen begrünten Hof, von dem linker Hand (unter einem Adler) eine Treppe auf den Pincio hinaufführt – eine kleine Idylle mitten in der Großstadt.

Zurück geht es durch die Via Margutta und die Via Alibert zur Via Babuino.

An der Ecke (Nr. 87-91) steht ein stattliches Gebäude des frühen 18. Jahrhunderts, der **Palazzo Valadier (40)**. Die Fensterrahmungen aller vier ursprünglichen Geschosse (das fünfte wurde 1869 aufgesetzt) zeigen unterschiedliche dekorative und phantasievolle Formen des Rokoko. Eine Marmortafel von 1875 erinnert an den Architekten Giuseppe Valadier (1762-

Gar bald den Spaziergang begonnen, zunächst um Unterkommen zu suchen, weil Constanzi zu teuer. Hôtel d'Amerique, Via del Babuino 79, gleich gefunden. Umzug in Angriff genommen; dann mit R(ichard) eine Fahrt bis Sankt Peter und dann zum Forum begonnen. Grauenhafter Eindruck in St. Peter, alles, was Unmusik ist, drückt sich darin aus. In der Seele von Dr. Luther mitempfunden (...) Nachmittag auf dem Monte Pincio spazieren gegangen, wunderbarer Eindruck.

*Cosima Wagner, 10. November 1876, Tagebücher*

1839, Nr. 1), der in diesem Haus lebte und starb. Schon die Werkstatt seines Vaters, eines Silberschmiedes, hatte sich hier befunden.

Am übernächsten Palazzo bewahrt eine **Gedenktafel (41)** über dem Eingang Nr. 82 die Erinnerung an den römischen Aufenthalt **Richard Wagners** im November 1876.

Von Sorrent kommend, wo Wagner Friedrich Nietzsche zum letzten Mal begegnet war, hielten Cosima und Richard vier Wochen lang Hof in Rom; der deutsche Botschafter lud zum Frühstück und gab eine Soiree, Wagner genoß seinen Ruhm und die Huldigungen der Schönen, Reichen und Berühmten der römischen Gesellschaft und vor allem der deutschen Kolonie in Rom. Wenige Wochen zuvor war sein Lebenstraum in Erfüllung gegangen, als das Festspielhaus in Bayreuth durch den Kaiser eröffnet worden war.

Auf der linken Seite folgt, unmittelbar vor der Einmündung der Via dei Greci, das **Collegio Greco (42)**, das Papst Gregor XIII. 1576 als Priesterseminar für junge orthodoxe Christen aus Konstantinopel und den Provinzen des 1453 untergegangenen Byzantinischen Reiches gegründet wurde. Die Via dei Greci war der Mittelpunkt einer großen Gemeinde griechischsprachiger Exilanten.

Die Gründung hatte freilich kirchenpolitische Hintergründe, hoffte der Papst doch, die durch den Untergang des Byzantinischen Reiches erschütterte orthodoxe Kirche zur Einheit mit der katholischen Kirche und ihrem Oberhaupt zurückführen zu können. Dies hinderte ihn nicht daran, in der Kirche des Kollegs ausdrücklich die Beibehaltung der griechischen Liturgie anzuordnen.

Das Kolleg nahm 1580 seinen Sitz in dem an der Via Babuino gekauften Palast, an dessen Ecke (Via Babuino/Via dei Greci) das päpstliche Wappen auf den Gründer Gregor XIII. hinweist. Es ist heute der belgischen Ordensprovinz der Jesuiten unterstellt.

Auf der linken Seite der Straße folgt, etwas zurückgesetzt, ein unscheinbarer hallenartiger Zweckbau. Hier befand sich von 1818 bis 1967 das **Atelier der Bildhauerfamilie Tadolini (43a)**, die über vier Generationen Marmor- und Bronzeskulpturen sowie Abgüsse berühmter Meisterwerke in alle Welt lieferte. Der Gebäudekomplex wurde nach 2000 restauriert, dabei aber in seinem letzten Zustand mit zahllosen Modellen, Gipsen, fertigen Skulpturen und Bildhauerwerkzeugen belassen, die dem Besucher eine Zeitreise durch eineinhalb Jahrhunderte italienischer Skulptur ermöglichen. Adamo Tadolini war der Lieblingsschüler Antonio Canovas, den er an zahlreichen Aufträgen mitarbeiten ließ. Der aufmerksame und schon ein wenig orientierte Besucher Roms, der in Gesellschaft Hunderter Zuschauer aus Gips und Stein hier einen Caffè oder Tè zu sich nimmt, wird hier manche Bekannte aus Geschichte und Mythologie treffen und sich in deren sprachloser Gesellschaft wohl fühlen.

Möglicherweise bemerkt man erst beim Hinaustreten die kleine Brunnenanlage, auf deren Beckenrand sich eine marode Steinfigur, der **Babuino (43b)**, räkelt, der der vorbeiführenden Straße schon im 16. Jahrhundert ihren Namen gegeben hat.

Dieser »Pavian«, dessen Kopf einst einem anderen Körper gehörte, zählt zu einer Gruppe volkstümlicher, verwitterter Antiken, die wie der »Pasquino« oder der »Marforio« seit uralten Zeiten zum Stadtbild gehören. Sie dienten seit dem 16. Jahrhundert auch als »Anschlagbrett« für Zettel mit obrigkeitskritischen Spottversen und wurden deshalb auch »statue parlante« – »sprechende Statuen« genannt.

Die Fontana del Babuino

Der Brunnen war einer der ersten halböffentlichen im Viertel. Alessandro Grandi, einer der größten Grundbesitzer der Straße, hatte 1572 die Bauarbeiten an der antiken Wasserleitung des Vergine-Aquäduktes und den Anschluß der Via Babuino finanziert. Dafür hatte ihm die päpstliche Bauverwaltung Wassernutzungsrechte für seinen Weinberg und seine Gärten eingeräumt sowie die Errichtung eines Brunnens genehmigt. Der 1574 gebaute Brunnen erhielt seinen Namen von der schon damals verwitterten antiken Statue eines ruhenden Silens. 1581 ging der Brunnen in den Besitz der Kommune über.

1738 kauften die Boncompagni-Ludovisi die Gebäude der Familie Grandi (gegenüber der englischen Kirche) und ließen sie zu einem Palast umbauen (Nr. 49-52). Der Brunnen wurde an die Fassade in einen Bogen aus Rustika-Quadern versetzt (Nr. 49; der Name des rechts abzweigenden Gäßchens »Vicolo del Babuino« erinnert noch an den Brunnen), dem aus Symmetriegründen ein zweiter Bogen (Nr. 52) entsprach. 1877 wurde der Brunnen beim Ausbau der Straße demontiert, erst 1957 am heutigen Ort neben der Fassade von S. Atanasio wieder aufgestellt. Hier wirkt er – der für seine ästhetische Wirkung wichtigen Rahmung beraubt – nun ein wenig verloren.

Direkt neben dem Brunnen erhebt sich die doppeltürmige Fassade der Kirche **S. Atanasio dei Greci (44)**. Sie wurde 1580/81 nach Entwürfen Giacomo della Portas errichtet und ist ein in Rom seltenes Beispiel einer Doppelturmfassade. Deren vorspringender Mittelteil ist allein durch architektonische Elemente (Pila-

S. Atanasio dei Greci und die Via del Babuino, Kupferstich von Giovanni Battista Falda, 1667/69

ster, Gesims, Giebel, Nische) gegliedert. Der schlichte einschiffige und tonnengewölbte Innenraum hat beidseitig je eine Kapelle und ein kleines Querhaus mit halbrunden Abschlüssen. Die mit Ikonen besetzte Trennwand vor dem Allerheiligsten, die Ikonostase, entstand erst 1876.

Auf der linken Seite folgt vor der Einmündung der Via S. Giacomo die **Kirche der Anglikaner** (Chiesa evangelica d'Ognissanti) **(45)**. Den neogotischen Bau für die englische Gemeinde Roms entwarf der britische Architekt George E. Street. Für diesen vollkommen unrömischen und in seiner barocken

---

**Giacomo della Porta** (Genua 1533 – Rom 1602) war ein vielbeschäftigter Kirchenbaumeister, hauptsächlich als Leiter der Bauarbeiten an St. Peter 1573-1602. Er führte die Kuppel nach den Plänen Michelangelos aus. 1575 wurde er zum Baumeister der römischen Brunnen ernannt. Die römische Brunnenwelt hat er um einige originelle Exemplare bereichert (Schildkrötenbrunnen auf der Piazza Mattei, Brunnen auf der Piazza Colonna und Piazza Nicosia, siehe auch S. 162).

Portal am Palazzo Cerasi

Umgebung fremd wirkenden Stil des 19. Jahrhunderts gibt es ein einziges weiteres Beispiel in der Stadt, die Kirche des hl. Alfons von Liguori in der Via Merulana. Street war ein führender Architekt des viktorianischen England und beteiligte an diesem Prestigeprojekt bedeutende Künstler wie William Morris (Kacheldekor) und Edward Burnes Jones (Apsismosaik). Die Architektur des Innenraumes lebt von Formelementen des gotischen Stils (Bündelpfeiler, Spitzbogen, farbige Glasfenster) und den Farbwerten der verwendeten Steinarten.

Gegenüber der Einmündung der Via Gesù e Maria steht der beim Babuino-Brunnen schon erwähnte **Palazzo Boncompagni-Cerasi** (Nr. 49-52) **(46)** aus dem 18. Jahrhundert. Die barocke Portalrahmung (Nr. 49) mit den beiden Delphinen über dem Sprenggiebel umgab von 1738 bis 1877 den Babuino-Brunnen.

Auf der linken Seite folgt die **Via Laurina,** die früher Via Peregrinorum (Straße der Pilger) hieß. Diese ehemalige Bezeichnung ist festgehalten in einem alten marmornen **Straßenschild (47a)** an der Ecke zur Via Babuino, über welchem ein kleines verwittertes Relief zwei Pilger mit Mantel und Stab zeigt. Vermutlich zogen durch diese kleine Gasse die von der Porta del Popolo kommenden Pilger in südöstlicher Richtung nach S. Maria Maggiore und zum Lateran.

Neben diesem Schild weist eine kleine marmorne **Inschrifttafel (47b)** auf die die Stadt bis Ende des 19. Jahrhunderts regelmäßig heimsuchenden Tiberhochwasser hin:

Altes Straßenschild (oben) und Hochwasserinschrift (unten), Via Laurina

Garten des Hotel Russie vom Pincio aus. Im Hintergrund die Kuppeln von S. Maria dei Miracoli und S. Maria di Monte Santo

»Zur Zeit Clemens' VIII (1502-1606) stieg, durch wütende, stürmische (Südost-) Winde aufgepeitscht, das überströmende Wasser des Tiber am 24. Dezember 1598 bis hierher.«

Rechter Hand liegt der **Palazzo Sterbini** (Nr. 38-41) **(48),** dessen Fassade im 1. Obergeschoß mit Medaillons dekoriert ist, in denen Büsten römischer Kaiser stehen.

Es folgt rechts das obere Ende der Via Margutta, danach wiederum rechts das Gäßchen Vicolo del Borghetto, dessen Name an ein ehemaliges Elendsviertel, den Borghetto delle Pulci, erinnert.

Das letzte Gebäude der rechten Straßenseite beherbergte bis 1965 das **Hotel Russie (49)**, das letzte der Luxushotels, die seit der Mitte des 18. Jahrhunderts vor allem in diesem Stadtteil entstanden waren. Als dann Ende des 19. und Anfang des 20. Jahrhunderts in der römischen Gründerzeit die Stadtviertel um die Via Veneto, Via XX settembre und Via Nazionale entstanden und mit ihnen eine neue Generation der Luxushotels, ging es mit dem Ruhm der Häuser zwischen Via del Corso und Spanischem Platz bergab.

Das Hotel Russie entstand um 1800 in klassizistischem Stil. Es wurde wegen seiner zahlreichen hochfürstlichen Besucher auch »Hotel der Könige« genannt. König Gustav V. von Schweden und die Zaren Ferdinand und Boris von Bulgarien gehörten dazu wie auch Jérôme Napoléon, ein Neffe Napoléons III., der sich um die italienische Einigung verdient gemacht hatte und der 1891 in diesem Haus starb. An ihn erinnert eine Marmortafel an der

Fassade. Von 1965 bis Ende der 1990er Jahre saß hier die Direktion der RAI, des staatlichen italienischen Fernsehens. Seit 1999 ist das Haus unter dem alten Namen wieder ein Luxushotel mit einem wunderschönen Hanggarten (der vom Viale Gabriele d'Annunzio einsehbar ist).

Wenige Schritte durch die Via Fontanella, die ihren Namen von einem kleinen, in Urkunden erwähnten öffentlichen Brunnen hat, führt der Weg zurück zur Casa di Goethe.

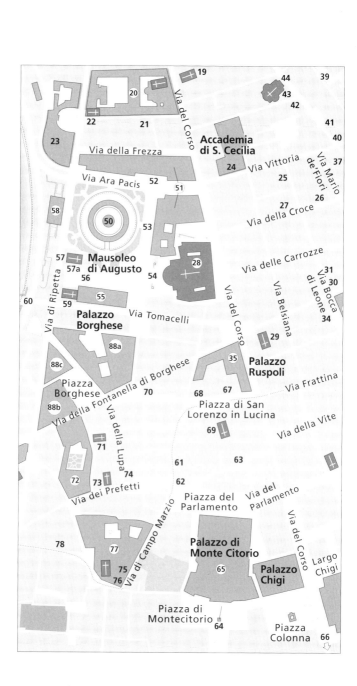

## Dritter Rundgang
## Zwischen Via del Corso und Tiber

Von der Casa di Goethe führt der Weg den Corso Richtung Süden entlang bis zur **Via dei Pontefici**, die ihren Namen einem Wohnhaus verdankt, dessen Fassade mit Bildnissen von Päpsten (von lat. »pontifex«, der antiken Bezeichnung für den obersten römischen Priester) dekoriert war. Dieser folgt man bis zur Piazza Augusto Imperatore.

Die heutige städtebauliche Situation ist das Ergebnis einer Planung Vittorio Morpurgos aus der faschistischen Zeit, die 1936 bis 1952 baulich realisiert wurde. Ein stark zerstörtes, aber historisch bedeutendes Monument wurde freigelegt, indem (auf der Grundlage des 1932 festgestellten Bebauungsplanes) die gesamte das Mausoleum unmittelbar umgebende Bebauung niedergelegt und das Mausoleum wie ein Edelstein von modernen Gebäuden im Stile jenes Neo-Klassizismus gefaßt wurde, der zu jener Zeit in Berlin und München ebenso gepflegt wurde wie in Moskau und Madrid. Der italienische Führer Mussolini hatte das Projekt schon in den 1920er Jahren initiiert und nahm intensiven Anteil an seinem Fortgang, sah er doch das Mausoleum als das Monument eines Ahnherrn im Geiste und sich selbst als neuen Augustus. Die Gesamtanlage und deren künstlerische Gestaltung dienten der Wiedergeburt einer glanzvollen Epoche innerer und äußerer Größe und eines Imperiums, das zu erneuern der Faschismus auch in Italien angetreten war. Was für Hitler König Heinrich I. in Quedlinburg und Heinrich der Löwe in Braunschweig, das war für Mussolini Kaiser Augustus an jenem Ort, an dem er seine Manen (vgl. die Inschrift zu (52)) noch gegenwärtig glaubte. *Italiener, mögen die Triumphe der Vergangenheit durch die Triumphe der Zukunft überboten werden*, war 1937 das Motto Mussolinis, das über der Ausstellung im Palazzo delle Esposizioni prangte, die den Glanz des Augusteischen Zeitalters beschwor und auch von Hitler anläßlich eines Staatsbesuches besichtigt wurde.

Das weite Areal wird in der Mitte eingenommen von der gewaltigen Ruine des **Mausoleums des Augustus (50)**.

Wolfgang Koeppen beschreibt die Piazza Augusto Imperatore 1956 als den

Erstaunlichsten Ort, an dem es Mussolini gelungen ist, mit unendlich vielen Mühen, Kosten und Zerstörungen um den mit krankem Grün bewachsenen Stumpf des Mausoleums des Augustus, der wie ein Kastrationssymbol Freudscher Träume wirkt, in Rom einen Platz zu schaffen, der häßlich ist. An hohen Häusern im Baustil des Nationalsozialismus und der Stalinallee preisen Tafeln in hysterisch überzogener Schrift eines verwunderlichen und doch wirklich unangebrachten Minderwertigkeitskomplexes die Größe und die Unsterblichkeit Roms und Italiens.

*Wolfgang Koeppen, Neuer römischer Cicerone*

Augustus ließ diesen Grabbau um 28 v. Chr., noch nicht vierzigjährig, für sich und seine Familie auf dem nördlichen, damals noch unbebauten Marsfeld zwischen Tiber und Via Flaminia errichten. Dort bildete es zwei Jahrzehnte später ein imposantes und einzigartiges Ensemble mit der Sonnenuhr und dem Friedensaltar. Der für vorderasiatische Königs- und Fürstengräber überlieferte Typus des Tumulus erreichte mit dieser Anlage kaum noch überbietbare Ausmaße. Mit einer Höhe von etwa 45 Metern konkurrierte er mit den gegenüberliegenden Hängen des Pincio.

Da sich von der Anlage gewissermaßen nur das Skelett erhalten hat, vermittelt allein eine Rekonstruktion einen ungefähren Eindruck ihrer Monumentalität. Allerdings ist der Bestand so dürftig, daß auch eine Rekonstruktion schwierig ist und von Archäologen verschiedene Vorschläge gemacht wurden. Vorbild sind weniger etruskische und altrömische Hügelgräber als das berühmteste Grabmal der antiken Welt, das des Königs Mausolos von Karien in Halikarnassos (um 350 v. Chr.). Auch ist ein weiteres Vorbild wahrscheinlich, das Augustus besucht hat, der Grabhügel Alexanders des Großen in Alexandria.

Den Unterbau bildete ein kreisrunder, etwa 12 Meter hoher travertinverkleideter Mauersockel von fast 90 Metern Durchmesser, in dessen Zentrum die eigentliche Grabkammer lag. Diese war zugänglich durch einen Gewölbegang (3) von der Südseite (gegenüber dem Collegio degli Ilirici (55). Im Zentrum der Kammer und damit im Zentrum des Grabmals befand sich ein gewaltiger Pfeiler, der einen quadratischen Raum umschloß (9). Es besteht kein Zweifel, daß sich hier das Grab des Augustus befunden hat, von dem bei den Ausgrabungen keine Spuren mehr gefunden wurden. In den Außenwänden der kreisrunden Grabkammer sind drei Nischen (6) – (8) für Aschenurnen eingetieft. 23 v. Chr. wurde hier als erster Marcellus,

Piazza Augusto Imperatore, Luftaufnahme von 1990 (Farbtafel nach S. 128)

**Augustus** wurde am 23.9.63 v. Chr. als Gaius Octavius geboren. Seine Mutter war eine Nichte Julius Caesars, der ihn testamentarisch adoptiert und zum Erben eingesetzt hatte. 14 Jahre brauchte der 19jährige, um das Erbe Caesars anzutreten und sich die alleinige Herrschaft (gegen Antonius und Lepidus) zu sichern. Er beendete die Zeit der Bürgerkriege und entwickelte als »princeps« eine Form persönlicher Herrschaft, die formal die republikanischen Traditionen wahrte, aber faktisch eine Monarchie konstituierte. Die Macht Octavians, dem 27 vom Senat der Beiname eines »Augustus« verliehen wurde, stützte sich auf den Oberbefehl über das Heer und die persönliche Verwaltung der wichtigsten Provinzen des Reiches. Octavian bemühte sich um altrömische Traditionen und Religiosität. Kunst und Dichtung stellte er in den Dienst seiner Staatsidee und bescherte dem Römischen Reich ein Goldenes Zeitalter, das Dichter wie Vergil und Ovid besangen.

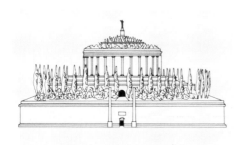

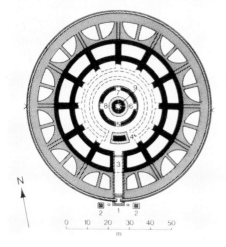

Mausoleum des Augustus, Rekonstruktion nach Filippo Coarelli

ein Neffe des Augustus, beigesetzt, dann seine Mutter Octavia, dann der Schwiegersohn Agrippa, der Sohn Drusus, die Enkel Gaius und Lucius Caesar, schließlich 14 n. Chr. Augustus selbst. Nach ihm wurden seine Frau Livia und sein Nachfolger Tiberius hier bestattet, vielleicht auch die Kaiser Claudius und Vespasian, jedenfalls die Mutter Caligulas, Agrippina, und dessen Brüder Nero und Drusus Caesar. Als letzte wurde hier die Frau des Kaisers Septimius Severus Anfang des 3. Jahrhunderts beigesetzt.

Über den Gewölben des Unterbaus erhob sich ein Erdhügel, der einen zweiten kreisrunden, den eigentlichen Tumulus, wie einen Hügel trug. Die beiden inneren Mauerringe des Sockels bildeten gewissermaßen die Fundamente dieses Tumulus von immer noch etwa 30 Metern Durchmesser. Auf dessen Spitze ragte – genau in der Achse über der Urne des Kaisers – eine überlebensgroße Statue des Augustus auf, die weithin zu sehen gewesen sein muß, allemal von den Kuppen der umliegenden sieben Hügel der Stadt.

Seitlich des Eingangs zur Grabkammer (1) standen jene beiden Obelisken, die heute auf der Piazza del Quirinale und der Piazza Esquilino wiedererrichtet sind (2). Gleichfalls seitlich des Eingangs waren zwei (nicht erhaltene) Bronzetafeln mit dem Text des politischen Rechenschaftsberichtes des Kaisers, der »res gestae«, angebracht oder aufgestellt.

Im Mittelalter wurde der Bau zu einem Kastell der Grafen Colonna umgebaut, die sich hinter den gewaltigen Mauern verschanzten. 1167 und 1241 wurde diese Festung geschleift. In der Ruine legte die Familie Soderini im 16. Jahrhundert einen Terrassengarten an. 1907 wurde ein Konzertsaal eingebaut, der aber 1934 bereits wieder abgerissen wurde, um die Ruine endgültig und vollständig auszugraben und freizulegen.

Mausoleum des Augustus, Grabkammer, Kupferstich von Giovanni Battista Piranesi

Augustus hinterließ einen schriftlichen **Rechenschaftsbericht** in der Tradition der Selbstdarstellungen altorientalischer Herrscher, aber auch der altrömischen Grabschriften (»elogium«), der die Epoche seiner Herrschaft legitimieren und verklären sollte. Dieser nach seinem Anfang (»Rerum gestarum divi Augusti, quibus orbem terratum imperio populi Romani subiecit, …«) »**res gestae**« genannte Text wurde in zahlreichen Abschriften im ganzen Reich verbreitet. Die Überlieferung fußt auf einer in Ankara erhaltenen zweisprachigen antiken Abschrift des Textes.

Augustus berichtet über die Ereignisse seines immerhin mehr als ein halbes Jahrhundert umfassenden politischen Lebens, ohne chronologische Reihenfolge als eine Einheit im Dienste an Volk und Vaterland. Schon das Handeln des 19jährigen, so die retrospektive Geschichtsdeutung des alternden Princeps, sei von der Idee einer Neuordnung des Staates bestimmt gewesen. Indem Augustus den Prinzipat als ein Vorbild staatlicher Verfassung darstellte, sind die »res gestae« zugleich auch ein politisches Testament an seine Nachfolger.

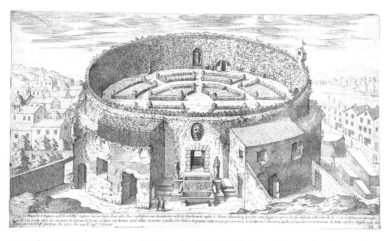

Mausoleum des Augustus und Gärten der Soderini, Stich von Etienne Dupérac, 1775

Mosaik »Il mito di Roma«

An seiner nördlichen und östlichen Flanke wird der Platz gerahmt von einem monumentalen Gebäudekomplex, dem **Istituto Nazionale di Previdenza sociale (51)**, der italienischen Sozialversicherungsanstalt.

Eigentlich handelt es sich um drei Gebäude, davon eines nördlich und eines östlich des Mausoleums gelegen. Das nördliche ist durch einen schmalen Riegel, der zwei Durchfahrten zur Via della Frezza freiläßt, mit einem dritten Gebäude in der Via dei Pontefici/Via del Corso verbunden. Die Gebäude zeigen die Formensprache des sich funktional gebenden Neoklassizismus des ersten Jahrhundertdrittels und bilden

Weiheinschrift von 1940 an der Piazza Augusto Imperatore

zusammen mit dem Illyrischen Kolleg (55) und den Chorpartien dreier barocker Kirchen einen repräsentativen Rahmen für das antike Monument. Motive der antiken Architektur wie Säule und Arkade, dazu kostbare Materialien, verleihen dem geschichtslosen Neuen, indem sie an die Architektur des kaiserzeitlichen Rom anknüpfen, Legitimation. Städtebaulich fortschrittlich zeigt sich die Anlage aber in der Verbindung eines Kinos mit Geschäften, Wohnungen der Banca Nazionale del Lavoro, Sozialwohnungen, Büros und Studios.

An der Fassade des nördlichen Gebäudes befindet sich zwischen den beiden Durchfahrten ein monumentales **Mosaik »Il mito di Roma«** (»Der Mythos von Rom«) (52), das sich über drei Geschosse erstreckt und seinerseits eine Fenstertür mit einem Balkon rahmt (Ferruccio Ferrazzi, 1938-1941). Die jugendliche Personifikation des Tiber trägt Romulus und Remus in ihrem Binsenkörbchen, zu seinen Füßen die Wölfin. In den schmalen seitlichen Feldern sechs römisch-italische Gottheiten (von oben nach unten, links nach rechts): Die Quellgöttin Juturna (deren Heiligtum sich auf dem Forum befindet) mit einer Weidenrute; die Mond- und Jagdgöttin Diana mit Hund und Mondsichel; Vesta, die Göttin des heimischen Herdes, die das heilige Feuer trägt; Ceres als Göttin des Ackerbaus mit einem Ährenbündel; der Feuergott Vulcan bei der Schmiedearbeit; Saturn, der Gott des Acker-, besonders des Obst- und Weinbaus, beim Pfropfen eines Baumes.

Die lateinische Inschrift unter dem Balkon beschwört nicht nur die Geister des toten Kaisers, sondern preist auch die Großzügigkeit des Duce Mussolini:

> Hunc locum ubi Augusti Manes volitant per auras /
> postquam imperatoris mausoleum ex saeculorum tenebris /
> est extractum araque pacis disiecta membra refecta /
> Mussolini Dux veteribus Augustiis deletis
> splendidioribus /
> viis Aedificiis aedibus ad humanitatis mores aptis /
> ornandvm censvit anno MDCCCCXL A.F.R. XVIII

Marmorfries am Istituto Nazionale di Previdenza Sociale

> Diesen Ort, wo die Manen des Augustus durch die Lüfte schweben, / hat, nachdem das Mausoleum des Kaisers dem Dunkel der Jahrhunderte / entrissen ist und die verstreuten Glieder des Altars des Friedens erneuert, / Mussolini, der Führer, nachdem die alten Einengungen beseitigt sind, mit prächtigen / Straßen, Bauten, Häusern, wie sie der Lebensart der Menschlichkeit entsprechen, / zu schmücken beschlossen. Im Jahre 1940, im 18. Jahr der Faschistischen Revolution
> (nach Bartels, Roms sprechende Steine)

Die Worte in Klammern waren bis 1999 getilgt und wurden anläßlich einer Restaurierung zur Jahrtausendwende freigelegt. Nicht getilgt waren die Rutenbündel (»fasces«) der beiden Siegesgöttinen.

An der Fassade des östlichen Gebäudes oberhalb des vorspringenden Mittelteils der Arkaden zieht sich ein **Marmorfries** in der Art oberitalienischer Kirchenportale des Mittelalters von Alfredo Biagini **(53)** entlang. In einundzwanzig Bildquadraten werden die vom Institut gewährten sozialen Hilfsleistungen sowie allgemeine Beispiele menschlicher Arbeit und Leistungen für die Gemeinschaft dargestellt, etwa »Mutterschaft«, »Erntearbeit« oder »Altenpflege«. In der Mitte des Frieses eine pathetische Inschrift aus einem nationalistischen Geist, der damals nicht nur Italien durchdrungen hatte; sie lautet übersetzt: »Das italienische Volk ist ein unsterbliches Volk, / das für seine Hoffnungen, seine Leidenschaft, / seine Größe immer einen Frühling findet.«

Südöstlich schließt sich an das Istituto der **Chor der Kirche SS. Carlo e Ambrogio (54)** an (vgl. **(28)**). Vor ihrem Halbrund stehen zwei überlebensgroße Marmorstatuen der beiden Titelheiligen der Kirche, links der hl. Ambrosius von Arturo Dazzi, rechts der hl. Karl Borromäus von Attilio Selva, die beide im

Zusammenhang der Neugestaltung des Platzes entstanden sind. Die Kuppel ist eine der größten Roms und im Stadtbild von überall her zu sehen.

Im Süden wird der Platz vom **Collegio degli Illirici (55)** abgeschlossen, das zwischen 1937 und 1939 errichtet wurde, nachdem die Kommune dem Kolleg als Ersatz für den alten enteigneten Palazzo neben der Kirche S. Girolamo ein Grundstück am südlichen Rand des Platzes zur Verfügung gestellt hatte. Das Kolleg war Priesterseminar der Kroaten, des einzigen katholischen Volkes auf dem Balkan. Der Name des Kollegs erinnert an die alte römische Provinz Illyricum, die das adriatische Jugoslawien zwischen Istrien und Albanien umfaßte.

SS. Carlo e Ambrogio, Chor und Hl. Karl Borromäus

Der siebengeschossige Backsteinbau beherbergt heute Geschäfte, Büros, Wohnungen und das Kolleg. Der Durchgang zur Via Tomacelli in der Achse des Eingangs ist aufwendig gestaltet. An der platzseitigen Fassade des Gebäudes öffnet sich im obersten Stockwerk ein Balkon, hinter dem drei große Nischen mit Mosaiken von Joza Kljkovic ausgelegt sind, die historische Momente der gemeinsamen Geschichte der Kroaten und des Stellvertreters Petri illustrieren: (Mitte) *Sieben kroatische Fürsten schwören vor Christus Krieg und Gewalt ab. Petrus vermittelt den Frieden und der Anstifter des Paktes, Papst Agaton (678-681), betet für sie*; (rechts) *Taufe des Fürsten Porga im Jahre 641, der die Katholisierung der Kroaten einleitet, im Beisein des oströmischen Kaisers Heraclius*; (links) *Zwei Legaten Papst Gregors VII. krönen den Fürsten Demetrius Zvonimiro im Jahre 1075 zum König von Kroatien und Dalmatien.*

Die Fontana delle botte

Seitlich des Eingangs sind zwei Marmorreliefs von Ivan Meštrović angebracht, die Papst Sixtus V., den Auftraggeber der zugehörigen Kirche des hl. Hieronymus und den Titelheiligen dieser Kirche zeigen.

Von der nachantiken Bebauung des Areals blieben allein die beiden Barockkirchen an der Südwestecke der Piazza Augusto Imperatore erhalten, deren Fassaden dem Fluß zugewandt sind. Beide Kirchen sind durch eine Doppelarkade miteinander verbunden, die im Zuge des Abbruchs aller umgebenden Gebäude und der architektonischen Rahmung des Mausoleums errichtet wurde. An deren Mittelpfeiler wurde flußseits die **Fontana della Botte** (»Faßbrunnen«) **(56)** neu installiert, die 1774 vor dem ebenfalls abgerissenen Palazzo Valdambrini, dem Spital der Rochus-Bruderschaft, errichtet wurde, der an der Nordseite der Kirche angebaut war.

Die nördliche Kirche **S. Rocco (57)** war das Gotteshaus einer Bruderschaft des hl. Rochus, der vorwiegend Schiffsentlader (ein solcher ist wohl auch in der Fontana della Botte dargestellt) des bei der Kirche liegenden Flußhafens, Bootsmänner, Fuhrwerker, Holz- und Holzkohlenhändler sowie Wirte der Gegend angehörten. Nach dem Erwerb eines Grundstückes wurde 1500 mit dem Bau der Kirche und eines Spitals begonnen. Bei der großen Pestepidemie, welche die Stadt nach der Plünderung durch die Truppen Karls V. 1527 heimsuchte, leistete die Bruderschaft hervorragende Dienste. Hundert Jahre später errichtete die mittlerweile zur Erzbruderschaft erhobene Gemeinschaft ein Hospital für die Ärmsten der Armen, zu denen die meisten Bewohner der Hafengegend gehörten.

Papst Urban VIII. verband die Erzbruderschaft mit der Bruderschaft des hl. Rochus zu Venedig (deren Versammlungshaus Jacopo Tintoretto mit wunderbaren Fresken ausgemalt hat). Als 1645 die Freilegung eines Marienbildes am Pfeiler rechts des Eingangs der Kirche regen Zulauf bescherte, wurde deren Erweiterung beschlossen, die allein aus Spenden und Stiftungen finanziert werden konnte. Um 1680 wurden die Bau- und Ausstattungsarbeiten abgeschlossen. Das Spital wurde zwischen 1772 und 1775 neu errichtet. 1834 ergab sich für die Kirche durch eine Erbschaft endlich die Möglichkeit, die noch fehlende Fassade zu errichten. Giuseppe Vala-

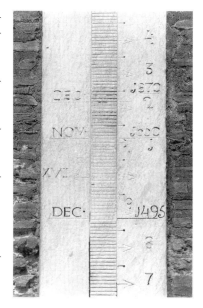

Hochwassermarke an S. Rocco

dier, Architekt der Piazza del Popolo, kopierte Palladios Fassade der Kirche S. Giorgio Maggiore zu Venedig. 1870 leitete eines der vielen verheerenden Tiberhochwasser, dessen Stand neben vielen anderen an einem **Hochwasseranzeiger (57a)** (1821 angebracht) an der südlichen Außenwand der Kirche festgehalten ist, die Regulierung des Flusses ein, der wenige Jahre später der vor der Kirche gelegene Flußhafen zum Opfer fiel (vgl. **(60)**). Die Arbeiten ließen – durch Aufschüttung der Uferbefestigungen – nicht nur die beiden Kirchen optisch »in der Versenkung« verschwinden, sondern gefährdeten die Statik der Kirche so sehr, daß diese 1909 auf Kosten des Staates stabilisiert werden mußte. Im Zusammenhang mit dem Bebauungsplan von 1932 für die Umgebung des Augustus-Mausoleums wurde die Pfarrei aufgehoben, der Kirchenbau in der Folge vollkommen isoliert und freigestellt. Nach dem Zweiten Weltkrieg waren weitere statische Sicherungsmaßnahmen notwendig.

Die Fassade komponierte Valadier getreu dem venezianischen Vorbild aus zwei in der Höhe gegeneinander verschobenen Tempelfronten. Die schmalere ist von vier korinthischen Säulen auf sehr hohen Postamenten gegliedert, die breit gelagerte dahinter liegende von flachen Pilastern der ionischen Ordnung, das heißt mit Volutenkapitellen.

Der Innenraum der dreischiffigen Kirche ist von seiner Architektur und der Ausstattung her unspektakulär. Kein Künstler von Rang hat hier mitgewirkt, handelte es sich doch um kein Bauvorhaben, das von einer der großen Adelsfamilien gefördert worden wäre. Die Seitenschiffe werden begleitet von jeweils drei sehr flachen Kapellen. Die Arme des Querhauses sind nicht tiefer als die Seitenschiffe. Über der Vierung erhebt sich eine Kuppel. Im Gewölbe des Mittelschiffes wirft sich im Deckenfresko von Achille Scaccioni (1864) der hl. Rochus vor dem hl. Petrus nieder. Im Hintergrund sind Peterskirche und Colosseum zu erkennen. An den Seitenwänden des Chorraumes großformatige Fresken von Cesare Mariani von 1883/85: *Der hl. Martin teilt seinen Mantel* (rechts) und *Der hl. Rochus besucht Pestkranke* (links). Der aufwendige Hochaltar aus verschiedenfarbigem Marmor (um 1650) ist eine Stiftung des Kardinals Francesco Barberini (dessen Wappenbienen am Sockel zu sehen sind), das Altarbild mit dem *hl. Rochus in der Glorie* ist ein Hauptwerk von Giacinto Brandi.

Nördlich der Kirche, zwischen Mausoleum und Uferstraße, stand bis 2002 ein verglaster tempelartiger Pavillon, in dem eines der bedeutendsten Kunstwerke des Augusteischen Zeitalters, ein Hauptwerk der Skulptur der frühen Kaiserzeit und ein »religiöses und politisches Denkmal ersten Ranges« (Anton Henze), die **Ara Pacis (58)** (»Altar des Friedens«) aufgestellt war.

Der Pavillon wurde 1937/38 nach Plänen von Morpurgo errichtet und am 23. September 1938, dem 2000. Geburtstag des Kaisers Augustus, vom Duce Mussolini eingeweiht. Der ursprüngliche Standort des Altars war freilich ein anderer. 1563 entdeckte man unter dem Palazzo Almagià (vgl. **(63)**) nahe der Via Flaminia (Via del Corso) die ersten Bruchstücke. Bei systematischen Ausgrabungen 1903 und 1937 wurden so wesentliche Teile gefunden, so daß eine Rekonstruktion der Altaranlage (unter Einbeziehung von Abgüssen von Fragmenten, die sich andernorts befanden) möglich war.

Augustus erwähnte den Altar in seinem politischen Rechenschaftsbericht (den »res gestae«, vgl. S. 117) als eine Stiftung des Senats nach seiner siegreichen Rückkehr aus Gallien und Spanien. Er wurde 13. v. Chr. begonnen und am 30. Januar 9 v. Chr. eingeweiht. Der Anfang der »res gestae« ist mit Bronzebuchstaben in den Sockel des Pavillons zum Mausoleum hin eingelassen.

Pavillon um die Ara Pacis (bis 2002)

Auf einem Sockel von rund 11,5 mal 10,5 Metern, der über zehn Stufen zugänglich ist, befindet sich, wiederum auf einem Podest von vier umlaufenden Stufen, der eigentliche Altar. Die Anlage wird eingefaßt von einer Mauer, an deren Vorder- und Rückseite sich quadratische Portale öffnen. Ein profiliertes Gebälk schließt die Mauer nach oben hin ab, Pilaster und Querbalken teilen die Wandflächen. Deren untere Hälfte ist von wuchernden Ranken von Akanthus, Efeu, Lorbeer und Wein überzogen. Bei genauerem Hinsehen entdeckt man kleine Tiere: Schmetterlinge, Eidechsen, Vögel und sogar Schwäne, die Vögel Apolls. Darüber umzieht ein Figurenfries die Außenwand an allen vier Seiten, an der Ost- und Westseite mit mythologischen, an den anderen Seiten mit historischen Darstellungen, die wohl von griechischen Künstlern gearbeitet worden sind:

1  (nur wenige Fragmente) Romulus und Remus mit der Wölfin und Hirten
2  Aeneas, der sagenhafte Ahnherr der Julier, der Familie des Augustus, bringt nach der Landung in Latium sein erstes Opfer dar, eine Sau mit 30 Frischlingen, die er den Penaten, den Schutzgöttern von Heim und Herd, opferte
3  (nicht erhalten) Darstellung der Stadtgöttin Roma
4  Darstellung der Göttin Pax (nach anderer Meinung der Erdgöttin Tellus) mit zwei Kindern/Genien
5  Weihezug der kaiserlichen Familie (s. Schema) anläßlich der Grundsteinlegung des Altars. Livia, die Gattin des Augustus, war vermutlich in dem zerstörten vorderen Teil des Frieses dargestellt
6  (schlecht erhalten) wahrscheinlich die Prozession der Senatoren und Magistrate

Ara Pacis, Ausschnitt aus dem Relieffries mit Darstellung der Göttin Pax

Auch die Innenseiten der Umfassungsmauer waren mit Reliefs versehen. Der untere Teil erinnert an einen Palisadenzaun, über dem Stierschädel hängen, an denen Fruchtgirlanden befestigt sind. Der Altartisch (7) trug ebenfalls einen Bilderfries, auf dem das jährlich am Altar zu vollziehende Opferritual dargestellt war. An der Nordseite sind der oberste Priester (»pontifex maximus«) und die Vestalinnen, die Jungfrauen, die den Dienst beim Tempel der Vesta auf dem Forum versahen, sowie Priester mit der Herde der Opfertiere (Schweine, Stiere, Widder) dargestellt.

Der Altar ist ein Monument der augusteischen Staatsideologie, die im Sinne eines Bündnisses von Thron und Altar Religion und Staat untrennbar miteinander liierte. Die altehrwürdigen religiösen Zeremonien und Rituale wurden zu Kulten des neuen, befriedeten Staates, und es war die vornehmste Pflicht des (ebenso wie Romulus und Remus vom Kriegsgott Mars abstammenden) Staatsführers und seiner Familie, sich in den Dienst der Götter zu stellen, die der Zeremonie ihren Segen geben (Roma und Pax) und in Symbolen (Schwan für Venus und Apollon, den Schutzgott des Kaisers) präsent sind.

Entwurf für einen Neubau des Museums für die Ara Pacis von Richard Meier
(Simulation der Gesamtansicht vom Tiber/Ponte Cavour)

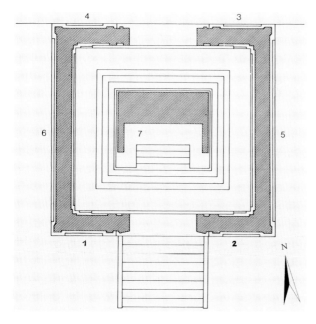

Ara Pacis, Grundriß mit Anordnung der Reliefs (nach F. Coarelli)

Anläßlich des »Giubileo« der Jahrtausendwende hat der amerikanische Architekt Richard Meier Pläne für eine Neugestaltung des Areals zwischen Mausoleum und Fluß vorgelegt, mit deren Realisierung begonnen wurde. Der Pavillon von 1938 wird derzeit durch eine gläserne Loggia ersetzt, die auch die heute üblichen Funktionsräume (Vortragsraum, Museumsshop, Serviceeinrichtungen) enthält. Zugänglich wird die Anlage über eine Freitreppe von der Via di Ripetta her sein, die dafür zur Fußgängerzone umgestaltet wird. Ein moderner Obelisk soll an den Obelisken der Sonnenuhr des Augustus erinnern (64a).

Südlich der Kirche S. Rocco steht – ebenso isoliert und ihrer städtebaulichen Bedeutung beraubt wie diese – die Kirche **S. Girolamo degli Illirici** (oder »Schiavoni« – »Slawen«) **(59)**.

Als nach der Schlacht auf dem Amselfeld 1389 und nach der Eroberung Konstantinopels 1452 durch die Türken zahlreiche christliche Griechen und Südslawen den Balkan verließen und als Exilanten auch nach Rom kamen, bildete sich eine größere slawische Kolonie westlich des Corso zum Tiber hin. Eine geistliche Kongregation der Slawen gründete 1441 ein Hospiz mit Spital für Pilger aus den Balkanländern. Papst Nikolaus V. wies der Kongregation 1453 eine verlassene Kirche nahe dem Ripettahafen zu, die diese wiederherstellte und dem Patron Dalmatiens (der römischen Provinz Illyricum), dem hl. Hieronymus (Girolamo), weihte. Seit 1566 war sie jeweils Titelkirche eines Kardinals, so auch des späteren Sixtus V. Perretti. Dieser plante – zum Papst gewählt – aus Verantwortung für »seine« Kirche einen Kirchenneubau, mit dem nach Plänen von Martino Longhi d.Ä. und Giovanni Fontana 1588 begonnen wurde. Nach Sixtus' Tod blieb der Bau unvollendet und wurde erst 1634 geweiht. In den Jahren 1846 bis 1852 wurde die Ausstattung erneuert. Der Bau der Uferbefestigungen und der neuen Brücke ließ die Fassade auch dieser Kirche optisch versinken. 1901 wurde das Hospiz aufgelöst, 1902 ein »Collegium S. Hieronymi Illyricorum« neu gegründet.

Die schlichte, wohlproportionierte Renaissancefassade mit dem zarten Relief ihrer Pilastergliederung, mit den gerahmten Wandfeldern und sparsamen figürlichen Details ist derjenigen von S. Caterina de' Funari von 1564 nachempfunden. Sie enthält durch die dekorative Verwendung von Wappensymbolen Anspielungen auf den Bauherrn: über dem Portal die achtstrahligen Sterne, in dem Reliefband zwischen den Kapitellen der Erdgeschoßpilaster die drei Bergspitzen und Löwenköpfe, in den Reliefs zwischen den oberen Pilastern die Bergspitzen mit Stern zwischen Greifen, das vollständige Papstwappen im Dreiecksgiebel und schließlich am Ansatz der Giebelschräge noch einmal vollplastisch Berge mit Stern. Die für die Wirkung nicht unwichtige Freitreppe wurde 1901 beseitigt.

S. Maria del Popolo, Capella Cibo

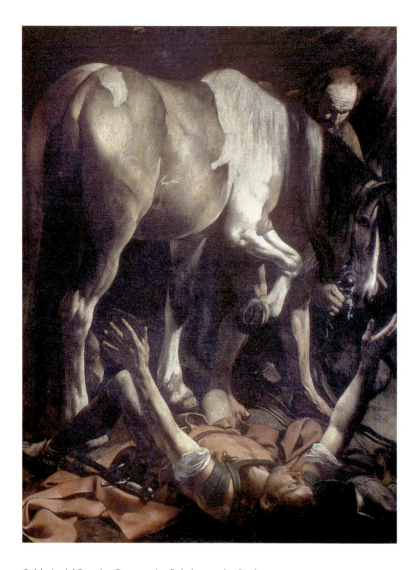

S. Maria del Popolo, Caravaggio, *Bekehrung des Paulus*

Giovanni Paolo Panini, Ansicht von Rom von den Abhängen des Monte Mario, 1749

Villa Medici, Ausschnitt aus den Fresken von Jacopo Zucchi im Stanzino dell'Aurora, um 1576-1580, Detail mit Ansicht der Villa

SS. Maria e Gesù, Grabmal Ercole und Luigi de' Bolognetti von Ercole Ferrata und Michele Maglia, um 1686

Palazzo Ruspoli, Galleria Ruccelai

Piazza Augusto Imperatore, Luftaufnahme von 1990

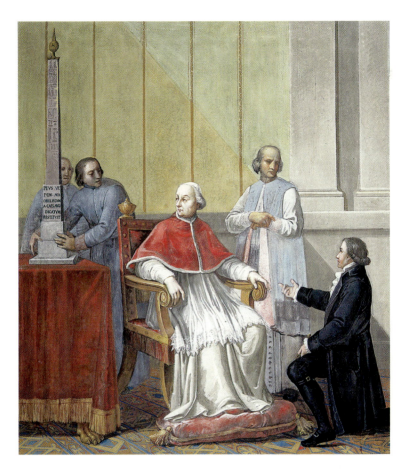

Präsentation eines Modells des Obelisken auf dem Monte Citorio vor Papst Pius VI., Fresko in der Galleria delle Cartografiche, Rom, Vatikanischer Palast

Palazzo Zuccari, Details der Deckengemälde in der Sala terrena: Federico Zuccari und seine Familie

Der schlichte einschiffige Innenraum mit jeweils drei Seitenkapellen und rechteckigem Chor ist mit einer Tonne gewölbt, die mit dem Motiv der triumphierenden Kirche ausgemalt wurde. Die Prophetengestalten auf den Zwickeln des Tonnengewölbes stehen, obwohl erst im 19. Jahrhundert entstanden, erkennbar in der Nachfolge von Michelangelos Propheten der Sixtinischen Kapelle. Die Fresken an der Eingangswand rechts und links des Fensters zeigen Papst Sixtus V. mit dem Plan der Kirche und Papst Nikolaus V. (1853). Rechter Hand des Eingangsportals ist an der Wand ein schönes barockes Grabdenkmal für den venezianischen Gesandten in Konstantinopel, Paolo Gozzi († 1683) eingemauert, das an Werke des neben Bernini bedeutendsten römischen Barockbildhauers Alessandro Algardis erinnert.

S. Girolamo degli Illirici, Fassade

Die flache, fensterlose Vierungskuppel ist mit einer barocken Scheinarchitektur mit Ausblicken in einen Himmel dekoriert, in dem die Hl. Dreifaltigkeit, begleitet von Johannes dem Täufer und Maria, thront. Die Wände des Chores bedecken große, wandteppichartige Fresken von Antonio Vivardi (1588) mit Szenen aus dem Leben des hl. Hieronymus: *Schriftauslegung für Laien* (links); *Hieronymus kommt zur Schlichtung kirchenpolitischer Streitigkeiten nach Rom – seine Priesterweihe in Antiochia – Mitwirkung bei der Abfassung von Sendschreiben des Papstes Damasus* (Rückwand); *Hieronymus im Gespräch mit den Hl. Gregor und Basilios über die Hl. Schrift* (rechts). Auf dem Altar steht – als Reliquienbehälter verwendet – eine antike Urne aus grünem Marmor mit vergoldeten Bronzeappliken, darüber

Ansicht des Ripetta-Hafens am Tiber, Stahlstich aus dem 19. Jahrhundert; links S. Rocco, in der Mitte S. Girolamo, rechts der Palazzo Borghese

erscheint im Gewölbe noch einmal der Titelheilige Hieronymus in den Wolken.

Die Fassade der Kirche bildete bis zum Ende des 19. Jahrhunderts den Mittelpunkt einer grandiosen Treppenanlage, die das am Tiber gelegene Pendant zur Spanischen Treppe war. Der **Ripetta-Hafen (60)** war neben dem Porto di ripa grande gegenüber dem Aventin der zweite, kleinere römische Flußhafen, der vor allem der Versorgung der Stadtviertel des nördlichen Marsfeldes und des Vatikan diente. Er bestand vermutlich schon in der Antike, verfiel und wurde im Mittelalter neu angelegt. Im 18. Jahrhundert wurde er städtebaulich dadurch aufgewertet, daß 1703/04 nach Plänen Alessandro Specchis und Carlo Fontanas eine aus konvex und konkav geschwungenen Treppen, Rampen und Kaimauern komponierte Anlage gebaut wurde, an denen die Flußschiffe anlegen konnten. Der verwendete Travertin stammte der Überlieferung nach von jenen Arkaden des Colosseums, die 1703 bei einem Erdbeben zusammengestürzt waren. Unmittelbar nördlich anschließend und am Flußufer gelegen, die Fassade von S. Rocco teilweise verdeckend, entstand ein barocker Neubau für das Zollamt. Auf einem Podest vor der Fassade von S. Girolamo, eingelassen in die Balustrade, stand ein **Brunnen** von Filippo Bai (1704/05). Dieser Brunnen ist der einzige Teil der Hafenanlage,

Der Tiber von der Engelsbrücke bis zum Knie beim Ripetta-Hafen vor seiner Befestigung, Photographie um 1871

der zumindest fragmentarisch erhalten blieb; er wurde auf eine kleine Terrasse vor der Auffahrt zum Ponte Cavour versetzt. Aus dem oberen Becken erhebt sich ein künstlicher Felsbrocken, auf dem wiederum zwei Delphine eine Muschel tragen.

Bekrönt wird der Brunnen durch die Symbole aus dem Wappen des regierenden Papstes Clemens XI. aus der Familie Albani (1700-1721), nämlich drei stilisierte Bergkuppen und einen bekrönenden Stern (die auch im Wappen Papst Sixtus' V. zu finden waren). Die ursprüngliche Funktion des Brunnens als kleiner Hafen-Leuchtturm, dessen Laterne noch den Brunnen bekrönt, ist freilich an seinem heutigen abseitigen Standort nicht mehr zu erkennen.

Die am Anfang der heutigen Via Tomacelli gelegene Hafenanlage mußte 1876 dem Bau der Uferbefestigungen und einer Brücke weichen, die die Stadt ein für alle Mal vor dem Hochwasser des Tiber schützen sollten. 1877 wurde eine provisorische gußeiserne Brücke vom Hafen in das rasch wachsende neue Stadtviertel Prati geschlagen, die bis 1902 durch den heutigen Ponte Cavour ersetzt wurde. Durch den Bau der Cavour-Brücke wurde die **Via Tomacelli** zu einer wichtigen Verbindungsstraße zum Corso und bildete eine Verkehrsachse zum Pincio.

Vom Ponte Cavour geht man durch die Via Tomacelli bis zur Via Monte d'Oro, biegt nach rechts ein und danach sofort nach links in die **Via d'Arancio**, deren Name auf einen in eine Fensternische eines später abgerissenen Flügels des Palazzo Borghese gemalten Orangenbaum verweist.

Am Ende der Via d'Arancio biegt man nach rechts in die Via del Leoncino, quert die Piazza S. Lorenzo in Lucina am Rande und geht geradeaus in die **Via di Campo Marzio,** deren rechte Seite zum Rione Campo Marzio, deren linke zum Rione Colonna gehört.

### Exkurs I: Frieden für Stadt und Erdkreis

In dem von der Via di Campo Marzio durchquerten Areal zwischen Vicolo della Torretta, S. Lorenzo in Lucina, und der Piazza del Parlamento befand sich etwa acht Meter unter dem heutigen Straßenniveau eine der interessantesten antiken Anlagen Roms, die **Sonnenuhr des Augustus** (Horologium Augusti), die in einem unmittelbaren topographischen und semantischen Zusammenhang mit dem Friedensaltar stand.

In der **Via Campo Marzio Nr. 48 (61)** gibt eine Travertintafel (in einer Vitrine) einen ersten Hinweis auf dieses Wunderwerk antiker Astronomie. 1979 begann der Archäologe und nachmalige Präsident des Deutschen Archäologischen Instituts, Edmund Buchner, etwa 15 Meter nördlich der Stelle, an der sich heute die Tafel befindet, mit seiner Grabung, die er 1979/80 im Hof des Hauses Nr. 48 fortsetzte.

Die Grabungen bestätigten die von Buchner bereits in den 1970er Jahren aufgrund nur weniger sicherer »Eckdaten« und einer brillanten und scharfsinnigen Indizienkette errechnete Größe und Lage dieser ausgedehntesten Uhr aller Zeiten als absolut zutreffend. Buchner hatte, ausgehend von dem genau bekannten Standort des Zeigers der Sonnenuhr, eines ägyptischen Obelisken (vgl. **(64a)**), eine Grundfläche von 160 × 75 Metern sowie die genaue Position aller wichtigen Linien und Punkte errechnet und rekonstruiert.

Vor allem aber wies Buchner nach, daß Uhr und Altar (der innerhalb des Liniennnetzes lag) eine Einheit bildeten, ja der Altar von der Uhr her einen besonderen astronomischen und astrologischen Sinn erhielt. Für einen solchen Wechselbezug boten die persönlichen astronomischen Daten des Augustus die besten Voraussetzungen, war dieser doch am 23. September, dem Datum der Tagundnachtgleiche, geboren und fiel demzufolge der (fik-

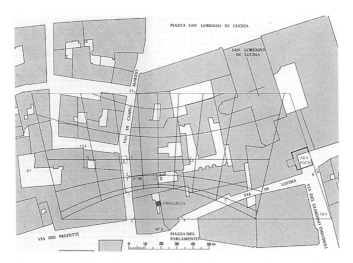

Sonnenuhr des Kaisers Augustus und die Ara Pacis, Grundriß (nach Buchner)

Das **Deutsche Archäologische Institut** ging aus dem 1829 in Rom von dem preußischen Gesandten Christian Carl Bunsen, dem Archäologen Eduard Gerhard, dem hannoverschen Diplomaten August Kestner u.a. gegründeten Istituto di Corrispondenza Archaeologica hervor, das unter dem Protektorat des preußischen Kronprinzen stand. 1870 übernahm der preußische Staat die Finanzierung, das bis dahin private Institut wurde zur Staatsanstalt mit Sitz in Berlin. Mit kaiserlichem Erlaß von 1874 wurde diese in ein Reichsinstitut umgewandelt, das Zweigstellen in Rom und Athen unterhielt. 1877 wurde der Institutsneubau am Hang des Kapitols eröffnet, der bis 1915 genutzt werden konnte. Von 1924 bis 1944 residierte das Institut im Gemeindehaus der evangelischen Kirche in der Via Sardegna. Nach seiner Auflösung 1944, der mit dem Abtransport der Bibliothek nach Deutschland verbunden war, wurde es 1953 wiedereröffnet. 1964 bezog das Institut wiederum einen Neubau in der Via Sardegna. Die Bibliothek ist mit etwa 200 000 Bänden die größte archäologische Fachbibliothek der Welt. Das Deutsche Archäologische Institut unterhält heute neben Rom und Athen Abteilungen in Kairo, Istanbul und Madrid sowie die Orientabteilung in Berlin mit Zweigstellen in Damaskus, Bagdad und Sanaa (Jemen). Die Direktoren der Abteilung Rom gehören jeweils zu den angesehensten Vertretern der klassischen Archäologie mit Schwerpunkt der römischen Antike.

Seit 1953 waren dies Guido von Kaschnitz-Weinberg (1953-1956), Reinhard Herbig (1956-1961), Theodor Kraus (1961-1984), Bernard Andreae (1984-1995), Paul Zanker (1996-2002), Dieter Mertens (2002ff.).

tive) Tag seiner Empfängnis mit dem Datum der Wintersonnenwende zusammen. Buchner konnte darlegen, daß die gesamte Anlage auf diese beiden Daten, Geburts- und Empfängnistag des Kaisers, ausgerichtet war. Wintersonnenwend- und Äquinoktiallinie standen in besonderem geometrischen Bezug zum Bau des Altars. Letzte lief exakt durch dessen Mittelpunkt und bestimmte dessen Ausrichtung und Ausmaße einschließlich der Maße der beiden Eingänge.

»Welch eine Symbolik! Am Geburtstag des Kaisers (…) wandert der Schatten (Anm.: des Obelisken) von Morgen bis Abend etwa 150 m weit die schnurgerade Äquinoktienlinie entlang genau zur Mitte der Ara Pacis; es führt so eine direkte Linie von der Geburt dieses Mannes zu Pax, und es wird sichtbar demonstriert, daß er *natus ex pacem* ist. Der Schatten kommt von einer Kugel, und die Kugel (zwischen den Läufen eines Capricorn (= Steinbocks, Anm. d.V.) etwa) ist zugleich wie Himmels- so auch Weltkugel, Symbol der Herrschaft über die Welt, die jetzt befriedet ist. Die Kugel aber wird getragen von dem Obelisken, dem Denkmal des Sieges über Ägypten (und Marcus Antonius) als Voraussetzung des Friedens. An der Wendelinie des Capricorn, der Empfängnislinie des Kaisers, fängt die Sonne wieder an zu steigen. Mit Augustus beginnt also – an Solarium und Ara Pacis ist es sichtbar – ein neuer Tag und ein neues Jahr: eine neue Ära, und zwar eine Ära des Friedens mit all seinen Segnungen, mit Fülle, Üppigkeit, Glückseligkeit. Diese Anlage ist sozusagen das Horoskop des neuen Herrschers, riesig in den Ausmaßen und auf kosmische Zusammenhänge deutend.« (Buchner, S. 37)

Der Auftrag für Ara Pacis (58) und Solarium erging im Sommer des Jahres 13 v. Chr. Bis zum März 11 v. Chr. wurde der Obelisk mit großem technischem Aufwand nach Rom transportiert und an seinem endgültigen Standort aufgerichtet. Erst dann konnte – im Hinblick auf die geplante exakte Ausrichtung – mit dem Bau des Altars begonnen werden, für den bis zur Einweihung am 30. Januar 9 v. Chr. etwa eineinhalb Jahre benötigt wurden.

Was Buchner zur allgemeinen Überraschung durch seine Grabungen nachweisen konnte, war nicht die Uhr der augusteischen Zeit, sondern deren Erneuerung aus der Zeit des Kaisers Domitian Ende des 1. Jahrhunderts, etwa 160 Zentimeter über dem augusteischen Bodenniveau. Eine Erneuerung war wahrscheinlich deswegen erforderlich, weil die Uhr bereits um die Jahrhundertmitte wegen einer geringfügigen Neigung des Obelisken nicht mehr genau ging und daher neu justiert werden mußte. Die augusteische Uhr unter der wiederentdeckten scheint nicht erhalten zu sein. Teils wurde vermutlich das Material – Travertin- und Marmorblöcke – wiederverwendet, teils schon vor der Erneuerung geplündert.

Weiter führt der Weg durch die Via del Campo Marzio bis zur **Piazza del Parlamento.** Gleich linker Hand über dem Portal des Gebäudes Nr. 3 weist eine **Marmortafel (62)** auf den ursprünglichen Standort des Zeigers der Sonnenuhr, des Obelisken auf der

Piazza di Monte Citorio, rund 16 Meter nördlich der Tafel, hin (**62**). Das Datum 1748 bezeichnet die »Entdeckung« und Ausgrabung des Obelisken.

Papst Benedikt XIV.
hat den mit hieroglyphischen Zeichen elegant
behauenen Obelisken /
der, nachdem Ägypten in die Gewalt des römischen
Volkes gebracht war, /
von Kaiser Caesar Augustus nach Rom verschifft /
und, nachdem ein Steinpflaster verlegt und Linien aus
Bronze (darin) eingelassen waren, /
zur Erfassung der Schatten der Sonne /
und der Länge der Tage und Nächte /
auf dem Marsfeld aufgerichtet und der Sonne geweiht, /
(dann) durch die Unbill der Zeit und der Barbaren
zerbrochen und (am Boden) liegend /
von Erde und Häusern überdeckt worden war, /
mit grossem Aufwand und Geschick ausgegraben /
und zum öffentlichen Wohl der gelehrten Studien an
einen nahen Ort übergeführt /
und, dass nicht die Erinnerung an den alten Standort
des Obelisken /
durch das Alter verlorengehe, /
die Gedenktafel setzen lassen /
im Jahre des wiedergewonnenen Heils 1748, seines
Pontifikats 9

(nach Bartels, Roms sprechende Steine)

In der kleinen Gasse **Via in Lucina** wurden 1903 und 1937/38 bei systematischen Grabungen an der Stelle, wo sie rechtwinklig wieder zur Piazza del Parlamento zurückführt, noch am ursprünglichen Standort umfangreiche Reste des Altars (**58**) ausgegraben (**63**). Rechter Hand öffnet sich wieder die Piazza del Parlamento, an deren Südseite sich der Erweiterungsbau des Parlamentes von 1902/25 erhebt.

Geradeaus führt der Weg weiter durch die Via del Giardino Theodoli und die Via della Impresa bis zur **Piazza di Monte Citorio**. In der Mitte des Platzes erhebt sich jener ägyptische **Obelisk** (**64a**), den Augustus als Zeiger seiner Sonnenuhr nach Rom holen und den Papst Pius VI. 1792 hier, nachdem er jahrhundertelang zerbrochen im Erdreich gelegen hatte, vor der Curia Innocenciana, dem Sitz des päpstlichen Gerichtshofes (65), wiederaufrichten ließ.

Es war der erste Obelisk überhaupt, der in antiker Zeit aus Ägypten nach Rom geholt wurde. Er stammte aus Heliopolis, wo er laut seiner Hieroglyphen-Inschrift von Pharao Psammetich II. (594-589 v. Chr.) aufgerichtet worden war. Seine Höhe betrug damals wie heute ohne den Sockel 21,79 Meter. Der Transport auf einem eigens hierfür gebauten Frachtschiff über Nil, Mittelmeer und Tiber nach Rom war eine technische Meisterleistung. Der für den Obelisken geschaffene Sockel erhielt auf seiner West- und Ostseite (also auf die Ara Pacis bezogene, heute allerdings durch Drehung auf der Nord- bzw. Südseite befindliche) je gleich lautende Inschrift:

Präsentation eines Modells des Obelisken auf dem Monte Citorio vor Papst Pius VI., Fresko in der Galleria delle Cartografiche, Vatikanischer Palast (Farbtafel nach S. 128)

IMP (erator) CAESAR DIVI F(ilius)
AUGUSTUS
PONTIFEX MAXIMUS
IMP (erator) XII Co(n) S(ul) XI TRIB (unicia) POT (estate) XIV
AEGYPTO IN POTESTATEM
POPULI ROMANI REDACTA
SOLI DONUM DEDIT

(Der Imperator Caesar, des Vergöttlichten Sohn, / Augustus, / Pontifex Maximus, / Imperator zum 12., Konsul zum 11., Träger der tribunizischen Gewalt zum 14. Mal, / hat (den Obelisken) nachdem Ägypten in die Gewalt / des römischen Volkes gebracht war, / der Sonne zum Geschenk gegeben)          (nach Bartels, Roms sprechende Steine)

Vor seiner Wiederaufrichtung mußte der Obelisk restauriert werden. Dabei bediente sich der Ingenieur Antinori der Trümmer der zerstörten Ehrensäule des Kaisers Antonius Pius, die auf dem Monte Citorio lagen. Ein erhaltenes Sockelrelief dieser Säule, heute in den Vatikanischen Museen, zeigt den Obelisken der Sonnenuhr.

Dem wiederaufgerichteten Obelisken wurde eine von einem Spalt durchbrochene Metallkugel aufgesetzt, damit er seine alte Funktion als Zeiger einer öffentlichen Uhr (nur wenige Wohlhabende konnten sich zu dieser Zeit Taschenuhren leisten) und eines Kalenders wieder erfüllen konnte. Der Spalt war so ausgerichtet, daß durch ihn jeweils mittags die Sonne beim Erreichen ihres höchsten Standes auf eine im Boden markierte Linie, einen sogenannten Meridian, fiel (mehr war von der komplexen Sonnenuhr des Augustus nicht übriggeblieben), auf dem das Datum und eben der (astronomische) Mittag, der »mezzogiorno vero«, abgelesen werden konnten. Bei der in den Jahren 1996 bis 1998 nach Planungen des Architekten Franco Zagari durchgeführten Neugestaltung des Platzes entstand dieser **Meridian** neu **(64b)**. Vom Obelisken aus läuft er auf das Mittelportal des

Bronzespitze des Obelisken auf der Piazza Monte Citorio

Goethe schreibt unter dem 3. September 1787 in der »Italienischen Reise«: »Ich bin wieder in die ägyptischen Sachen gekommen. Diese Tage war ich einigemal bei dem großen **Obelisk** der noch zerbrochen zwischen Schutt und Kot in einem Hofe liegt. Es war der Obelisk m.E. Sesostris (hier irrt Goethe, Anm. d.V.), in Rom zu Ehren des Augusts aufgerichtet, und stand als Zeiger der großen Sonnenuhr, die auf dem Boden des Campus Martius gezeichnet war. Dieses älteste und herrlichste vieler Monumente liegt nun da zerbrochen, einige Seiten (wahrscheinlich durchs Feuer) verunstaltet. Und doch liegt es *noch* da, und die unzerstörten Seiten sind noch frisch, wie gestern gemacht und von der schönsten Arbeit (in ihrer Art). Ich lasse jetzt eine Sphinx der Spitze, und die Gesichter von Sphinxen, Menschen, Vögeln abformen und in Gyps gießen. Diese unschätzbaren Sachen muß man besitzen, besonders da man sagt, der Papst wolle ihn aufrichten lassen, da man denn die Hieroglyphen nicht mehr erreichen kann.«

Moderner Meridian auf der Piazza di Monte Citorio, Detail

Palazzo Monte Citorio zu. Auf einem in Travertinplatten eingelegten Metallstrahl sind die astronomischen Markierungen mit den Symbolen der Tierkreiszeichen angebracht. An der Justierung dieser Markierungen ist fast ein Jahr lang gearbeitet worden; dazu wurde der Lichteinfall durch den Spalt der Kugel beim Höchststand der Sonne exakt vermessen.

Auf der Kuppe des flachen Hügels (Monte Citorio) erhebt sich der **Palazzo Monte Citorio,** seit 1871 Sitz der Abgeordnetenkammer des italienischen Parlamentes (**65**). Gianlorenzo Bernini entwarf den Palast 1650 für Papst Innozenz X. und die Familie Pamphili. Erst 1694 wurde er der Familie abgekauft und von Carlo Fontana als Sitz des päpstlichen Gerichtshofes vollendet. Der rückwärtige Teil mußte Anfang dieses Jahrhunderts einem Erweiterungsbau weichen. Die den Platz beherrschende Fassade schwingt konvex aus und unterstreicht so wirkungsvoll den Anstieg der Hügelkuppe. Der hervortretende Mittelrisalit wird durch den Glockenturm bekrönt und bildet ein kraftvolles Pendant zum gegenüberliegenden Obelisken. Details verraten die Hand des großen Meisters der römischen Barockkunst: die Tiefenstaffelung der fünf Abschnitte der Fassade (am besten wahrzunehmen, wenn man von der Piazza Colonna oder der Via dei Prefetti kommt), deren Rahmung durch Pilaster lediglich an den Ecken und vor allem die rustikale Gestaltung der Quader, die zu den Gebäudeecken hin unbearbeitet wie natürliche Felsblöcke erscheinen. Die Urgewalt des felsigen Untergrundes, allein im

Flurnamen noch gegenwärtig, greift in diesem Bereich auch auf die Rahmungen der äußeren Fenster über: Der Bau scheint gleichsam aus dem Hügel emporzuwachsen.

An der Südseite des Platzes befindet sich die deutsche **Buchhandlung Herder** (Nr. 120), ein Schaufenster deutscher Literatur und eine Institution der kulturellen Präsenz Deutschlands in Rom.

Neben der Casa di Goethe werden das Goethe-Institut, die Biblioteca Hertziana (ein Max-Planck-Institut), das Deutsche Archäologische und das Deutsche Historische Institut (das mit sechs anderen Instituten in Paris, London, Washington, Warschau, Beirut und Tokio in der »Stiftung Deutsche Geisteswissenschaftliche Institute im Ausland« zusammengefaßt ist) und auch die von einem Verein getragene deutsche Schule aus Mitteln des Bundeshaushalts finanziert.

Palazzo di Monte Citorio, Gebäudeecke

Geht man von der Buchhandlung nach links in die Via Ufficio del Vicario, so erreicht man nach wenigen Metern auf der linken Seite eine andere römische Institution, die Gelateria Giolitti. Ob hier tatsächlich, wie ein Rom-Führer vom anderen abschreibt, das beste Eis der Stadt hergestellt und verkauft wird, sei dahingestellt, jedenfalls stehen hier nicht nur Touristen Schlange, um sich der Qual der Wahl unter fast hundert Eissorten hinzugeben.

Zurück führt der Weg über die Piazza di Monte Citorio und die Piazza Colonna zur Via del Corso, von hier aus entweder zurück zur Casa di Goethe oder aber in die entgegengesetzte Richtung zum Nationaldenkmal an der Piazza Venezia.

*   *   *

## Exkurs II: Freiheit des Vaterlandes

Das Monument, welches das römische Stadtbild mehr als jedes andere beherrscht, zu sehen von fast jedem Punkt der Stadt aus, ist weder das Pantheon noch St. Peter, noch eine der großartigen barocken Kirchenkuppeln, sondern das von vielen Römern »La Scrivania« (»Schreibmaschine«) oder kurz »Vittoriano« genannte **Monumento Vittorio Emanuele II (66)**, ein 200 Meter breites, 70 Meter hohes Gebirge aus schneeweißem Marmor – das aufwendigste und gewaltigste aller europäischen Nationaldenkmäler des 19. Jahrhunderts, an dem fast ein halbes Decennium gebaut wurde.

Nachdem der französische Architekt Nenot den 1880 ausgeschriebenen Wettbewerb gewonnen hatte, kam es zu heftigen öffentlichen Diskussionen darüber, ob ein Ausländer das Nationalmonument bauen dürfe, und daraufhin zu einer zweiten Ausschreibung, zu der nur Italiener zugelassen waren. Erst in dieser zweiten Ausschreibung wurde die Piazza Venezia in der Blickachse der Via del Corso und in unmittelbarer Nähe der politischen Zentren des Römischen Reiches, Forum und Kapitol, als Ort des Denkmals festgelegt. Giuseppe Sacconi ging 1884 mit einer riesigen Anlage im römisch-hellenistischen Stil (die ein wenig an den Altar von Pergamon erinnert) als Sieger aus dem Wettbewerb hervor. Ganz bewußt wollte man im Sinne eines eklektischen Historismus an die architektonischen Traditionen des antiken, nicht des päpstlichen Rom anknüpfen. 1885 begann man damit, die Bebauung zu Füßen des Kapitols niederzulegen, unter anderem auch die Klostergebäude von S. Maria in Aracoeli, die heute vom Monument vollkommen verdeckt wird. Als Sacconi 1897 seine Pläne nochmals erweiterte und dem Monument einen Vaterlandsaltar (»Altare della patria«) zufügte, mußte auch noch der Palazzo Torlonia auf der Piazza Venezia abgerissen und der Palazetto Venezia um 50 Meter versetzt werden. Damit war der größte Platz im Herzen des historischen Stadtzentrums entstanden, der – auf die Achse des Corso ausgerichtet – den entsprechenden räumlichen Rahmen für das Denkmal bildete. 25 Jahre nach Baubeginn errichtete man die Reiterstatue des ersten italienischen Königs Viktor Emanuel von Savoyen. 1911, zum 50. Jahrestag der italienischen Einigung, wurde die noch unfertige Anlage eingeweiht. Nach dem Ersten Weltkrieg errichtete man 1921 vor dem Reiterdenkmal den Vaterlandsaltar mit dem Grab des unbekannten Soldaten, 1927 schließlich wurden die Bauarbeiten unter Mussolini abgeschlossen. Nachdem der Bau lange Zeit gesperrt war, sind er und das im Unterbau untergebrachte Museo Nazionale del Risorgimento seit 2000 nach einer umfassenden Restaurierung wieder zugänglich (Eingänge in den beiden Schmalseiten des Monumentes).

Eine flach ansteigende Freitreppe führt auf eine Terrasse, über der sich der Unterbau für das Reiterdenkmal erhebt. Die Stirnseite dieses Unterbaus ist mit zwei Reliefs (*Arbeit* und *Liebe zur Heimat*) verblendet, in deren Mitte die Göttin Roma steht (1925 von F. Zanelli), zu ihren Füßen der Altar mit dem Grab des un-

Monumento Vittorio Emanuele II, Luftaufnahme 2004

bekannten Soldaten. Über breite seitliche Treppenläufe schreitet man auf die kleine Terrasse, in deren Mitte das Reiterdenkmal – Pendant zum Reiterdenkmal Kaiser Marc Aurels auf dem benachbarten Kapitolhügel – steht. Über eine weitere Treppe im Rücken des Denkmals erreicht man schließlich die große Terrasse vor dem Säulenportikus, die dem Sieg von 1918 über Österreich-Ungarn und dem Gewinn Südtirols geweiht ist, an den ein Felsbrocken vom Monte Grappa erinnert.

Das *Et facere fortia – Et pati fortia* paraphrasiert den von Livius überlieferten Ausspruch des mythischen römischen Patrioten Mucius Scaevola, daß die Ausführung großer Taten wie die Erduldung großen Leids eines Römers würdig sei.

Der gewaltige, nochmals aufgesockelte und leicht konkave Säulenportikus wird seitlich von Türmen begrenzt, auf deren Dächern zwei bronzene Wagengespanne (1927 von Carlo Fontana und Paolo Bertolini) nach vorne stürmen. Oberhalb der 16 Säulen des mittleren Portikus Personifikationen der 16 italienischen Regionen. Den Türmen sind Tempelfronten mit Freitreppen vorgelagert, über die der Portikus zu betreten ist. Von hier aus über-

Monumento Vittorio Emanuele II, Victoria

blickt man die Stadt, vor allem – auf der Südseite – das Forum Romanum, die Kaiserforen und den Palatin. Schon deswegen lohnt der Besuch. Von hier oben, in der Aufsicht auf die sich zum Corso hin ausbreitende Treppe, erkennt man auch das Vorbild der Treppenanlage an der Piazza di Spagna.

Eine Fülle von Marmor- und Bronzeskulpturen, vor allem an und auf den Brüstungen, auf Giebeln und Architraven – ergänzt durch eine Reihe von Brunnen –, verteilt sich über die Anlage. Sie nehmen Bezug auf die Größe Roms, König und Vaterland, Kampf und Sieg und stehen damit in der Tradition des europäischen Nationaldenkmals des 19. Jahrhunderts in Paris, London, Brüssel, Wien und auch Berlin.

Das Monument stellt nicht nur vom Baumaterial her vielerlei Bezüge zum Römischen Reich der Kaiserzeit her. Die Architektursprache der griechischen und römischen Antike wird – in grandioser eklektischer Mischung – nicht nur formal, sondern auch von Anspruch und Bedeutung her eingesetzt. Es ist kein Zufall, daß Italien im Jahr der Einigung kurz vor dem Ersten Weltkrieg und zeitlich sogar noch nach dem Deutschen Reich, der verspäteten europäischen Kolonialmacht, damit begann, seine Träume von einer renovatio imperii zu verwirklichen, indem es die Eroberung Libyens als Teil des schon geschwächten Osmanischen Reiches begann.

Dem Monument von allen römischen Denkmälern letztlich am engsten verwandt ist – wenn man von den Größenunterschieden einmal absieht – die Ara Pacis des Augustus (58), welche die Staatsidee der frühen Kaiserzeit zur bildlichen Anschauung brachte, so wie das Monument für König Viktor Emanuel das Staatsverständnis des geeinten Italien unübersehbar und in Bezugnahme und Rückgriff auf eine über zweitausendjährige Tradition formuliert.

Die Inschriften über den Tempelfronten seitlich des Portikus und links und rechts des Relieffrieses mit der Göttin Roma verdeutlichen den Geist des Denkmals in knappster Form:

PATRIAE UNITATI
CIVIUM LIBERTATI

(Der Einheit des Vaterlandes, / der Freiheit seiner Bürger)

✻

LABORUM OPUS / PATRIAM / SERVAT AUGET
ARMORUM VIS / PATRIAM / TUETUR EXTOLLIT

(Das Werk der Arbeit bewahrt und mehrt das Vaterland. / Die Macht der Waffen schützt und erhebt das Vaterland.)

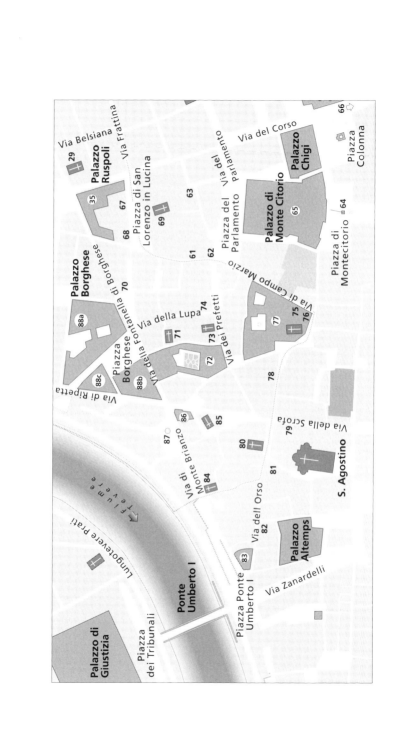

## Vierter Rundgang
## Von der Piazza S. Lorenzo zum Albergo dell'Orso

Von der Casa di Goethe führt dieser Weg den Corso entlang bis zur Piazza S. Lorenzo in Lucina.

In der Mitte des Platzes verläuft in ostwestlicher Richtung die Grenze zwischen dem IV. Rione *Campo Marzio* und dem III. Rione *Colonna*.

An der nördlichen Seite des Platzes steht – seit längerem nicht mehr genutzt – das **Cinema Etoile (67)** (Nr. 38-40), das älteste, in den Jahren 1915 bis 1917 errichtete und rückwärtig an den Garten des Palazzo Ruspoli angrenzende Kino der Stadt. Der Architekt Marcello Piacentini setzte sich vor allem bei der Dekoration der Innenräume mit der avantgardistischen Wiener Architektur der Jahrhundertwende auseinander.

Am Ende des Platzes, rechter Hand, an der Ecke zur Via del Leoncino (Nr. 29), steht ein Haus mit einer schmalen nur dreiachsigen Fassade, das zwischen 1823 und 1825 nach Plänen des Architekten der Piazza del Popolo, Giuseppe Valadier, errichtet wurde. Das halbrunde (sog. Thermen-) Fenster über dem Eingang – ein klassizistisches Architekturmotiv – wurde später vermauert. Rechts schließt (Nr. 31-35) ein stattliches Haus des 18. Jahrhunderts mit sparsamer Rokokodekoration an **(68)**.

Eckhaus Piazza S. Lorenzo in Lucina

### Exkurs III: »Zu den Müttern«

Die südliche Seite des Platzes wird von der breitgelagerten Fassade der Kirche **S. Lorenzo in Lucina (69)**, der ältesten christlichen des nördlichen Marsfeldes überhaupt, beherrscht.

Anfang des 5. Jahrhunderts ließ Papst Sixtus III. (432-440) über dem Haus einer römischen Matrone mit Namen Lucina, das im 3./4. Jahrhundert als christliche Versammlungsstätte diente, eine große Basilika errichten. Die frühchristliche Kirche des 5. Jahrhunderts sah vermutlich ähnlich wie die vom selben Papst erbaute Basilika S. Maria Maggiore aus. Sie wurde 700 Jahre später unter Papst Paschalis II. (1099-1118) erneuert und um die Vorhalle und einen Glockenturm erweitert. Unter der Krypta wurden tatsächlich Reste eines römischen Häuserblocks des 3. Jahrhunderts ergraben (für Besucher sonntags nach der Messe zugänglich). *Tituli* war die Bezeichnung für die privaten Versammlungsräume der Christen, die ersten »Kirchen«; sie wurden später den Kardinälen zur Verwaltung (und Unterhaltung) anvertraut, seit Paul VI. nur mehr als Ehrenamt. Der Häuserblock überbaute an seiner südlichen Ecke wiederum die augusteische Sonnenuhr, von der bereits 1463 beim Bau einer Kapelle (der heutigen Sakristei) Bronzeteile entdeckt wurden. 1596 wurde das Fußbodenniveau der Kirche, die mittlerweile fast zwei Meter unter dem Straßenniveau lag, angehoben und ein neuer Bodenbelag aufgebracht. 1650 war auch die romanische Kirche so baufällig, daß sie nach einem Entwurf von Cosimo Fonsaga umgebaut wurde (Restaurierungen 1857, 1918, 1927-1930).

Die in den 1920er Jahren restaurierte Fassade dürfte heute etwa so aussehen wie zu Beginn des 12. Jahrhunderts. Den geraden Architrav tragen sechs granitene (ungleiche, daher sicher antike) Säulen mit ionischen Kapitellen des Mittelalters. Der mehrteilige Architrav ist aus dem Schaft einer einzigen riesigen antiken Säule aus weißem Marmor von der griechischen Insel Paros gearbeitet. Von den Geschossen des etwas zurückgesetzten Glockenturms sind fünf sichtbar. In das Mauerwerk der drei oberen Geschosse sind runde Scheiben aus dunkelviolettem Porphyr als Schmuckelemente versetzt. Das Portal flankieren zwei mit ihrem Hinterteil in der Wand vermauerte romanische Portallöwen. Rechts und links des Portals sind etliche (mittelalterliche) Inschriften zur Baugeschichte, plastische Fragmente und Grabmäler eingemauert. Von anrührender Intimität rechts außen das Grabmal von der Hand des Thorvaldsen-Schülers Pietro Tenerani von 1822/25 für die jung verstorbene Celia Severini. Als Symbol der Keuschheit und Treue ist neben dem Mädchen auch ein kleiner Hund zu sehen, der es freudig anspringt – ein Stück Lebensnähe angesichts des Todes.

Der einschiffige Innenraum mit seiner reich vergoldeten Kassettendecke (in den Kassetten das Wappen Papst Pius' IX. (1846-

1878)) wird rechts und links von Kapellen begleitet. Beim Umbau von 1650 wurden die antiken Säulen rechteckig ummantelt, die durchgehenden Seitenschiffe zu geschlossenen Kapellen reduziert.

Vor dem Pfeiler zwischen der zweiten und dritten Kapelle der rechten Seite steht das Grabmal für den französischen Maler Nicolas Poussin, der 1665 in Rom starb und hier beigesetzt wurde. Das Grabmal entstand erst 1830 auf Veranlassung des französischen Schriftstellers und Politikers François-René Chateaubriand (1768-1848), der seit 1828 französischer Botschafter beim Heiligen Stuhl war. Den Entwurf für das Grabmal in Form einer schlichten Stele mit antikisierenden Schmuckformen lieferte der Architekt Louis Vaudoyer, die Büste nach einem Selbstporträt des Künstlers arbeitete der Bildhauer Paul Lemoyne. Unterhalb der Büste ist in einem eingetieften Feld ein zartes Marmorrelief von der Hand Louis Deprez' mit einer Inschrift in französischer Sprache angebracht:

S. Lorenzo in Lucina, Portallöwe

F. A. DE CHATEAUBRIAND
FÜR
NICOLAS POUSSIN
ZUM RUHM DER KÜNSTE
UND ZUR EHRE FRANKREICHS

✻

NICOLAS POUSSIN
GEBOREN ZU ANDELYS 1594
GESTORBEN ZU ROM 1665
UND IN DIESER KIRCHE BESTATTET

Das Relief wiederholt die Figurengruppe eines berühmten Gemäldes Poussins *Et in Arcadia ego*, das um 1640/45 in Rom entstanden ist und sich heute im Musée du Louvre in Paris befindet. Es handelt

S. Lorenzo in Lucina, Detail vom Grabmal Nicolas Poussins

sich um ein Schlüsselwerk der europäischen Malerei des 17. Jahrhunderts, das nicht zuletzt auch Goethe 1816 sein programmatisches Motto für die Erstausgabe der *Italiänischen Reise* lieferte.

Drei Hirten beugen sich über die Reste eines antiken Grabes, der eine deutet auf die kurze Inschrift, die dem Bild seinen Titel gab. »Arkadien« war eine kulturelle Leitidee des 17. und 18. Jahrhunderts, arkadische Motive drangen in die Lebenswelt dieser Zeit, in die Innenausstattung adliger Wohnsitze, aber auch in die bildende Kunst und Gartengestaltung ein. Arkadien ist seit den Hirtengedichten des römischen Dichters Vergil eine ort- und zeitlose Landschaft der Hirten und ihres Gottes Pan, welche vor allem die Liebe besingen und beklagen. Poussin, Schöpfer und Vollender des Bildtyps der sogenannten »Heroischen Landschaft«, malte dieses Arkadien und ließ sich hierzu von Rom und der Landschaft der römischen Campagna inspirieren. In Rom gab es eine »Academia degli Arcadi«, in die Goethe 1787 aufgenommen wurde und deren Mitglieder sich in freier Natur zur Rezitation und zum literarischen Gespräch trafen.

> Der 1594 geborene Maler **Nicolas Poussin** ging im Alter von 30 Jahren nach Rom, wo er 1665 starb. Seine Bilder umfassen Themen der antiken Geschichte und Mythologie und mediterrane Landschaften, welche die Natur idealisieren und ins Erhabene steigern. Seine von Maß und Ordnung geprägten, ganz unbarocken Darstellungen – vor allem die Landschaften – sind Meisterwerke des französischen Klassizismus der Epoche Ludwigs XIV.

Die Ausstattung der 4. Kapelle ist ein barockes Gesamtkunstwerk und wurde von 1660 bis 1664 nach Entwürfen des Universalkünstlers Gianlorenzo Bernini gearbeitet. Beiderseits der Durchgänge zu den Nachbarkapellen befinden sich Nischen für Büsten von in dieser Kapelle Bestatteten. Die Büste links hinten ist eine eigenhändige Arbeit Berninis, während die der rechten beiden Nischen von Mitarbeitern seiner Werkstatt stammen (die vierte aus dem 19. Jahrhundert). Die Datierung der Bernini-Büste ist in der Forschung umstritten (zwischen 1661 und 1670). Der Portugiese Gabriele Fonseca († 1668) war Leibarzt von Papst Innozenz X. Pamphili (1644-1655) und stiftete die Ausstattung der Kapelle.

1598 in Neapel geboren, zeigte sich die bildhauerische Begabung **Gianlorenzo Berninis** schon in jungen Jahren in der Werkstatt des Vaters Pietro. Kardinal Scipione Borghese entdeckte und förderte ihn; für dessen Park bei der Porta Pinciana schuf er zwischen 1618 und 1625 vier Figurengruppen, unter anderem *Apoll und Daphne* (heute in der Villa Borghese). Rasch hatte Berninis Name einen solchen Klang, daß er päpstliche Aufträge erhielt. Vor allem Urban VIII. betraute ihn mit ehrenvollen Projekten, so mit dem Umbau des Familienpalastes der Barberini (1625/30) und mit den beiden wichtigsten Ausstattungsstücken der neuen Peterskirche, dem Bronzebaldachin über dem Petrusgrab (1624-1633) und dem Bischofsthron (Kathedra Petri) im Chor (1657-1665). Alexander VII. entschied sich für Berninis Entwurf für die Gestaltung des Platzes vor St. Peter. Von 1657 bis 1667 entstanden die Kolonnaden. Mit dem Vierströmebrunnen auf der Piazza Navona setzte er einen weiteren städtebaulichen Akzent (1647-1652). Bernini ist der wichtigste Schöpfer des barocken Stadtbildes Roms.

Zahlreiche Mächtige der Zeit bestellten Bildnisbüsten oder Grabmäler bei ihm. Sein Ruhm erreichte auch den französischen Hof. 1665 reiste er nach Paris und porträtierte dort König Ludwig XIV. Berninis Reiterstatue fand jedoch ebensowenig Anklang wie seine Entwürfe für die Ostfassade des Louvre-Schlosses. Mit der *Versuchung der hl. Therese* in S. Maria della Vittoria (1645/52) und dem Grabmal der sel. Ludovica Albertoni (1675/76) stellte Bernini seine Kunst in den Dienst der Gegenreformation. Sein Rang als bedeutendster Bildhauer des Barock beruht auf der »unklassischen« Vielansichtigkeit und Bewegtheit seiner Figuren, die Kraft ausstrahlen und Emotionen auslösen und so den Betrachter nicht durch »edle Einfalt, stille Größe«, sondern Rausch und Ekstase ergreifen und bewegen.

S. Lorenzo in Lucina, Capella Fonseca

S. Lorenzo in Lucina, Grabmal Gabriele Fonseca von G. Bernini

Bernini verleiht der Figur äußerste Lebendigkeit, indem er sie auf die Darstellung der Verkündigung im Altargemälde (Kopie eines Gemäldes von Guido Reni) bezieht. Bernini zeigt den Arzt aufs äußerste ergriffen von der Verkündigung der Geburt Christi an Maria, und zwar in einer Intensität, die keinen Zweifel läßt an der Wirklichkeit des Geschehens. Die Welt des christlichen Glaubens ist ein theatrum sacrum, das sich in dieser kleinen Kapelle abspielt. Der Altar ist die Bühne, und in einer der vier Logen sitzt Gabriele Fonseca, beobachtet das Geschehen sichtlich bewegt und wird der himmlischen Wahrheit teilhaftig.

Der Hochaltar von Carlo Rainaldi rahmt ein Meisterwerk barocker Malerei von Guido Reni, das den gekreuzigten Christus zeigt. Seitlich des Hochaltars zeigen je zwei Stuckreliefs Szenen aus dem Leben des Titelheiligen der Kirche: *Lucina läßt die Leiche des hl. Laurentius bestatten* (rechts unten); *Lucina und der hl. Sebastian* (rechts oben); *Laurentius zeigt die Werke der katholischen Kirche* (links unten); *Laurentius vollbringt ein Heilungswunder* (links oben).

Der Bischofsstuhl für den Kardinal, dem diese Kirche jeweils als Titelkirche zur Verwaltung zugewiesen war – leider hinter dem barocken Hochaltar nur schwer zugänglich –, wurde 1112 aus antiken Marmorfragmenten zusammengesetzt. Eine Kreisscheibe mit lateinischer Widmungsinschrift des Papstes Paschalis II. bedeckt die gesamte Rückenlehne.

Die fünfte Kapelle der linken Seite gehörte der Familie Ruspoli, deren Palast schräg gegenüber der Kirche liegt (35). Dem hl. Franz von Assisi geweiht, zeigen die beiden seitlichen Gemälde von Simon Vouet Szenen aus dessen Leben.

\* \* \*

Man verläßt den Platz nun an seiner westlichen Seite durch die Via del Leone. An der Ecke zum Largo della Fontanella Borghese ist rechter Hand eine kleine **Marmortafel** von 1764 mit einer kommunalen Anordnung zur Reinhaltung der öffentlichen Straßen und Plätze angebracht (70).

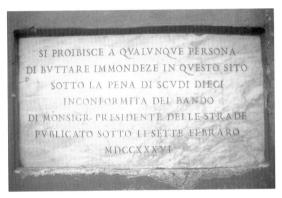

Marmortafel in der Via del Leone

ES IST JEDERMANN VERBOTEN
HIER DRECK HINZUWERFEN
BEI EINER STRAFE VON 10 SCUDI
IN ÜBEREINSTIMMUNG MIT DER BEKANNTMACHUNG
DES HERRN PRÄSIDENTEN DES STRASSENWESENS
VERÖFFENTLICHT UNTER DEM 7. FEBRUAR 1736

Nach links biegt man in den Vicolo della Toretta und geht wenige Schritte bis zur kleinen Piazzetta della Toretta, die beide ihren Namen einem 1834 abgebrochenen mittelalterlichen Geschlechterturm verdanken, wie er sich etwa in der Nähe, in der Via Planellari (Nr. 81), erhalten hat. Hier beginnt der mittelalterliche

SS. Biagio e Maria, Glockenturm

Teil des Campo Marzio, was schon ein Blick auf den Stadtplan mit seinen hier engen und verwinkelten Gassen und Gäßchen zeigt.

An der Einmündung des Vicolo in den Platz ist eine Marmortafel von 1736 in die Hausmauer eingelassen, wiederum mit einem Erlaß zur Straßenreinhaltung (vgl. (70)).

Weiter geht es nach rechts in die Via della Toretta, einige Schritte nach links in die Via della Lupa und dann nach rechts durch den Vicolo di S. Biagio. Am Ende dieses mittelalterlichen Gäßchens versteckt sich linker Hand die Kirche **SS. Biagio e Maria del Divino Amore** oder auch **Madonna del Divino Amore (71)**. Ursprünglich als kleine romanische Kirche wahrscheinlich 1131 geweiht, wurde sie 1525 der Vereinigung der Tapezierer (»materassari«), Baumwollhändler und Trödler zugewiesen, die sie dem hl. Blasius (Biagio) weihten. Von 1729 bis 1731 wurde nach Plänen Filippo Raguzzinis, des Schöpfers des schönsten der kleinen Plätze Roms vor S. Ignazio, ein Neubau aufgeführt. 1802 übernahm die Bruderschaft »del Divino Amore« die Kirche. Vom romanischen Bau hat sich der die umgebenden Häuser kaum überragende Campanile erhalten. Der Überlieferung nach soll sich an dieser Stelle das Vaterhaus der hl. Cäcilie befunden haben. In der Sakristei der sehr schlichten einschiffigen Barockkirche steht ein alter Gedenkstein mit der lateinischen Inschrift (übersetzt: »Dies ist das Haus, in welchem die hl. Cäcilie gebetet hat«) und einer eingeritzten tragbaren Orgel, einem sogenannten Portativ.

Die Kirche verlassend, geht es nun nach links durch den Vicolo del Divino Amore bis zur Via dei Prefetti, die rechter Hand auf die Piazza Firenze führt.

Keilstein in der Via della Lupa

Der **Palazzo di Firenze (72)** trägt seinen Namen nach seinen bedeutendsten Besitzern, den Herzögen von Toskana. Der älteste Teil wurde 1515/16 für den päpstlichen Sekretär Giacomo Cardelli errichtet. Seit 1928 ist der Palazzo Sitz der ehrwürdigen Dante-Alighieri-Gesellschaft.

1550 erwarb Papst Julius III. Del Monte den Palast und übergab ihn seinem Bruder. Ab 1552 wurde das Anwesen dann von Bartolomeo Ammanati gründlich umgebaut und um einen großen Flügel zwischen Vicolo del Divino Amore, Via Metastasio und Via del Clementino erweitert. Die Del Montes verkauften den Palast 1561 an Großherzog Cosimo I. in Florenz. Den Medici folgten auf dem Erbwege 1737 die Habsburger, die den Palazzo zum Sitz ihres Gesandten beim Kirchenstaat machten. 1867 fiel er durch Enteignung an den italienischen Staat, der ihn 1870 zum Sitz des neu gegründeten Justizministeriums (Ministero di Grazia e Giustizia) machte.

Nach links geht es durch die Via dei Prefetti in Richtung Piazza del Parlamento. In der **Via dei Prefetti** befand sich im Mittelalter der namengebende Palazzo der Familie De Vico, die über Generationen das Amt des städtischen Präfekten innehatte. Auf der linken Seite folgt das Kirchlein **S. Nicola di Bari ai Prefetti (73)**,

> Die **Società Dante Alighieri** wurde 1889 gegründet. Hauptaufgabe ist die Pflege und Verbreitung der italienischen Sprache und Kultur. Sie arbeitet weltweit und veranstaltet vor allem Sprach- sowie literatur- und kunstgeschichtliche Kurse.

ein Bau des frühen 18. Jahrhunderts. Das Medaillon an der Fassade zeigt den hl. Papst Pius V., der 1567 die Kirche den Dominikanern von S. Sabina auf dem Aventin übergab. Der Namenspatron der Kirche, der heilige Nikolaus, wird vor allem in Süditalien verehrt, wo seine Gebeine in der ihm errichteten romanischen Basilika im apulischen Bari ruhen.

Wenige Schritte weiter mündet die **Via della Lupa**. Die römische Wölfin (*lupa*) findet sich, verwittert und beschädigt, im **Keilstein** der Portalrahmung des Eingangs Nr. 16 **(74)**. Zurück in die Via dei Prefetti, geht es rechter Hand in eines der kleinsten, nur knapp drei Meter breiten Gäßchen des mittelalterlichen Rom, den **Vicolo Rosini**, dessen Name aus der Verballhornung des Namens der Adelsfamilie Orsini entstanden ist, die hier ein Haus hatte.

Von dort führt der Weg nach rechts in die Via di Campo Marzio. An deren Ende auf der rechten Seite (Nr. 1 B) erinnert eine **Gedenktafel** an **Giuseppe Verdi (75)**, der im Winter 1858/59 hier wohnte.

Verdi nahm am 17. Februar 1859 an der Uraufführung seiner Oper »Ein Maskenball« teil, nachdem er während des ganzen Jahres 1858 auf Wunsch der piemontesischen Zensurbehörden Änderungen am Textbuch vorgenommen hatte. Die Handlung verschleierte nur notdürftig die historische Begebenheit der Ermordung König Gustavs III. von Schweden, der 1792 einer Adelsverschwörung zum Opfer gefallen war, und bedeutete in der Endphase der italienischen Kleinstaaterei eine Provokation der italienischen Fürsten, die angesichts der nationalstaatlichen Stimmung zwischen Alpen und Sizilien ohnehin um Throne und Privilegien fürchteten.

Die Inschrift lautet übersetzt: »In diesem Hause lebte Giuseppe Verdi im Winter 1859, als zum ersten Mal die Bühnen Roms die Melodien des ›Maskenballs‹ vernahmen; derweil die Stimmen des Volkes von den Alpen bis zu den beiden Meeren (Anm.: dem Adriatischen und dem Tyrrhenischen Meer), indem sie seinen Namen zu seinem Ruhme ausriefen, den neuen Hoffnungen Italiens Ausdruck gaben und auf den Befreierkönig verwiesen (Anm.: Viktor Emanuel II., König von Piemont-Sardinien 1849-1861, König von Italien 1861-1878, siehe auch **(66)**)«.

Die Via di Campo Marzio mündet in die **Via degli Uffici del Vicario**, in der im Mittelalter die Behörde des bischöflichen Vikars (des Stellvertreters des Papstes als Bischof von Rom) ihren Sitz hatte. An der Straßenecke ein aufwendig barock gerahmtes **Madonnenbild (76)**.

Geht man die Straße wenige Schritte nach rechts, so sieht man gegenüber der Einmündung der Via Maddalena auf die Chorwand einer Kirche, in die eine Marmortafel eingelassen ist, welche die Grenze des IV. Stadtbezirkes markiert und dessen Wappen zeigt. Sie gehört zu den 244 Tafeln, die Benedikt XIV. nach der Verwaltungsneuordnung der Stadt von 1744 anbringen ließ.

Marmorplakette »Rione IV« an S. Maria in Campo Marzio

Wenige Schritte weiter erreicht man die Piazza di Campo Marzio, deren östliche Begrenzung Kirche und Kloster **S. Maria in Campo Marzio (77)** bilden.

Die Geschichte des Klosters beginnt Mitte des 8. Jahrhunderts mit der Ansiedlung von Nonnen aus Konstantinopel auf dem nördlichen Marsfeld, die vor dem Bildersturm nach Rom geflüchtet waren. Im Gepäck hatten sie kostbare Reliquien, unter anderem die Gebeine des hl. Gregor von Nazianz, dem die erste, 1061 erneuerte Klosterkirche geweiht wurde. 937 wurde das Kloster als eines von Benediktinerinnen erstmals urkundlich erwähnt. Der Grundbesitz des Klosters, das 1194 unter päpstlichen Schutz gestellt wurde, war im Mittelalter sehr umfangreich. Unter der Äbtissin Maria de Palosiis wurde 1520 der noch bestehende Kreuzgang, zwischen 1563 und 1580 eine erste einfache Kirche (anstelle der heutigen) außerhalb des Klosters errichtet. Die Zerstörungen durch die Tiberüberschwemmung von 1598 **(47)** waren so erheblich, daß die Kirche auf Jahre nicht benutzbar war. 1682 wurde mit dem Bau einer neuen, repräsentativeren Kirche begonnen, die Weihe war schon 1685. Die französischen Besatzer profanierten die Kirche 1811 und richteten sie als Lotteriebüro ein. Nach dem französischen Zwischenspiel wurde sie 1814 restauriert und erneut geweiht. Die italienische Einigung führte zur erneuten Enteignung des Klosters durch den neuen Staat und zur Nutzung als Depot des Staatsarchivs. Der Klosterbetrieb ging jedoch weiter. 1920 übergab Papst Benedikt XV. die Kirche dem Patriarchen von Antiochia, dem Oberhaupt der mit Rom verbundenen syrisch-antiochenischen Kirche. Als deren Patriarch 1936 zum Kardinal erhoben wurde, trat die italienische Regierung einen Flügel des Klosters als Residenz ab. Seit 1973 wird der staatliche Teil der Klostergebäude vom Abgeordnetenhaus des Parlamentes genutzt. Eine Restaurierung erfolgte 1975-1983.

Der gesamte Klosterkomplex, einschließlich der alten Klosterkirche S. Gregorio Nazanzieno, ist nicht zugänglich.

Die barocke Klosterkirche S. Maria ist ein Zentralbau über dem Grundriß eines griechischen Kreuzes mit einer Kuppel über der Vierung. Die Fresken in der Apsis (um 1700) zeigen die Maria der unbefleckten Empfängnis und zwei Propheten. Über dem Hochaltar mit seinem silbergetriebenen Vorsatz umrahmen Wolken und Strahlen aus Stuck ein hochverehrtes Marienbild, eine Ikone der Zeit um 1200, die Madonna Avvocata, wahrscheinlich das Fragment eines Verkündigungs- oder Kreuzigungsbildes, von dem nur die Figur der Maria erhalten blieb. Die Verehrung dieser Ikone nahm erheblich zu, nachdem sie 1525 beim Brand der alten Kirche auf wunderbare Weise gerettet worden war. Beim Ausbruch des Feuers, so die Legende, schwamm das Bild auf dem Wasserspiegel des Brunnens im Kreuzgang und wurde so vor den Flammen gerettet.

In der Fassade des Hauses Piazza Campo Marzio Nr. 6 wurden bei einer Restaurierung antike Säulen freigelegt, die als Spolien im Mittelalter wiederverwendet wurden.

Weiter westwärts führt der Weg durch die Via della Stelletta, deren südliche Bebauung schon zum Rione VIII *S. Eustachio* gehört. Linker Hand erinnert am Haus Nr. 20 eine Gedenktafel an Domenico Jaforte, der am 24. März 1944 zusammen mit 334 anderen italienischen Geiseln in den Fosse Ardeatine, Tuffsteinhöhlen südlich der Porta San Sebastiano in der Nähe der Kallixtus-Katakombe, von deutschen Soldaten erschossen wurde.

Zwei anderen Opfern deutschen Terrors setzten die Bewohner des Viertels ein **Denkmal** am Haus Nr. 8 (rechte Straßenseite) (**78**):

Vicini del lavoro
compagni nel martiro
Antonio Giustiniani
Rosario Petrelli
Fosse Ardeatine 24.3.44
gli abitanti del rione
a perenne ricordo posero

(Nachbarn bei der Arbeit / Gefährten im Martyrium / Antonio Giustiniani / Rosario Petrelli / Fosse Ardeatine 24.3.44 / Die Bewohner des Viertels / zum ewigen Gedächtnis)

Nach links geht es wenige Meter in die Via della Scrofa. Hier befindet sich an der Fassade des Eckgebäudes, des Konventes der Augustiner, in Kniehöhe, das verwitterte **Relief einer Sau** (ital. »Scrofa«) **(79)**, die man mehr ahnen als erkennen kann. Es handelt sich um den Rest eines Brunnens, der namengebend für die Straße wurde. Das Schwein taucht schon in der antiken römischen Mythologie im Zusammenhang mit kultischen Opfer- und Reinigungszeremonien auf.

Das ursprünglich an der Straßenkreuzung befindliche Brunnenbecken wurde bereits 1874 abgebrochen, das Relief hierher versetzt.

Rest des Scrofa- Brunnens in der Via della Scrofa

Zurück und links in die Via dei Portoghesi. Rechter Hand, der Hauptfassade des Augustinerkonventes gegenüber, liegt die Nationalkirche der Portugiesen **S. Antonio dei Portoghesi (80)** mit ihrer plastisch bewegten barocken Fassade. Ein erster Kirchenbau entstand im 12. Jahrhundert, im 14. und 15. Jahrhundert kamen zwei portugiesische Spitäler hinzu.

In den **Ardeatinischen Höhlen** am südlichen Stadtrand von Rom (in der Nähe der Kallixtus-Katakomben) wurden am 24. März 1944 auf persönlichen Befehl Hitlers 335 römische Zivilisten von Angehörigen der SS erschossen. Dieses Massaker war die Antwort auf einen Bombenanschlag italienischer Widerstandskämpfer vom Vortag, bei dem 33 Soldaten aus Südtirol ums Leben kamen. 1948 wurde der SS-Obersturmbannführer Kappler verurteilt. In den Jahren 1996 bis 1998 kam es zu neuen Prozessen in Rom gegen die beteiligten SS-Offiziere Erich Priebke und Karl Hass.

Vor 1638 wurde mit einem barocken Neubau nach Plänen Martino Longhis d.J. begonnen. Die Mittel flossen spärlich, so daß der Bau erst um 1695 mit der Fassade vollendet werden konnte. Die Ausstattung des Innenraumes zog sich sogar noch bis ins 18. Jahrhundert hin.

S. Antonio dei Portoghesi, Fassade, Zeichnung des 18. Jahrhunderts

Die zweigeschossige Fassade versucht durch überbordende barocke Dekoration Wirkung zu entfalten und ist wegen der Enge der Gasse auf Schrägsicht berechnet. Weit kragt das mittlere Gesims vor; die Voluten, die im Obergeschoß den Mittelteil stützen, enden in Atlanten. Auf den Kreissegmenten des bekrönenden Sprenggiebels recken sich Posaunenengel gen Himmel. Der einschiffige Innenraum hat einen kreuzförmigen Grundriß, wobei die Arme des Querschiffes nicht wesentlich tiefer sind als die je drei Kapellen, die das Langhaus seitlich begleiten. Der reiche Goldstuck, der die Kuppel, die Gewölbe und Wände überzieht, stammt nur teilweise aus dem 18. Jahrhundert. Auch das Deckenfresko des Langhauses wurde erneuert. Der Fußbodenbelag mußte 1890 neu verlegt werden, nachdem das Wasser des Tiber 2 Meter hoch in der Kirche gestanden hatte.

In der ersten rechten Kapelle steht das Grabmal für den königlich portugiesischen Gesandten in Dänemark, Preußen und zuletzt beim Heiligen Stuhl, Alessandro Manuel de Souza-Holstein († 1803). Es ist einer attischen Stele der klassischen Zeit nachempfunden und 1808 von Antonio Canova (vgl. (**21**)) gearbeitet worden. Um 1690 entstand der aufwendige, von Christoph Schor aus verschiedenfarbigem Marmor komponierte Hochaltar. Das Altargemälde von Giovanni Calandrucci zeigt den Nationalheiligen Portugals, den hl. Antonius von Padua, dem Maria mit dem Kind erscheint. In der Kirche befinden sich zahlreiche Grabmäler von in Rom verstorbenen Portugiesen.

Gegenüber der Kirche zweigt die Via dei Pienellari ab. Im spitzen Winkel der beiden Straßen erhebt sich, schon im V. Bezirk Ponte gelegen, der **Palazzo Scapucci (81)**. Der Torre della Scimmia (»Affenturm«) ist eines der wenigen wohlerhaltenen Beispiele eines Geschlechterturmes in der Stadt.

Der Name geht zurück auf eine hübsche Geschichte, die der amerikanische Schriftsteller Nathaniel Hawthorne überliefert: Ein Affe lebte einst im Palazzo. Eines Tages nahm er den neugeborenen Sohn des Hausherrn aus seinem Bettchen und schleppte ihn auf die Spitze des Turmes. Das Weinen des Kindes ließ viele Leute zusammenlaufen, aber niemand traute sich einzugreifen, aus Angst, der Affe würde das Kind in die Tiefe fallen lassen. Der Vater aber betete zur Gottesmutter und pfiff wie gewöhnlich nach dem Tier, das sich daraufhin mit dem Kind herunterließ und es unversehrt ins Haus zurückbrachte. Seither brennt vor der Statue der Gottesmutter auf der Turmspitze ein ewiges Licht.

Weiter geht es durch di **Via dell'Orso**, eine der wichtigsten mittelalterlichen Verkehrsadern der Stadt, welche die Tiberbrücke bei der Engelsburg mit dem Corso verband. An der Via del Cancello endet der Rione Campo Marzio.

## Exkurs IV: Einladung ins Mittelalter

Der Weg führt nun durch die Via dell'Orso. Linker Hand bei Nr. 87 ist das Fragment eines **antiken Reliefs (82)** mit einem Löwenkopf in die Wand eingelassen, Bruchstück einer Sarkophagwanne.

Das letzte Gebäude der Straße auf der rechten Seite ist der berühmte **Albergo dell'Orso (83)**, in welchem Goethe seine erste Nacht in Rom verbrachte, bevor er zu Tischbein an den Corso zog. Es gibt nicht mehr viele Wohnhäuser aus dem 15. Jahrhundert in der Stadt, so daß sich eine nähere Betrachtung lohnt.

Löwenfragment Via dell'Orso 87

Wir übernachteten im Bären, in dem wir auch den nächsten Tag noch blieben. Am zweiten Tag im Dezember mieteten wir Zimmer bei einem Spanier, gegenüber von Santa Lucia della Tinta.

*Michel de Montaigne am 2. Dezember 1580,*
*Tagebuch einer Reise durch Italien, die Schweiz und*
*Deutschland in den Jahren 1580 und 1581*

Die Reise als Selbstzweck im allgemeinen, die **Italien- und Romreise** im besonderen als Teil eines bestimmten Bildungsideals und des Lebensgenusses, entstand als kulturelles Phänomen in der Reformationszeit, also um 1500. Damals kamen die ersten Reisenden nicht mehr nur als Pilger an die heiligen Stätten der Christenheit, sondern um die bedeutendste Stadt des christlichen Abendlandes zu erleben und zu besichtigen. Rom wurde für drei Jahrhunderte der kulturelle Mittelpunkt Europas und eigentlich erst von Paris als der »Hauptstadt des 19. Jahrhunderts« abgelöst. Das seit dem 16. Jahrhundert sich entwickelnde Viertel zwischen Porta del Popolo, Spanischem Platz und Corso wurde bis zum Ende des 19. Jahrhunderts zu *dem* Fremdenviertel der Stadt. Zahlreiche Gasthäuser wurden von »Immigranten« für Gäste aus ihren Heimatländern betrieben.

Die Gasthäuser, zumal die einfacheren, darf man sich nicht wie Hotels oder Pensionen heutiger Art vorstellen. Die hygienischen Verhältnisse, die Sauberkeit und die Verköstigung der Reisenden waren selbst in vielbesuchten Städten oft unzureichend. Ungeziefer wie Läuse und Wanzen, aber auch Kleinnager waren die Regel, sauberes Bettzeug und Bettwäsche keine Selbstverständlichkeit, und auch Zimmertoiletten gab es noch nicht. Noch Goethe überliefert die kleine Episode, in welcher der Wirt des Gasthauses in Torbole, ganz zu Beginn seiner Italienreise, ihm den ganzen Hof – »da per tutto, dove vuol« – für seine Notdurft offeriert. Besser stand sich – auch in Rom – nur derjenige, der dank Stand und Geburt oder Vermögen und Beziehungen als Gast einer hochgestellten Familie in deren Palazzo unterkam.

Erst das Aufkommen organisierter Reisen in Verbindung mit dem neuen Massenverkehrsmittel Eisenbahn und die technischen Neuerungen der zweiten Hälfte des 19. Jahrhunderts wie vor allem Strom und fließendes Wasser führten zu Verhältnissen im Beherbergungswesen, die heutigen Vorstellungen entsprechen.

Das Haus ist kein einheitlicher Bau, sondern ein Gefüge aus ursprünglichen Teilen, durch Umbauten und Erweiterungen allmählich zusammengewachsen wie so vieles in Rom. Der ältere Teil, etwa von 1440, hat seine Fassade mit kleiner Loggia und reicher Terrakottadekoration zur Via dell'Orso. Die Fassade zur Via dei Soldati, wo Via di Monte Brianzo und Via dell' Orso zusammenlaufen, ist jünger und durch spätere Eingriffe stark entstellt.

Albergo dell'Orso, Fassade Via dei Soldati, Zustand im 15. Jahrhundert (nach W. Koch)

Um 1500 wird das Haus, das an der wichtigsten Durchgangsstraße von der Porta del Popolo zum Vatikan und St. Peter lag, als Herberge eingerichtet worden sein. 1517 wird es in dieser Funktion erstmals erwähnt. Berühmter Gast war 1570 der französische adlige Schriftsteller Michel de Montaigne. Es muß sich also um ein Haus für gehobene Ansprüche gehandelt haben. Bis Ende des 19. Jahrhunderts wurde die Herberge betrieben, am Ende allerdings – bedingt auch durch die bauliche Veränderung der Umgebung und den Bau der Uferbefestigungen – zur Absteige für Fuhrleute und Kutscher heruntergekommen. 1937 wurde das Gebäude von der Stadt restauriert. Die Räume des piano nobile dienen seither einem Luxusrestaurant als stilvolles Ambiente.

In der Mauer, welche die Via di Monte Brianzo nördlich begrenzt, befand sich früher ein von der Acqua Vergine gespeister Brunnen mit einer Bärenfigur, dem Wappen der altadligen Familie Orsini, die in der Nähe, an der Piazza Nicosia, einen Palast besaß. Weiter geht es entlang der Via di Monte Brianzo. Rechter Hand öffnet sich der schmale **Vicolo del Leuto** mit einem Stützbogen. Es folgt, ebenfalls auf der rechten Seite, die Via del Cancello. An der Einmündung ist die Fassade des aufgelassenen Kirchleins **S. Lucia della Tinta (84)** erhalten, die ihren Beinamen von den Färbern (tintori) hatte, die seit alters her hier in Flußnähe ansässig waren. 1628 übernahmen die Borghese, deren Palast im Pfarrsprengel lag, das Patronat der Kirche und erneuerten die romanische Kirche von 1278. 1825 wurde die kleine Pfarrei aufgehoben.

Die nördliche Häuserzeile der Straße fiel dem Bau der Uferstraße zum Opfer. Hier gab es vor 1890 einige Häuser mit bemalten Fassaden, wie sie damals in Rom häufig zu finden waren. Heute gibt es nur noch sehr wenige Beispiele derartiger Dekorationskunst in der Stadt.

\* \* \*

Biegt man in die Via del Cancello und gleich wieder links in den Vicolo del Leonetto, ist man wieder im Rione Campo Marzio und hat linker Hand die romanische Apsis von S. Lucia vor sich. Wo der Vicolo abknickt, öffnet sich links ein kleiner Durchgang zur Via di Monte Brianzo; rechts führt der Vicolo weiter bis zur Einmündung in den Vicolo della Campana. Gegenüber steht die Kirche **S. Ivo dei Bretoni (85)**, seit 1455 die Nationalkirche der Bretonen und deren Landespatron geweiht. An gleicher Stelle befand sich wohl schon in frühchristlicher Zeit eine Kirche. 1885 wurde die Renaissancekirche abgetragen und durch einen Neubau ersetzt, dessen Formen sich an bedeutende Architekten der Hochrenaissance wie Leon Battista Alberti und Donato Bramante orientieren. Im schlichten, einschiffigen Innenraum sind Bauteile der alten Kirche (Kapitelle, Cosmatenfußboden) wiederverwendet.

Von S. Ivo einige Schritte auf dem Vicolo della Campana nach Norden, dann nach rechts in die Gasse gleichen Namens, die zur Piazza Cardelli führt.

Linker Hand, an der Ecke zur Via di Monte Brianzo steht der **Palazzo Aragonia-Gonzaga-Negroni-Galitzin (86)**.

Im Laufe der Jahrhunderte war dieser Renaissancepalast unter anderem im Besitz der Familien der Fürsten von Aragon, der Gonzaga aus Mantua (1591-1642) und der Negroni. 1849 ging die Liegenschaft nach einem Katastereintrag auf den Fürsten Theodor, vormals Alexander Galitzin über, der aber bereits 1848 verstorben war, von diesem auf seinen Sohn Michail Galitzin aus St. Petersburg, 1872 auf den Enkel Sergius.

Seitlich des Portals erinnert eine Marmortafel von 1991 an den Dichter Torquato Tasso, der von 1587 bis 1590 hier lebte, und an den später heiliggesprochenen Jesuiten Luigi Gonzaga, beide Gäste des Kardinals Scipione Gonzaga im Palazzo.

Nach links wird der Weg in die Via di Monte Brianzo bis zur Piazza Nicosia fortgesetzt, in deren Mitte ein stattlicher **Renaissancebrunnen (87)** steht. Er hat eine bewegte Geschichte, die auf

Palazzo Borghese aus der Vogelperspektive, Stich von Matteo Greuter, 1618

der Piazza del Popolo beginnt, für die er ursprünglich 1572/73 nach Entwürfen von Giacomo della Porta gearbeitet wurde.

Die zur Ergänzung angefertigten Tritonenfiguren wurden an der Fontana del Moro auf der Piazza Navona verwendet. Im Zuge der Neugestaltung der Piazza del Popolo ließ der Architekt Valadier den Brunnen abtragen. 1823 wurde er vor die Kirche S. Pietro in Montorio versetzt, dort um 1940 abgebaut und 1950 am heutigen Standort installiert, nachdem zuvor die Wappenembleme des Papstes Gregor XIII. Boncompagni (1572-1585) durch die der Familie Borghese ersetzt wurden. Original ist nur noch das achteckige Becken, alle anderen Teile wurden im Laufe der Jahrhunderte hinzugefügt oder kopiert.

Die Via di Monte Brianzo führt nun wieder in Richtung Corso. An der nächsten Kreuzung beginnt links die **Via di Ripetta**, eine der Hauptstraßenachsen des Viertels, welche die Piazza del Popolo mit dem Ripetta-Hafen verband und bis ins Herz der mittelalterlichen Stadt in die Nähe des Pantheon und der Piazza Navona weiterführte. In der Ferne erkennt man den Obelisken auf der Piazza del Popolo.

Weiter geht es durch die Via del Clemente bis zur Piazza Borghese. Hier steht der größte Palast des Viertels, der **Palazzo Borghese (88a)**, der schon zu früheren Zeiten seiner äußeren Form wegen als »Cembalo« bezeichnet wurde.

1604 erwarb Camillo Borghese den 1560 begonnenen unfertigen Palast, von dem damals erst die Flügel zum Largo di Fontanella Borghese und zur Via di Monte d'Oro errichtet waren, und schenkte ihn 1605 nach seiner Wahl zum Papst seinen Brüdern Orazio und Francesco. Der Hausarchitekt der Familie, Flaminio Ponzio, erweiterte 1606/07 den Palast an der Piazza Borghese nach Nordwesten und vollendete den Säulenhof. 1612/14 entstand der kleine Kopftrakt zum Tiber hin, die »Tastatur« des Cembalos. Carlo Maderno führte die Arbeiten nach Ponzios Tod 1613 fort. Zwischen 1624 und 1626 entstand gegenüber dem Hauptportal an der Piazza Borghese ein **zweiter Palast (88b)** für das Gefolge der Borgheses, die »famiglia«. Schließlich wurde um 1630 nordwestlich des Platzes noch ein **Erweiterungsgebäude (88c)** errichtet, in dem heute die Fakultät für Ar-

Das Patriziergeschlecht der **Borghese** ist ab 1200 in der Stadtrepublik Siena nachweisbar. Mit Marcantonio Borghese (1504-1574) begann der Aufstieg zu einer der führenden – und das bedeutete im Rom der Neuzeit: »papstfähigen« – Adelsfamilien Roms und Italiens. Marcantonio war als Jurist Botschafter Sienas beim Heiligen Stuhl, führte spektakuläre Prozesse und übernahm wichtige Kurienämter. Bereits mit seinem Sohn Camillo (1552-1621) erreichte die Familie den Zenit ihrer Geschichte. Er schlug die kirchliche Laufbahn ein und stieg Schritt für Schritt in der kurialen Hierarchie empor. 1590 folgte er seinem Bruder im 1588 für die exorbitante Summe von 60 000 Dukaten erworbenen Amt des Kammerauditorars. Im selben Jahr zum Kardinal erhoben, begann er nun die »Sanierungsphase« (V. Reinhardt) der Familie. 1605 wurde er – eher als Kompromißkandidat – nach dem Tode Leos XI. (Medici) vom Konklave zum Papst gewählt. Paul V. regierte den Kirchenstaat und die Stadt Rom umsichtig. In Rom setzte er sich und der Familie Denkmäler durch die Vollendung des Neubaus von St. Peter (Langhaus und Fassade). An S. Maria Maggiore ließ er als Grablege für die Borghese die prunkvolle Capella Paolina errichten. Der üppige Prunk der Kapelle zeigte jene »parvenühaften Merkmale« (Reinhardt), die ihn als den Aufsteiger auswiesen, der er war. Der Nepotismus nahm unter Paul V. nie gekannte Ausmaße an. Vor allem sein Neffe Scipione Cafarelli-Borghese ( 1579-1633) agierte als Vermögensscheffler, der aus zahlreichen Pfründen, vor allem 50 sogenannten Kommendatarabteien, deren Einkünfte ihm direkt zuflossen, ein enormes Vermögen zog. Die jährlichen Einkünfte

chitektur der Universität ihren Sitz hat. Fast dreihundert Jahre lang blieb der Palast im Besitz der Familie, fast immer ein Mittelpunkt des gesellschaftlichen Lebens der Stadt. 1892 mußte die Familie ihn nach dramatischen, durch Bauspekulationen bedingten Vermögensverlusten verkaufen, konnte ihn aber 1911 aus den Erlösen des Verkaufs ihrer Villa bei der Porta Pinciana an den Staat zurückerwerben.

Heute ist der Palast unter anderem Sitz der französisch-italienischen Gesellschaft, eines Jagdclubs und der spanischen Botschaft. Nur die Räume der Botschaft im ersten Obergeschoß können nach vorheriger schriftlicher Anfrage besichtigt werden.

Nach 1670 schuf Carlo Rainaldi den wunderbaren Gartenhof mit dem Bagno di Venere. Rainaldi gestaltete auch die Hauptfassade zur Piazza Borghese und den Balkon des Palastes zum Tiber hin noch einmal um. In den folgenden zwei Jahrhunderten führ-

von um die 200 000 Dukaten wurden später nie wieder von einem einzelnen Geistlichen erreicht und machten seinen Erben Marcantonio zum reichsten Mann Roms. Zur Darstellung der eigenen gesellschaftlichen Führungsposition und der seiner Familie betätigte sich Scipione als Mäzen. Er förderte unter anderem den jungen Bernini, der mehrere Bildnisse von ihm schuf. Sein ehrgeizigstes Kunstprojekt waren die Villa vor der Porta Pinciana sowie eine weitere in Frascati. Im 18. Jahrhundert brachte die Familie zwei weitere Kardinäle hervor, wobei Scipione Borghese (1734-1782) ein für römische Verhältnisse aufgeklärter Kirchenfürst war. Die Borghese gehörten auch zu den Familien der römischen Hocharistokratie, die sich nach 1789 den Ideen der Französischen Revolution öffneten. Camillo Borghese (1775-1832) verband sich eng mit Frankreich und heiratete 1803 Napoléons Schwester Paolina Bonaparte (1780-1825), deren Schönheit Antonia Canova in einer hinreißenden Marmorskulptur, die noch heute in der Villa Borghese zu bewundern ist, festhielt. Nach der Wiederherstellung der alten Ordnung gelang es den Borghese mühelos, sich mit den alten Mächten zu arrangieren und so Vermögen und Rang zu sichern. Nach 1870 konzentrierte sich die Familie auf wirtschaftliche Aktivitäten, verlor dabei allerdings durch gewagte Spekulationen im Zusammenhang des Gründerzeit-Baubooms 1891 einen erheblichen Teil ihres Vermögens, so daß die Villa 1901 an den italienischen Staat verkauft werden mußte. Bibliothek und Familienarchiv gelangten in den Vatikan. Das Wappen der heute noch in einem Teil des Palazzos lebenden Familie zeigt Drachen und Adler.

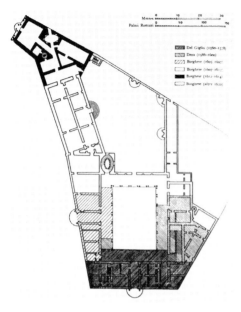

Palazzo Borghese, Grundriß mit den Bauphasen des 17. Jahrhunderts (nach Hibbard 1962)

ten die Borghese in ihrem Palast und der nahe gelegenen Villa vor der Porta Pinciana ein großes Haus; ihre Feste gehörten zu den glanzvollsten der Stadt.

Die Fassade zum Largo Fontanella di Borghese wird Giacomo Barozzi da Vignola zugeschrieben. Sie zeigt eine feine Gliederung der Oberfläche durch die stukkierte Rustikagliederung des Erdgeschosses und der Seiten des Obergeschosses, die Rahmungen der Fenster im ersten Obergeschoß und die Travertingesimse. Über dem säulenflankierten Mittelportal steht das Wappen der Familie del Giglio, die 1560 mit dem Bau des Palastes begann. Die Loggia auf der Hof- (ursprünglich der Garten-)seite dieses ältesten Teils der Anlage bildete den Anfang eines Innenhofes, der erst nach und nach durch Hinzutreten weiterer Loggienflügel entstand.

Schlichter ist die Fassade zur Piazza Borghese hin, die auf monumentale Wirkung, nicht auf das architektonische Detail angelegt ist. Erst die schmale Fassade zum Tiber von Flaminio Ponzio setzt einen bewegteren Akzent. Die zurückspringenden beiden oberen Geschosse hatten ursprünglich offene Arkaden, die in einen über dem vorspringenden Unterbau liegenden Garten führten. Dessen Außenmauer trug einen Balkon, von dem aus man einen Ausblick auf Fluß und Hafen hatte. An der Brüstung des Balkons sind mehrere Reliefplatten mit dem Wappendrachen der Borghese angebracht. Die Säulen mit dem gedeckten Balkon an der Vorderfront setzte erst Rainaldi 1576.

Der vom Largo della Fontanella Borghese her zugängliche Innenhof wird an drei Seiten von doppelgeschossigen offenen Arkaden umgeben. Den Durchgang zum Gartenhof bildet eine ebenfalls zweigeschossige Arkadenstellung. In diesem Hof war ein Teil der berühmten Antikensammlung der Borghese untergebracht, die diese in den ersten beiden Jahrzehnten des 17. Jahrhunderts, vor allem aus den Einnahmen, die der Familie aus dem Pontifikat Pauls V. zuwuchsen, zusammenkauften.

Als der Palast 1892 veräußert werden mußte, verlegte die Familie die in ihrem Eigentum gebliebenen Teile der Kunstsammlungen, insbesondere die Gemälde in die Villa Borghese auf dem Pincio. 1902 mußte auch diese – ebenfalls an den italienischen Staat – verkauft werden, und zwar mit dem größten und bedeutendsten Teil der Sammlungen (etwa den Bernini-Skulpturen und den Bildern von Tizian und Giorgione).

Palazzo Borghese, Wappendrache an einer Brüstung

Was den Borghese verblieben war, wurde nach 1911 wieder im zurückgekauften Palazzo zusammengeführt, den die Familie heute noch bewohnt.

Rechts und links des Durchgangs zum Garten stehen zwei antike Statuen, ein Apollon, dem ein antiker Frauenkopf aufgesetzt wurde (links), und eine Ceres, ebenfalls mit einem ergänzten Frauenkopf, der nicht der ursprüngliche ist.

Der durch den Säulenhof zugängliche Garten selbst wurde in den 70er Jahren des 17. Jahrhunderts von Carlo Rainaldi als Nymphäum angelegt. In die abgewinkelte Außenwand sind drei Nischenbrunnen mit nackten Jünglingen, Putten und reichem Dekor eingelassen, daneben weitere Nischen für Statuen. Die Gartenmauer wurde mit Stuckvasen bekrönt. Zwischen den Beeten waren antike Statuen aufgestellt. Diese – mitten in der Stadt gelegene – Anlage erscheint noch heute als abgeschiedene Idylle einer ländlichen Villa. Sie wurde in den 1990er Jahren vorbildlich restauriert.

Im mittleren Brunnen von Leonardo Retti tummelt sich Diana im Bade. Die Rechnung von 1671 zählt die ausgeführten Arbeiten mit Lust am Detail und sicherlich, um den Auftraggeber zu beeindrucken, im einzelnen auf:

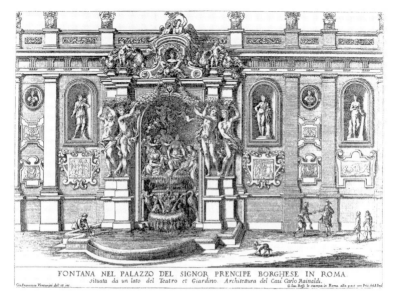

Palazzo Borghese, Diana-Brunnen im Gartenhof, Stich von Giovanni Francesco Venturini, nach 1683

»(...) auf der Spitze des Brunnens verschiedene gemauerte und stukkierte Felsen mit vielen Kräutern, Blumen und Früchten, dazu Körbe, die ebendort angebracht sind und die Figuren umgeben; zwei Girlanden, die Adler und Drachen umschlingen, alles mit großer Mühe hergestellt, dazu Früchte, Zweige, Blumen und Bänder. Im Tympanon bildet das Brunnensims mit verschiedenen Kehlungen und Voluten. In der großen Nische gibt es vielfältige Dekorationen mit Bäumen und Glockenblumen, Rosen, Blumen und Blättern mit Röhricht durchwebt, mit zwei Girlanden, einzelnen Blumen und Blättern, von Putten getragen. Ein Podest, auf welchem die Göttin Diana sitzt und die einzelne Vase, die auf vier Löwenpfoten ruht.« (Guida rionale, Bd. VII, S. 21)

In der Nische des rechten Brunnens thront die Göttin der Blumen, Flora (von Filippo Carcani). Sie verkörpert den Frühling, wie ihn Horaz in seiner vierten Ode beschreibt: »Winterstarre, sie löst sich im lieblichen Lenz und Hauch des Zephyrs (...) Schlingt um das Haupt, das glänzende, sei es grüne Myrte, sei's Blumen, wie befreit die Erde bietet.«

Der linke Brunnen von Francesco Cavallini wird wegen der drei Hauptfiguren, Thalia, Euphrosyne und Aglaia, *Brunnen der drei Grazien* genannt.

Die in den Brunnendekorationen dargestellten Themen folgen dem Bildprogramm, das in der ersten Jahrhunderthälfte vorbildlich in den Villen Borghese und Pamphili verwirklicht worden war; beide waren dem Bauherrn Giovanni Battista Borghese bestens vertraut. Auf die Erneuerung des Geschlechts, eingeleitet durch dessen gerade geschlossene Ehe mit Eleonora Boncompagni, wird im Reinigungsbad der keuschen Göttin angespielt, überhöht von glückverheißenden Tierkreiszeichen und dekoriert mit einer überreichen Natur, die auf den erhofften Nachwuchs deutet. Die Anlage wird durch die von den Grazien (nach Cesare Ripa) verkörperten Tugenden der Freundschaft, Rechtschaffenheit und Lebensfreude gekrönt. Die Brunneszenerie gehört in ihrer virtuosen Verbindung von Architektur, Skulptur und Wasser zu den schönsten und festlichsten Schöpfungen des römischen Hochbarock.

Zurück führt der Weg über die Via della Fontanella Borghese (der namengebende öffentliche Brunnen ist nicht erhalten), vorbei am Palazzo Ruspoli (35) bis zur Via del Corso und zur Casa di Goethe.

*Fünfter Rundgang*
## Rund um die Spanische Treppe und den Spanischen Platz

Von der Casa di Goethe führt der Weg die Via del Babuino entlang bis zur Einmündung in den Spanischen Platz, dann nach links in die Via San Sebastianello. Dort, wo diese am Fuße des Pincio sich um 90 Grad nach links wendet, befindet sich in der Stützmauer eine monumentale Nische, der sogenannte **Nicchione (89)**. Deren heute sichtbare Gestalt stammt vom Architekten Filippo Ragguzini (1728) (vgl. **(71)**). Die namengebende Darstellung des hl. Sebastian an der Nischenrückwand ist längst verschwunden, statt dessen steht ein Sarkophag des frühen 4. Jahrhunderts in der Nische, der 1967 aus den Anlagen auf dem Oppio-Hügel hierhin versetzt wurde.

Nicchione S. Sebastianello

Der Weg folgt nun nicht der Via San Sebastianello den Abhang hinauf, sondern der Treppenrampe rechter Hand, die am Platz vor der Kirche Trinità dei Monti endet. Hier, auf der obersten Terrasse der Spanischen Treppe, markiert ein weiterer **Obelisk (90)** den Endpunkt der Straßenachse Via di Monte Brianza – Via Condotti. Seine Hieroglyphen wurden erst in Rom, grob und fehlerhaft, eingemeißelt. Gelegentlich hält man ihn auch in toto für eine römische Imitation. Niemand weiß, wann und auf wessen Veranlassung er nach Rom kam.

Dort jedenfalls war er in den Gärten des Sallust, die sich zwischen Pincio und Quirinal hinzogen, aufgestellt. Gaius Sallustius Crispus hat einen Namen als bedeutender Historiker. Als Statthalter der reichen römischen Provinz Africa raffte er auch eines der größten Privatvermögen seiner Zeit zusammen. Der Obelisk stand in der Nähe der Stelle, wo sich heute das Deutsche Archäologische Institut in der Via Sardegna befindet. Erst im 15. Jahrhundert stürzte er um. Im 18. Jahrhundert wollte Papst Clemens XII. (1730-1740) ihn vor der neuen Hauptfassade der Lateranbasilika aufstellen. Dort lag er dann ein halbes Jahrhundert lang, bevor Pius VI. (1775-1799) ihn 1789 vor der Kirche SS. Trinità dei Monti aufrichten ließ, nachdem vorher probeweise ein Holzmodell zur besseren Beurteilung der städtebaulichen Wirkung angefertigt worden war. Der ursprüngliche Sockel steht seit 1926 auf dem Kapitol bei der Kirche S. Maria in Aracoeli und diente damals als »Altar« für die 1922 gefallenen Faschisten. Zum Obelisken gelangt man auch, wenn man nicht in die Via S. Sebastianello einbiegt, sondern 50 Meter weiter rechts in den Vicolo del Bottino, der zum Eingang der Metro-Station »Spagna« führt. Gleich rechter Hand gibt es zwei Fahrstühle zur Piazza vor der Kirche.

Die Doppelturmfassade gehört zur Kirche **SS. Trinità dei Monti (91)** und beherrscht wegen ihrer Hügellage den östlichen Horizont des Stadtbildes. Zusammen mit der vorgelagerten Treppe und dem Obelisken ist sie eine *der* Ikonen des Phototourismus wie z.B. der Pariser Eiffelturm oder das Brandenburger Tor in Berlin. In antiker Zeit befand sich hier eine Villa des immens reichen Feldherrn und Politikers Lucius Licinius Lucullus (117-57 v. Chr.), die 46 n. Chr. in kaiserlichen Besitz überging.

1494 verkaufte der Venezianer Daniele Barbaro dem 1452 von Franz de Paola gegründeten Minimiten- (auch: Paulaner-)Orden (lat. »Ordo fratrum minimorum« – »Orden der minderen Brüder«), wohl mit Hilfe einer großzügigen Spende König Karls VII. von Frankreich, ein großes Grundstück auf dem Pincio zur Errichtung einer römischen Niederlassung des Ordens.

Franz von Paola war seit 1482 bis zu seinem Tode 1507 als Geistlicher am französischen Hof tätig. Bereits zu Lebzeiten als Wundertäter verehrt, wurde er 1519 durch den Medici-Papst Leo X. heiliggesprochen, der damit nicht zuletzt gegenüber dem französischen König Franz I. ein Zeichen der Versöhnung setzte. Dieser hatte nach langdauernden Konflikten die Autorität des römischen Papstes voll anerkannt.

1495 wurde mit dem Bau eines Klosters mit Kapelle begonnen.

Über der Bibliothek stand damals: Non est in tota laetior urbe locus (»In der ganzen Stadt ist kein prächtigerer Ort«). Leser von Mulischs »Entdeckung des Himmels« wissen, daß dies nur als eine Anspielung auf die Gesimsinschrift der Papstkapelle Sancta Sanctorum im Lateran verstanden werden kann, die da lautet: »Non est in toto sanctior orbe locus« (»In der ganzen Welt ist kein heiligerer Ort«).

Obelisk vor SS. Trinità dei Monti

Ab 1502 wurde die Kapelle durch die bestehende Kirche ersetzt, deren Langhaus bis einschließlich der dritten Kapellen wohl bereits 1519, deren Fassade erst 1587 ganz vollendet war. SS. Trinità dei Monti ist – neben S. Luigi dei Francesi nahe der Piazza Navona – Nationalkirche der französischen Kolonie in Rom. Außer dem französischen König und französischen Kirchenfürsten und Adligen beteiligte sich auch Papst Julius II. an den Baukosten. Von den Architekten ist, obwohl urkundlich nicht belegt, nur derjenige der Fassade auszumachen. Von Giacomo della Porta gibt es nämlich ganz ähnliche Doppelturmfassaden, vor allem die von S. Atanasio dei Greci in der Via Babuino (**44**). Zur Fünfhundertjahrfeier der Grundsteinlegung wurde 2002 auch die Turmuhr restauriert. Stolz vermeldete *Le Monde* damals: »Von neuem schlägt jetzt Frankreich der Stadt Rom die Stunde.«

SS. Trinità dei Monti und Spanische Treppe von der Via Condotti, Photographie um 1855

Zwischen 1617 und 1622 wurden die Klostergebäude erweitert und Sakristei und Kapitelsaal neu errichtet. Auf Initiative des französischen Finanzministers Colbert wurde 1660 ein prunkvolles französisches Königswappen über dem Portal angebracht (1871 beseitigt). Auch wurde zunächst erwogen, Berninis berühmte Reiterstatue Ludwigs XIV. vor der Kirche – die Treppenanlage existierte damals noch nicht – »à la gloire de la France« aufzustellen. 1676 wurde der Chor umgebaut und modernisiert, 1774 das gotische Gewölbe des Mittelschiffes durch das heutige Tonnengewölbe ersetzt.

Das Kloster mit dem 1623 gegründeten Kolleg war im 17. und 18. Jahrhundert ein Zentrum geistigen Lebens in Rom. Noch bevor französische Truppen in die Stadt einzogen, wurden 1793 Kloster und Kirche der Körperschaft der »Pieux Etablissements de la France en Rome« eingegliedert.

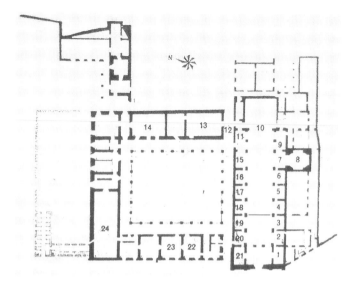

SS. Trinità dei Monti, Grundriß (nach Buchowiecki)

Die Franzosenzeit sah vor allem französische Künstler in den Klostermauern, die 1816 nach langer Vernachlässigung und teilweisen Zerstörungen umfassend wiederhergerichtet wurden. 1828 schließlich wurden Kirche und Kloster dem 1800 von Madeleine Sophie Barat gegründeten Orden der Dames du Sacre Cœur Jésus überlassen, die eine heute noch hoch angesehene Mädchenschule einrichteten.

Zum Portal der Kirche führt eine zweiläufige Treppe (1586). Auf den beiden Sockeln stehen römische Kapitelle, darüber kleine Marmorstelen mit Reliefs, die am rechten Treppenlauf Maria und den Hl. Franz von Paola, am linken den hl. Ludwig (XI.) von Frankreich zeigen. Die Fassade wird in der Horizontalen durch Gesimse, in der Vertikalen durch Pilaster in jeweils drei Zonen geteilt. In den Kapitellen der unteren Pilaster sieht man kleine Medaillons mit Salamandern, dem Wappenemblem König Franz' I. von Frankreich (1515-1547). In den Türrahmen sind zwei antike Säulen aus einer nur in Nordafrika vorkommenden Marmorart eingestellt. Die Inschrift unterhalb des ersten Gesimses lautet übersetzt: »Der heiligen Dreieinigkeit hat, durch die Gönnerschaft der Könige von Frankreich und die barmherzigen Spenden der Gläubigen unterstützt, die Bruderschaft der Mindesten (die Kirche) erbaut und zum Geschenk gegeben im Jahre des Herrn 1570.«

Der Innenraum ist einschiffig und wird beidseitig von je sechs Kapellen begleitet (die ersten beiden seitlich der Vorhalle). Das Querhaus ist nicht breiter als der Gesamtbau, die Arme sind ebenfalls zu Kapellen ausgebaut. Zwischen dem dritten Pfeilerpaar teilt ein schmiedeeisernes Gitter den Kirchenraum, dessen hinterer Teil nur während der Messen zugänglich ist.

Architektonisch ist der Bau, bis auf die für das Stadtbild so wichtige Fassade, wenig bedeutend. Dies läßt aber die Ausmalung der Seitenkapellen vergessen, die im 16. Jahrhundert von führenden Künstlern aus der Schule Michelangelos und Raffaels ausgeführt wurde, wenn auch vieles zerstört, verändert, ergänzt wurde. Was S. Maria del Popolo für die Kunst der Hochrenaissance des späten 15. und frühen 16. Jahrhunderts, das ist SS. Trinità dei Monti für die Kunst der späten Renaissance und seiner manieristischen Ausläufer. Die Fresken der Michelangelo-Schule wurden von 1992 bis 2002 restauriert.

Die **dritte Kapelle der Südseite (3)**, die im 16. Jahrhundert unter dem Patronat der Papstfamilie della Rovere (Sixtus IV./Julius II.; das Eichenlaub des Wappens im Fußboden) stand, wurde u.a. vom wichtigsten Schüler Michelangelos, Daniele Ricciarelli, genannt »da Volterra«, zwischen 1548 und 1560 freskiert. Künstlerisch herausragend ist die *Himmelfahrt Mariens* (Stirnwand).

---

1801 gründete die 1779 in Joigny/Yonne geborene **Sophie Barat** eine geistliche Gemeinschaft, die der Verehrung des Herzens Jesu gewidmet war und sich in Amiens niederließ. 1806 wurde Sophie Barat zur Generaloberin auf Lebenszeit gewählt. 1815 nahm die Gemeinschaft den Namen einer »Gesellschaft vom Heiligen Herzen Jesu« an und gab sich eine Ordensregel, die 1826 vom Hl. Stuhl anerkannt wurde. Als Sophie Barat 1865 starb, hatte sie 122 Niederlassungen in 163 Ländern gegründet, darunter 1828 als erste italienische Gründung SS. Trinità dei Monti in Rom. Die seit 1851 in Deutschland gegründeten Häuser wurden 1873 in der Zeit des sogenannten »Kulturkampfes« Bismarcks gegen die katholische Kirche geschlossen. 1920 wurde das Mutterhaus in Rom in der Via San Francesco di Sales in Trastevere, unterhalb der Villa Lante, eingerichtet, gleichzeitig mit der Gründung der Niederlassung in Bonn-Pützchen. 1925 wurde Sophie Barat von Papst Pius XI. heiliggesprochen. Der Orden widmete sich seit seiner Gründung der Erziehung junger Mädchen und Frauen und unterhält heute weltweit zahlreiche Schulen und Ausbildungsstätten.

Trinità dei Monti, Altarbild von Philipp Veit

Volterra versetzt die Szene in eine Scheinarchitektur (»trompe l'œil«), welche die reale, gebaute Architektur der Kapelle fortsetzt. Der gemalte Altar im Vordergrund geht in den realen Marmoraltar im Raum über. Mit derartigen Augen- und Sinnestäuschungen operierten die Künstler eigentlich erst ein halbes Jahrhundert später, Volterra nimmt damit Stilmittel des Barock vorweg. Die Figurendarstellung ist erkennbar von Raffaels vatikanischen Fresken beeinflußt.

Die **Kapelle im rechten Querschiffarm** (7) ist eine Stiftung des französischen Botschafters beim hl. Stuhl zur Zeit Leos X. Ursprünglich dem hl. Michael geweiht – daher die Themen der Fresken –, wurde sie später dem mittlerweile heiliggesprochenen Ordensgründer Franz von Paola gewidmet. Als 1584 die Familie Colonna die Patronatsrechte erworben hatte, fühlte sie sich bemüßigt, dem Heiligen eine stattlichere Kapelle zu bauen, die ab 1739 durch Anbau an die bestehende Kapelle entstand (8). Seit 1925, dem Jahr ihrer Heiligsprechung, ist sie Madeleine Sophie Barat, der Gründerin des Ordens vom Hl. Herzen Jesu, geweiht, deren Reliquienschrein zusammen mit dem des hl. Franz in der Kapelle steht.

Der barocke Hochaltar im Vorchor (10) entstand 1676 nach einem Entwurf des französischen Architekten Jean de Champagne. Der Aufbau mit den Stuckwolken und Engeln aus dem 19. Jahrhundert paßt in Proportionen und Farbgebung nicht zum Unterbau.

Die Gewölbe der **Capella Pucci** (15) wurde von einem Schüler Raffaels, Perino del Vaga aus Florenz, mit Szenen der Mariengeschichte ausgemalt. Er gehört zu den wichtigsten Beispielen der römischen Renaissancemalerei nach Raffael. Die Entstehung ist umstritten, fällt aber ins dritte Jahrzehnt des 15. Jahrhunderts. Das Vorbild Raffaels ist unübersehbar, etwa im Lünettenfresko der Stirnwand mit der *Heimsuchung Mariens*, die sich in der Raumdarstellung an das Fresko des *Brandes des Borgo* in den Zimmern Julius' II. im Vatikan anlehnt. Vollendet wurde die Ausmalung erst in den 1560er Jahren durch die Brüder Taddeo und Federico Zuccari (Lünetten und Wände). Auch im großen Fresko der *Himmelfahrt Mariens* an der Stirnwand (vollendet 1589) herrscht noch das Gleichmaß der Renaissance. Der Bildraum ist in zwei gleichwertige Ebenen geteilt, welche die Figuren der Apostel

Trinità dei Monti, *Kreuzabnahme* von Daniele da Volterra

und der auffahrenden Gottesmutter besetzen. Und doch ist deren Gestik nicht mehr von stiller Größe, sondern einer neuen Kraft durchdrungen, mit deren vor allem Michelangelo seine Figuren aufgeladen hatte.

Die **dritte Kapelle der Nordseite (19)** wurde im 19. Jahrhundert neu ausgestattet und von den Damen des Sacre Cœur der Unbefleckten Empfängnis Mariens geweiht. Zu diesem Thema malte Philipp Veit (1793-1877), der Sohn Dorothea Schlegels und Enkel Moses Mendelsohns, 1828/29 das Altarbild mit der Krönung Mariens – ein Hauptwerk deutscher romantischer Malerei in Rom (siehe auch S. 192).

In der **zweiten Kapelle der Nordseite (20)** befindet sich heute ein Altarbild Daniele da Volterras von 1545/48, das der Maler Nicholas Poussin für eines der wichtigsten Roms hielt. Seine *Kreuzabnahme* beeindruckte und inspirierte so unterschiedliche Künstler wie Jacopo Tintoretto, Gianlorenzo Bernini und Peter

Paul Rubens. Unverkennbar auch hier das Vorbild Michelangelos bei der Darstellung der menschlichen Gestalt, der starken räumlichen Wirkung der Komposition und der dramatischen Durchdringung der Szene, die barocke Gestaltungsprinzipien ebenso vorwegnimmt wie die Beleuchtung der Szene aus einer einzigen Lichtquelle (Caravaggio!). Das Fresko ist durch Witterungseinflüsse und zahlreiche Restaurierungen und Übermalungen schwer beschädigt und wurde schon 1862 auf Leinwand übertragen.

Zwei Straßen verlassen die Piazza vor der Kirche in südöstlicher Richtung.

Der Rundgang führt in die Via Sistina, deren Trasse 1564 angelegt und unter Papst Sixtus V. (1585-1590), dessen Namen sie trägt, vollendet wurde.

Das erste Gebäude linker Hand ist das **Hotel Hassler-Medici**, seit 1885 eines der großen Hotels der Welt. 1938 wurde es unter Erhaltung der historischen Fassade neu errichtet. Vom Restaurant in der obersten Etage hat man einen der schönsten Blicke auf die Stadt. Der aber hat seinen Preis.

Auf der rechten Seite folgt mit den Nr. 52-46 (nach der Rückseite des Komplexes der Biblioteca Hertziana Nr. 66-59, bestehend aus dem Palazzo des 16. Jahrhunderts Nr. 66-63, einem neueren Gebäudeteil Nr. 60 und dem ehemaligen Palazzo Stroganoff Nr. 59) **(98)** der rückwärtige Teil des Palazzo Tomati, nach einem Bewohner des späten 18. Jahrhunderts, dem Architekten Camillo Buti, auch **Casa Buti (92)** genannt. Dessen Frau führte das Haus nach seinem Tode als eine bekannte Künstlerpension weiter. 1750 zog Giovanni Battista Piranesi vom Corso hierher und starb 1778 in diesem Haus .

Piranesis Sohn Francesco übernahm seine Druckerwerkstatt und war Vertreter König Gustavs III. von Schweden beim Heiligen Stuhl und zugleich dessen »Antikenbeauftragter«. Die diplomatische Funktion erleichterte die zollfreie Ausfuhr römischer Kunstgegenstände. Giovanni Battista Piranesis Antikensammlung gelangte auf diesem Wege ins königliche Museum zu Stockholm. Ein anderer illustrer Gast des Hauses war Caroline von Humboldt, die während ihres zweiten Aufenthaltes in Rom von 1817 bis 1819 mit ihren Töchtern hier wohnte, nachdem sie mit ihrem Mann während seiner Zeit als preußischer Gesandter beim Heiligen Stuhl 1802/03 in der Villa Malta **(93)** und 1803 bis 1808 in dem zur Via Gregoriana hin angrenzenden Palazzo Tomati **(97)** gelebt hatte. Nun war Wilhelm als preußischer Gesandter am Hof in London tätig und dort unabkömmlich. Wie schon während des ersten Aufenthaltes unterhielt Caroline auch jetzt wieder einen Salon, in dem zahlreiche vor allem deutsche Künstler und Wissenschaftler verkehrten.

Hier lebe ich entfernt von allen langweiligen Gesellschaftsverhältnissen, am Abend kommen die Künstler zu mir, mit Thorwaldsen, Rauch, den beiden Schadow, Wach und mehreren anderen wohne ich in einem Hause … Ein schöner Geist belebt die Deutschen, und die gewaltige Zeit, die so vieles entwickelt hat, hat auch hier entwickelt und gereift. Ich wünschte Ihnen den Genuß, zu sehen, wie das gehaltvolle Tiefe des deutschen Gemüts sich in den Werken der Kunst ausspricht. Unrecht hat man da zu sagen, daß sie streben, das alte Vergangene hervorzuziehen. Thorwaldsen steht in seiner Kunst auf glanzbestrahlter Höhe – wenn Sie dabei sähen, welch ein einfacher, bescheidener Mann er ist, so kann es einen ordentlich rühren, Cornelius geht nach Düsseldorf als Direktor der Akademie, Rauch geht bald nach Berlin, seine Statuen dort zu vollenden (…)

*Caroline v. Humboldt an Rahel Varnhagen v. Ense, 5. Juli 1818 (Freese, Wilhelm v. Humboldt)*

Auch der dänische Bildhauer Berthel Thorvaldsen, der fast ein halbes Jahrhundert (1797-1838/42) in Rom lebte, wohnte seit 1804 in der Casa Buti, erst Nachbar und ständiger Gast, bald auch Freund der Humboldts.

Caroline von Humboldt war eine begeisterte Verehrerin der Kunst Thorvaldsens und bestellte 1818 bei ihrem zweiten Aufenthalt in Rom eine Marmorausführung der »Hoffnung« von ihm (»… es ist wirklich eine himmlische Figur, etwas noch nie Gekanntes und im edelsten Stil …«), die aber erst nach ihrem Tode fertig wurde. Im Park des Humboldt-Schlosses in Berlin-Tegel steht heute eine von Christian Friedrich Tieck gefertigte Kopie der Figur über der Humboldtschen Familiengrabstätte (das Original im Schloß). 1810 war Thorvaldsen neben Antonio Canova als Künstler im Gespräch für das Grabmal der im selben Jahr verstorbenen Königin Luise von Preußen, verzichtete aber zugunsten Christian Daniel Rauchs.

Thorvaldsen hatte in der Casa Buti seine Antiken- und Kunstsammlung, seine Bibliothek, seine Gemmen und Abgüsse untergebracht. Hier wurden rauschende Feste gefeiert und Geburtstage begangen. Auch preußische Künstler wie die Bildhauer Christian Daniel Rauch (1777-1857) und Rudolph Schadow (1786-1822), der Sohn Gottfried Wilhelm Schadows und Schüler Thorvaldsens, wohnten zeitweise in der Casa Buti. Rauch erteilte

Bertel Thorvaldsen, Hoffnung, Berlin, Schloß Tegel

den Humboldt-Kindern in Rom Zeichenunterricht. Später in Berlin vermittelte Humboldt dem Künstlerfreund wichtige Aufträge (so den für das Grabmal der 1810 verstorbenen Königin Luise) und betrieb Kunstpolitik, indem er Rauchs in Rom geschulten Klassizismus hoffähig und zum Bildnisstil der neuen Großmacht Preußen machte.

Eine Marmortafel von 1882 neben dem Eingang Nr. 46 erinnert neben Piranesi und »Alberto« Thorvaldsen an den Architekten und Archäologen Luigi Canina (1795-1856).

Gegen Ende der Straße findet sich auf der linken Seite über dem Eingang Nr. 104 eine **Marmortafel** von 1973, die an den ersten Rom-Aufenthalt des dänischen Dichters **Hans Christian Andersen** (1805-1875) erinnert **(93)**, der ihn zu seinem Roman »Der Stehgreifdichter« inspirierte. Andersen war lebenslang ein begeisterter Reisender (»Reisen heißt leben! Das Reiseleben ist die beste Schule der Bildung gewesen.«) und kam erstmals 1833 nach Rom, wo er sich mit seinem Landsmann Thorvaldsen befreundete. 1834 kehrte er nach Kopenhagen zurück, wo ein Jahr später sein Italienroman erschien.

Im Haus Nr. 107 an der Kreuzung zur Via Crispi, das schon im 3. Bezirk »Colonna« liegt, lebte während seiner Aufenthalte in Rom zwischen 1826 und 1830 der Dichter August von Platen (1796-1835), dessen von seinem Italienerlebnis zehrende Gedichte in Deutschland ein breiteres Publikum erreichten (vgl. auch **(109)**).

Die Via Sistina mündet in die Via Francesco Crispi (1819-1901, Weggefährte Giuseppe Garibaldis sowie von 1887 bis 1891 und nochmals von 1893 bis 1896 italienischer Ministerpräsident), welche die Grenze zum Rione III Colonna bildet. Hügelaufwärts (also nach links) geht sie in die Via di Porta Pinciana über. Auf der linken Straßenseite liegt der Eingang Nr. 1 zur **Villa Malta (94)**. Sie ist heute Sitz der Civiltà Cattolica, der Zeitschrift der italienischen Jesuiten, und nicht zu besichtigen.

**Wilhelm von Humboldt**, 1767 in Potsdam geboren, stammte aus einer Grundbesitzerfamilie und verkehrte als junger Mann in den Kreisen der Berliner Aufklärung. Er studierte Rechtswissenschaften in Frankfurt an der Oder und Göttingen und lebte einige Jahre in Jena und Paris. 1790 lernte er Goethe und Schiller kennen. 1791 heiratete er die ein Jahr ältere Caroline von Dachroeden. Von 1797 bis 1801 lebte er mit seiner Familie in Paris. Zurück in Berlin, bewarb er sich 1802 um den Posten eines preußischen »Residenten« beim Hl. Stuhl und trat als Geheimer Legationsrat in den preußischen Staatsdienst ein. Die unruhigen Jahre der französischen Vorherrschaft in Europa, in denen auch die Existenz Preußens (das im Oktober 1806 die entscheidende militärische Niederlage erlitt) aufs höchste gefährdet war, verbrachte Humboldt mit seiner Familie in Rom. Dieser Aufenthalt war das zentrale und lebenslang nachwirkende Bildungserlebnis des Paares: durch die Begegnung mit der Antike und den freundschaftlichen Umgang mit zahlreichen Künstlern. 1806 wurde Humboldt vom König zum Bevollmächtigten Minister ernannt, 1808 reiste er nach Berlin zurück, wo er zum Geheimen Staatsrat und zum Direktor der Sektion für Kultus und Unterricht im preußischen Ministerium des Innern avancierte. Caroline sah erst 1810 Berlin wieder. An den Friedensverhandlungen in Wien und Paris 1814/15 nahm Humboldt als preußischer Bevollmächtigter teil. Während er 1817/18 als preußischer Gesandter in London lebte, kehrte Caroline für die Jahre 1817 bis 1819 mit den drei Töchtern Caroline (geb. 1792), Adelheid (geb. 1800) und Gabriele (geb. 1802) noch einmal nach Rom zurück. Zwei der drei Söhne – der 1794 geborene Wilhelm und der 1806 in Rom geborene Gustav – starben in jungen Jahren in Italien (1803 in Ariccia bei Rom bzw. 1807 in Rom). 1819 wurde Humboldt nach Protesten gegen den antiliberalen Geist der Karlsbader Beschlüsse aus dem Staatsdienst entlassen und lebte bis 1835 in seinem Herrenhaus in Tegel, wo er sich bis zu seinem Tode 1835 seinen wissenschaftlichen, insbesondere sprachgeschichtlichen Studien widmete. Caroline starb 1829 in Berlin.
  Das römische Haus der Humboldts war ein Treffpunkt für alle wissenschaftlich, künstlerisch und schriftstellerisch tätigen Deutschen in Rom; die vielfältigen Verbindungen, Kontakte, Freundschaften und Korrespondenzen bilden ein wichtiges Kapitel der Kulturgeschichte der Goethe-Zeit.

Wilhelm Schadow, *Bertel Thorvaldsen, Rudolf und Wilhelm Schadow*,
Berlin, Alte Nationalgalerie

**Giambattista Piranesi** wurde 1720 in Venedig geboren. Er erhielt eine Ausbildung als Architekt und Kupferstecher. 1740 kam er nach Rom und veröffentlichte in den folgenden Jahrzehnten bis zu seinem Tode 1778 zahlreiche Stiche und Stichfolgen, die die europäische Antikenrezeption des 18. Jahrhunderts maßgeblich prägten. Piranesi-Veduten erfreuen sich in bildungsbürgerlichen Haushalten größter Beliebtheit, die Nachfrage des Marktes war entsprechend groß. Auch Goethe kannte Rom und seine Altertümer aus Stichen Piranesis, die im Haus des Vaters am Großen Hirschgraben in Frankfurt gehangen hatten. Daneben war Piranesi auch ein unübertroffen genauer Chronist des spätbarocken Rom, dessen Fassaden und Raumwunder er in malerischen, durch dramatisches Helldunkel inszenierten Ansichten überlieferte. Bedeutende Zyklen und Mappenwerke: »Carceri« (1745ff.); »Vedute di Roma« (1747ff.); »Nuova Pianta di Roma« (1748, zusammen mit Giov. Batt. Nolli); »Antichità romane de'tempi della Reppublica« (1748); »Le Magnificenze di Roma« (1751).

Der dänische Bildhauer **Berthel Thorvaldsen** wurde 1770 in Kopenhagen geboren, wo er 1844 starb.

Seit 1797 lebte er mit kürzeren Unterbrechungen vier Jahrzehnte in Rom und kehrte erst 1838 in seine Heimat zurück. In Rom war der Archäologe Georg Zoëga (der »dänische Winckelmann«) sein Mentor und förderte seine Antikenstudien. Sein erstes Atelier lag in der Via del Babuino 119, ab 1800 wohnte er in der Via Sistina 141, zusammen mit dem Maler Joseph Anton Koch (1768-1839), ab 1804 in der Casa Buti. Über die Gräfin Charlotte Schimmelmann hatte Thorvaldsen Verbindungen in die höchsten Kreise der Kopenhagener Gesellschaft. 1808 traf er erstmals mit dem bayrischen Kronprinzen Ludwig zusammen und wurde zum Mitglied der Academia di San Luca in Rom ernannt (deren Präsident er 1827 wurde).1816/17 restaurierte er für Ludwig die 1812 von diesem erworbenen Giebelfiguren des Aphaia-Tempels auf Ägina (heute Hauptwerke der Glyptothek in München).

1819/20 reiste er nach Luzern, Frankfurt, Hamburg, Kopenhagen, Berlin, Warschau, Wien und zurück nach Rom, wo seine Rückkehr mit 150 überwiegend deutschen Künstlern gefeiert wurde. Die Fülle der Aufträge aus ganz Europa machte die Anmietung größerer Atelierräume an der Piazza Barberini notwendig. 1824 traf er mit Karl Friedrich Schinkel in Rom zusammen. Als Kronprinz Ludwig von Bayern 1829 nach Rom zurückkehrte und die Villa Malta **(94)** in unmittelbarer Nachbarschaft von Thorvaldsens Wohnung erwarb, entstand ein freundschaftlicher Verkehr. 1838 kehrte Thorvaldsen nach Kopenhagen zurück, wo er triumphal gefeiert und mit Ehrungen überhäuft wurde. 1841/42 reiste er noch einmal nach Rom, nachdem in Kopenhagen mit dem Bau seines Museums begonnen worden war (1848 eröffnet). Thorvaldsen starb 1844.

Einige wichtige in Rom entstandene Werke: »Jason« (1802/03); »Hebe« (1806); »Amor und Psyche« (1809, Putbus); Relieffries für den Quirinalpalast in Rom (1812); »Ganymed mit dem Adler« (1812/17, Kopenhagen); »Sterbender Löwe« (1818, Luzern); »Drei Grazien« (1819/32, heute Kopenhagen); »Christus« (1820/21, Kopenhagen); Grabmal für Papst Pius VII. (1823/31, Rom, St. Peter); Grabmal für Eugène de Beauharnais (1781-1824, Stiefsohn Napoléons, Schwager Ludwigs I. von Bayern), (1824/ München, St. Michael); Reiterstandbild für Kurfürst Maximilian I. von Bayern (1831/39, München); Restaurierung der Reiterstatue Kaiser Marc Aurels auf dem Kapitol in Rom (1835).

Gedenktafel für Ferdinand Gregorovius, Via Gregoriana

Im 16. Jahrhundert befand sich hier eine bescheidene Villa der Orsini. 1611 erwarben die Brüder von SS. Trinità das Anwesen, das in der Folgezeit wegen der Lage und des hinreißenden Ausblicks zahlreiche betuchte und prominente Mieter fand. Nach 1764 richtete hier Giuseppe Celani Ateliers für bildende Künstler ein. In den folgenden Jahrzehnten wohnten vor allem deutsche Maler und Bildhauer in der Villa. Goethe war oft mit seiner Freundin Angelica Kauffmann, die nahebei in der Via Sistina wohnte, gern gesehener Gast. Eine von Gregorovius nicht belegte Überlieferung nennt Goethe als denjenigen, der eine der beiden Dattelpalmen im Garten gepflanzt haben soll. Die zweite jedenfalls ist, nachweislich und durch eine deutschsprachige Inschrift belegt, von Ludwig I. von Bayern 1867 bei seinem letzten Besuch in Rom gesetzt worden.

1788/89 bewohnte Herzogin Anna Amalia von Sachsen-Weimar, die in Begleitung des Weimarer Superintendenten Herder durch Italien reiste, die Villa. 1802/03 mietete sich Wilhelm von Humboldt mit seiner Familie vorübergehend hier ein, bevor er in die Casa Buti zog **(92)**. 1810 genossen die zur Künstlergruppe der Nazarener gehörenden Künstler Friedrich Overbeck und Franz Pforr den Blick über die Stadt, bevor sie zusammen mit anderen Künstlern in das Kloster S. Isidro übersiedelten.

Die Zeit des künstlerischen und intellektuellen Lebens war zu Ende, als König Ludwig I. von Bayern 1827 die Villa mietete, in der er schon 1817/18 bei seiner zweiten Italienreise, noch als Kronprinz, gewohnt hatte. Bis zu seinem Tode 1868 kam er oft nach Rom. 1873 erwarb das Haus Wittelsbach das Anwesen für 18 000 Goldfranken von den Damen des Sacre-Cœur-Ordens, um es bereits 1878 an den russischen Fürsten Alexej Bobrinski zu veräußern. Dieser ließ die Villa im Stile eines aufwendigen Historismus umbauen. Ab 1907 war der deutsche Reichskanzler Bernhard Fürst von Bülow, der schon 1893 deutscher Botschafter in Rom gewesen war, Eigentümer der Villa; er starb hier 1929. Nach dem Zweiten Weltkrieg erwarben die Jesuiten das Anwesen und machten es zum Sitz der Cività Cattolica.

Weiter hangaufwärts trifft die Straße auf die antike Stadtmauer (siehe auch S. 21, S. 40f.) und führt zur **Porta Pinciana (95)**. Das Marmordenkmal in der Mitte erinnert an die Gefallenen des Ersten Weltkrieges aus diesem Stadtviertel. Das Tor linker Hand ist das antike der Mauer aus dem 3. Jahrhundert, während die anderen Durchbrüche Zugeständnisse an den modernen Straßenverkehr sind.

Der 1786 geborene Wittelsbacher **Ludwig**, der 1825 als Nachfolger seines Vaters Maximilian I. **König von Bayern** wurde, machte München zum bedeutendsten Kunstzentrum seiner Zeit in Deutschland. Das klassizistisch-antikische Gepräge der Stadt verdankt sich seiner Begeisterung für die antike Kunst, die er während zahlreicher Reisen nach Italien und Rom entdeckte (zuerst 1804, als er in Rom im Hause Humboldt verkehrte, dann 1817/18, schließlich mietete er 1827 die Villa Malta). Bedeutende Juristen seiner Zeit (Anselm Feuerbach, Carl v. Savigny, August Ludwig Schlözer) vermittelten ihm ein Bild des Staates als eines rational geordneten Kunstwerks, das er in der bayrischen Verfassung von 1818 inhaltlich zur Geltung brachte. Ludwigs Bedeutung für Bayern und für Deutschland wird maßgeblich bestimmt durch sein kunstpolitisches und mäzenatisches Wirken. Der Umfang seiner Kunstankäufe, Aufträge an Künstler und seiner Bautätigkeit stellte die seiner Vorgänger und der deutschen Fürsten seiner Zeit weit in den Schatten (Alte und Neue Pinakothek, Glyptothek, Königsbau der Münchner Residenz, die Ludwigstraße in München u.a.). Die Finanzierung erfolgte zu einem nicht geringen Teil aus seinem Privatvermögen. Seine nationale Gesinnung kam in der Errichtung mehrerer Nationaldenkmäler (Walhalla, Befreiungshalle) und der Beteiligung an der Fertigstellung der Dome in Speyer, Bamberg, Regensburg und Köln zum Ausdruck. Von seinen ungezählten Kunstankäufen war der Erwerb der Giebelfiguren des Tempels der Aphaia auf Ägina (der sog. Ägineten) von herausragender Bedeutung (1812); er ließ sie 1816/17 in Rom von Thorvaldsen restaurieren. Ludwig unterstützte den Freiheitskampf der Griechen gegen das Osmanische Reich. 1832 wurde sein zweiter Sohn Otto zum König Griechenlands gewählt. 1848 dankte Ludwig, der trotz Verfassung absolutistisch regiert hatte, nicht zuletzt auch wegen seiner Liaison mit der Tänzerin Lola Montez, unter dem Druck der politischen Opposition zugunsten seines Sohnes ab und widmete sich bis zu seinem Tode ganz der Kunstförderung und der Vollendung seiner zahlreichen Bauprojekte.

Nun geht es die Via di Porta Pinciana/Via Francesco Crispi zurück bis zur Via Capo le Case. Der Name bezeichnete ursprünglich den Beginn geschlossener urbaner Bebauung. Der Weg führt nach rechts in die Via Gregoriana, die Papst Gregor XIII. (1572-1585) als kutschentaugliche Zufahrt zur Dreifaltigkeitskirche (91) anlegen ließ und die 1576 für den Verkehr freigegeben wurde.

Auf der linken Straßenseite am Haus Nr. 10/16, zwischen Nr. 14 und 15, sieht man eine 1996 anläßlich des 100. Todestages des deutschen Gelehrten **Ferdinand Gregorovius (96)** angebrachte **Gedenktafel**. Gregorovius' monumentale »Geschichte der Stadt Rom im Mittelalter« ist ein Haupt- und Meisterwerk der deutschen Geschichtsschreibung des 19. Jahrhunderts. Der Text der Tafel lautet:

Von 1860 bis 1874 / lebte in diesem Haus / Ferdinand Gregorovius / deutscher Historiker der Stadt Rom / und deren Ehrenbürger / der in Verbundenheit und mit Verständnis / den Italienern Gerechtigkeit widerfahren liess / wie auch ihrer Geschichte und ihrer Zeit

Schräg gegenüber – Nr. 41/42 – befindet sich der **Palazzo Tomati (97)**. Nicht wenige seiner zeitweiligen Bewohner tragen illustre deutsche Namen. Wilhelm von Humboldt wohnte hier zusam-

---

**Ferdinand Gregorovius**, 1821 in Neidenburg/Ostpreußen in eine Juristen- und Theologenfamilie geboren, starb 1891 in München. 1852 bis 1874 lebte er in Italien, die längste Zeit in Rom. 1876 wurde er römischer Ehrenbürger. Zwischen 1859 und 1872 erschien in acht Bänden sein Hauptwerk über die »Geschichte der Stadt Rom im Mittelalter«, eine Darstellung der Stadtgeschichte aus den Quellen von der Spätantike bis zur Zeit der Renaissance. Mit diesem Werk schuf er – in ideeller Konkurrenz zu den epochalen Werken Theodor Mommsens (1817-1903) über die »Römische Geschichte« (1854/55) und Leopold von Rankes (1795-1886) über »Die römischen Päpste in den letzten vier Jahrhunderten« (1834-1836) – ein Hauptwerk der deutschsprachigen Kulturgeschichtsschreibung des 19. Jahrhunderts. In seinen »Wanderjahren in Italien« (1870-1882) und den »Römischen Tagebüchern« (1892) erwies sich Gregorovius in der Schilderung historischer Gestalten und Landschaften, aber auch zeitgenössischer Ereignisse als ein Literat von Rang.

Diese Bücher enthalten den ersten Versuch einer umfassenden Geschichte der Stadt Rom im Mittelalter (...) Wird man es deshalb vermessen nennen, wenn ein Nichtrömer, ein Deutscher, sich an dies schwierige Unternehmen wagt? Ich fürchte es nicht; (...) Rom ist ein unverlöschlicher Ruhmestitel für die deutsche Nation, die mittelalterliche Geschichte der Stadt ist ein unzertrennlicher Bestandteil der Geschichte Deutschlands selbst geworden. (...) Drei Städte glänzen überhaupt in der Geschichte der Menschheit durch die allgemeine Bedeutung, welche sie für dieselbe haben: Jerusalem, Athen und Rom. Alle drei sind im Prozeß des Weltlebens mit- und durcheinander wirkende Faktoren der menschlichen Kultur. (...) Die Weltmonarchie Roms dagegen, eine einzige unwiederholbare Tatsache der Geschichte, ruht auf ganz andern Grundlagen. Wer das Wesen dieser wunderbaren Stadt nur äußerlich auffaßt, urteilt, daß sie mit kriegerischer Kraft ohnegleichen und mit nicht minderem politischen Genie die Welt sich unterworfen und die Blüte edlerer Nationen geraubt oder zerstört habe. (...) er sieht nur große politische Triebe der Eroberung, große Bedürfnisse des praktischen Verstandes und den bewunderungswürdigen Riesenbau des Staats, des Rechts und der bürgerlichen Gesetze. (..) Selbst die Fülle edler Kunstwerke, die Rom verschönerten, erscheint ihm nur als die Beute der Tyrannei, hinter deren Siegeswagen die gefangenen Musen einhergehen, gezwungen, der prosaischen Königin der Welt zu dienen. Diese Wahrheit ist unleugbar, jedoch ist sie nicht alles. (...) Die dämonische Kraft, welche der einen Stadt die Herrschaft über so viele durch Sprache, Sitten und Geist verschiedene Nationen erwarb, kann nicht erklärt werden; nur ihre Entwicklung läßt sich in einer langen Kette von Tatsachen verfolgen, während das innerste Gesetz dieser Welttatsache selbst, welche Rom heißt, für uns unergründbar bleibt.

*Ferdinand Gregorovius,*
*Geschichte der Stadt Rom im Mittelalter*

Rom ist der Ort, in dem sich für unsere Ansicht das ganze Alterthum in Eins zusammenzieht, und was wir also bei den alten Dichtern, bei den alten Staatsverfassungen empfinden, glauben wir in Rom mehr noch als zu empfinden, selbst anzuschauen. Wie Homer sich nicht mit andern Dichtern, so läßt sich Rom mit keiner andern Stadt, Römische Gegend mit keiner andern vergleichen. (...) Aber es ist auch nur eine Täuschung, wenn wir selbst Bewohner Athens und Roms zu seyn wünschten. Nur aus der Ferne, nur von allem Gemeinen getrennt, nur als vergangen muß das Alterthum uns erscheinen.

*Wilhelm v. Humboldt an Goethe, 23. August 1804*

men mit seiner Frau Caroline (vgl. S. 178f.) und seinen Kindern (von denen zwei in Rom starben) von 1803 bis 1808, während er preußischer Resident beim Hl. Stuhl war.

So gering die politische Bedeutung des Amtes war, so wichtig war der Aufenthalt in Rom für die Lebensgeschichte des Ehepaares. Beide sahen die römischen Jahre als zentrales Erlebnis ihrer intellektuellen Biographie. Ihr Salon war ein Mittelpunkt des geistigen und künstlerischen Lebens der Stadt, das hier vielleicht dichter, intensiver und lebendiger war als an vielen Orten in Deutschland. Die Maler Christian Gottlieb Schick (1776-1812; in Rom von 1802 bis 1811), und Johann Christian Reinhart (1761-1847; in Rom von 1789 bis zu seinem Tod), gehörten ebenso zum Musenhaushalt der Humboldts wie die Bildhauer Berthel Thorvaldsen und Christian Daniel Rauch oder der französische Schriftsteller und Diplomat François-René Vicomte de Chateaubriand (siehe auch S. 147) (1803/04 Napoléons Gesandter in Rom) und Madame de Staël. Schließlich verbrachte auch Wilhelms Bruder, Alexander von Humboldt, einen Sommer (1805) in Rom.

Nach dem preußischen Diplomaten Humboldt zog 1808/09 der hannoversche Diplomat, Sammler und Schriftsteller August Kestner, Sohn von Goethes Jugendfreundin Charlotte Buff, dem Urbild der Lotte seines »Werther«, in den Palazzo. Zusammen mit anderen gründete er die Gesellschaft der »Hyperboräer«, die dort ihren Sitz hatte. Kestner war eifriger Förderer jenes Institutes, aus dem in der Kaiserzeit das Deutsche Archäologische Institut hervorging. Seine vielseitigen Sammlungen bildeten später den Nukleus des nach ihm benannten Museums in Hannover. Er starb 1853 in Rom; sein Grab befindet sich wie die der Humboldtsöhne Wilhelm und Gustav auf dem Friedhof bei der Cestius-Pyramide **(109)**.

Im Palazzetto Nr. 34 (ebenfalls rechte Straßenseite) lebte der französische Maler Dominique Ingres von 1806 bis 1820.

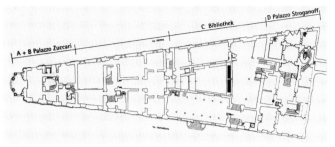

Biblioteca Hertziana, Grundriß des Gebäudekomplexes an der Via Gregoriana vor Beginn des Umbaus

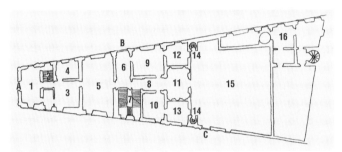

Palazzo Zuccari im 16. Jahrhundert, Grundriß (nach Frommel, 1986): A Portal des Atelierbaus, B Portal des Wohnbaus, C Gartenportal, 1 Eingangsvestibül von der Piazza Trinità dei Monti, 2 Treppe zu Zuccaris Atelier, 3/4 Nebenräume des Ateliers, 5 ehemaliger Speisesaal? – Sala Ganimede, 6 Eingangskorridor von der Via Sistina, 7 Treppenhaus, 8 Vestibül mit den Taten des Herkules, 9 Sala del Disegno (Studiolo-Bibliothek), 10 Schlafzimmer – Sala degli Sposi, 11 Gartenloggia, 12/13 Wohnräume, 14 Wendeltreppen zur Galerie im Piano Nobile, 15 Garten, 16 Vorgängerbau der Casa dei Preti.

Es folgt, beginnend mit der Nr. 33 bis hin zur Einmündung der Straße in die Piazza dei Trinità, die südwestliche Fassade des Gebäudekomplexes der **Biblioteca Hertziana (98)**, der das keilförmige Grundstück zwischen der Via Gregoriana und der Via Sistina einnimmt und eigentlich aus drei Gebäuden – dem Palazzo Zuccari (Nr. 28-29), der Casa dei Preti (Via Sistina Nr. 60) und dem Palazzo Stroganoff (Nr. 32-33) – besteht. Die Bibliothek ist längst viel mehr, als ihr Name nahelegt, nämlich eines der weltweit angesehensten Forschungsinstitute für die Kunstgeschichte Italiens (»Max-Planck-Institut für Kunstgeschichte«). Die umfangreiche Spezialbibliothek mit ihren über 200 000 Bänden und die Fototek mit fast einer halben Million Aufnahmen wird von Wissenschaftlern aus aller Welt, darunter auch vielen Italienern, konsultiert.

Die Entstehungsgeschichte dieser Einrichtung ist ein Beispiel für die Bedeutung privaten Mäzenatentums in der Zeit vor dem Ersten Weltkrieg, so wie die im Detail erforschte bauliche und architektonische Genese des Gebäudekomplexes zugleich ein Beispiel unentwegter Gestaltung und Umgestaltung ist.

Im 1. Jahrhundert v. Chr. gehörte das Areal zur Villa des Lukullus (s.a. **(12)** und **(91)**), die auf einem Plateau oberhalb des aufwendig terrassierten und mit Stützmauern versehenen Abhangs des Pincio lag. Geringe Reste (einiger Nischen von Stützmauern) haben sich etwa neun Meter unter dem Straßenniveau auf dem Grundstück erhalten und wurden bei Bauarbeiten in den 1960er Jahren entdeckt. 1500 Jahre vergingen bis zum Beginn der neuzeitlichen Baugeschichte des Areals.

1590 begann der Maler und Kunsttheoretiker Federico Zuccari an der Spitze des dreieckigen Grundstücks – im Rahmen der päpstlichen Städtebauförderung sogar steuerbegünstigt – ein repräsentatives Wohn- und Atelierhaus mit Garten zu errichten (Grundriß S. 189 unten). Dieser Palazzo der Spätrenaissance ist trotz nachfolgender Umbauten und Veränderungen im heutigen Komplex noch erhalten; insbesondere einige Räume und Säle des Erdgeschosses zeigen die originale Stuck- und Freskodekoration der Erbauungszeit. So ist die Decke des ehemaligen Gartensaales mit Fresken Zuccaris bemalt, die zwischen mit Rosen berankten Spalieren die Virtuosität des Künstlers verherrlichen: Dieser bedarf ebenso der Weisheit und Ausdauer wie der Reinheit der Seele, des Geistes, des Fleißes und der Arbeitsamkeit; deren Personifikationen umstehen den Künstler wie die Abbilder seiner Lieben. Der Palast, an exponierter Stelle im Prospekt der Stadt und in deren damals modernstem Stadtteil gelegen, demonstrierte allen, daß dieser Künstler, ein Franz von Lenbach seiner Zeit, es zu etwas gebracht hatte.

Die Rekonstruktion der ursprünglichen Raumaufteilung durch Christoph Luitpold Frommel, von 1980 bis 2001 einer der beiden Direktoren des Instituts, zeigt, daß der Atelierbereich zur Piazza di Trinità lag (Räume 1-5) und sich dahinter der Wohntrakt (Räume 6-13) und der Garten (15) staffelten, wobei sich die Räume des Wohnbereiches in ihrer Anordnung und Ausstattung am Typus der Sommervilla (»villa suburbana«) orientierten.

Der Garten war zur Via Gregoriana durch eine Mauer abgeschirmt und von der Straße durch ein Portal (Nr. 30) in Gestalt einer monströsen Fratze zu betreten, das sicher nicht zufällig an das berühmte Höllenmaul im Garten des Fürsten Vicino Orsini in Bomarzo erinnert, in dessen Palast Zuccari als Maler tätig war. Die Kombination verschiedener Nutzungen – Künstleratelier und Palazzo, aber auch vorstädtische Villa mit Garten – auf einem eher ungünstig geschnittenen Grundstück macht den besonderen Reiz und die architekturhistorische Bedeutung des Palazzo Zuccari aus.

Palazzo Zuccari, Details der Deckengemälde in der Sala terrena (Gartenloggia, Grundriß S. 189, Raum 11): Federico Zuccari und seine Familie (Farbtafeln nach S. 128)

Zweihundert Jahre lang kamen und gingen nun mehr oder weniger prominente Mieter wie der Altertumsforscher Johann Joachim Winckelmann (1717-1768), der Maler Anton Raphael Mengs (1728-1779) oder die Malerin und Goethe-Freundin Angelica Kauffmann (1741-1807), die von 1782 bis zu ihrem Tode im Palazzo Zuccari lebte, und solche, von denen kaum mehr als der Name geblieben ist, ein und aus. Einer der prominenteren Mieter, der preußische Generalkonsul und Schwager des Berliner Bankiers Abraham Mendelsohn (seinerseits Sohn des Philosophen Moses Mendelsohn), Jakob Salomon Bartholdy, gab einer Gruppe junger deutscher Maler, die sich zur Gemeinschaft der Lukasbrüder zusammengeschlossen hatten, den Auftrag, den Festsaal seiner Wohnung im ersten Stock des Palastes mit Fresken auszumalen. Peter Cornelius, Wilhelm Schadow, Philipp Veit und Friedrich Overbeck malten 1816/18 insgesamt acht Bilder zu Themen aus der Josephsgeschichte aus dem 1. Buch Mose. Voller Stolz berichtete der Auftraggeber nach Abschluß der Arbeiten an seinen Dienstherrn, den preußischen Staatskanzler von Hardenberg: »So viele Aufopferung es mich gekostet, mehr als die Hälfte meines Gehaltes darauf zu verwenden, diesen braven jungen Männern Gelegenheit zu verschaffen, sich einen Namen zu machen, so sehr sehe ich mich dadurch belohnt, daß ihr Werk gelungen und selbst der Nation zur Ehre gereicht.« Die Bilder waren Interessierten zugänglich, die Künstler erhielten weitere Aufträge. 1886/87 wurden sie im Auftrag Kaiser Wilhelms I. von den Wänden gelöst und mit der Eisenbahn nach Berlin gebracht, wo sie in der Nationalgalerie ihren endgültigen Ort fanden. Dort eröffnen sie als Hauptwerke romantischer Malerei den Rundgang zur Kunst des frühen 19. Jahrhunderts.

1904 erwarb die reiche Kölner Kunstsammlerin und Mäzenin Henriette Hertz (1846-1913, nicht zu verwechseln mit der Berliner Salondame Henriette Herz (1764-1847), die 1817/19 in der Via Sistina Nr. 82 lebte und mit Caroline von Humboldt befreundet war) den heruntergekommenen und verwohnten Palast von den Nachkommen Zuccaris mit der Absicht, dort ein Zentrum deutsch-römischen Kulturlebens entstehen zu lassen. Umbauten waren hierfür notwendig; der Palast wurde im Stil des späten

---

Die Mitglieder des 1809 von Johann Friedrich Overbeck und Franz Pforr gegründeten Lukasbundes hingen dem romantischen Ideal gemeinsamen Arbeitens an und wollten die Kunst aus einem christlich-nationalen Geist erneuern. Unter dem überwältigenden Eindruck der italienischen Kunst orientierten sie sich an den großen Meistern des 15. Jahrhunderts, vor allem an Dürer und Raffael.

1811 schlossen sich dem verächtlich auch **»Nazarener«** genannten Bund Peter Cornelius, Wilhelm Schadow und Julius Schnorr von Carolsfeld sowie die Brüder Johannes und Philipp Veit an. Hauptwerke nazarenischer Kunst in Rom sind neben den Fresken der Casa Bartholdy die Fresken zu Dante, Ariost und Tasso im Casino Massimo (1817-1829) und die Kreuzwegbilder in S. Andrea delle Fratte.

Historismus neu eingerichtet, der Haupteingang von der Via Sistina in die Via Gregoriana (Nr. 28) verlegt und, die dortige Fassade vereinheitlicht. Der älteste Teil des Palazzo zur Piazza di Trinità wurde entkernt, in den Obergeschossen mit neuen Decken versehen und aufgestockt. Lediglich in den Räumen des Erdgeschosses, in denen die Bibliothek untergebracht werden sollte, blieben die gewölbten und von Zuccari selbst freskierten Decken erhalten. Schließlich wurde die Fläche des Gartens mit drei Stockwerken überbaut, so daß die ehemalige Garten- nun zur Hausmauer wurde. In den drei Stockwerken befanden sich ein Konzertsaal, eine Galerie für die umfangreiche Sammlung italienischer Malerei der Stifterin und ein Ballsaal.

1912 vermachte Henriette Hertz das Anwesen der Kaiser-Wilhelm-Gesellschaft, der Vorläuferin der Max-Planck-Gesellschaft zur Förderung der Wissenschaften, die heute Träger des Instituts ist.

Palazzo Zuccari, Portal der Gartenmauer

1963 gelang der Zukauf des benachbarten Palazzo Stroganoff (Grundriß D). Daraufhin wurden die Gebäude über dem ehemaligen Garten – auch um eine Anbindung des Palazzo Stroganoff zu erreichen – zu Bibliotheks- und Magazinzwecken umgebaut, Teile im Stil der 1960er Jahre neu errichtet (Grundriß C). Dabei gingen die bis dahin noch vorhandenen Restflächen des ehemaligen Gartens fast vollständig verloren.

30 Jahre später platzte das Institut wiederum aus allen Nähten. Man entschloß sich zu einem Ideenwettbewerb für eine Neugestaltung des Bibliotheksbereichs C. Das Preisgericht, dem der legendäre Karljosef Schattner aus Eichstätt angehörte, entschied sich 1995 für die Entwürfe von Juan Navarro Baldeweg und Alexander von Branca und empfahl nach einer Überarbeitung das Projekt von Baldeweg zur Ausführung. Die Beurteilung des Preisgerichtes läßt hoffen und erwarten, daß es hier, an einem zentralen Punkt deutscher kultureller Repräsentanz im Ausland, gelingen wird, funktionsgerecht und dennoch mit Gespür für den genius loci und die über 400jährige wechselvolle Geschichte eines Ortes zu bauen, in dem auch deutsche Kunst- und Geistesgeschichte geschrieben worden ist. Mit den Bauarbeiten wurde im Sommer 2002 begonnen.

Palazzo Zuccari, Fassade zur Piazza Trinità dei Monti zwischen Via Sistina und Via Gregoriana; links das Hotel Hassler-Medici

Die schmale Fassade des Palazzo zur Piazza Trinità dei Monti gehört noch zum Bau von 1590, wurde allerdings durch den von Filippo Juvarra 1711 vorgestellten Portikus verändert. Die Überdachung des vormals offenen Balkons wurde anläßlich einer Restaurierung 1999/2000 erneuert.

Rechter Hand des Portikus, gegenüber dem Hotel Hassler, findet sich an der Fassade eines kleinen Palazzo die sinnreiche Inschrift:

Pvrior hic aer
Late hic prospectus in urbem

(»Hier weht eine reinere Luft
Weit schweift von hier der Blick über die Stadt«)

Nun steht man wieder vor dem Obelisken von SS. Trinità dei Monti und blickt nach links auf die Piazza di Spagna hinunter. Sie erreicht man über die ausschwingenden Läufe einer grandiosen Treppenanlage, der **Scalinata**, die bei uns nur **Spanische Treppe** heißt **(99)**.

Spanische Treppe, Kupferstich von Giuseppe Vasi, um 1756

Wie so vieles in Rom hat auch dieses Meisterwerk der Architektur des Rokoko eine lange Geschichte, und die Ideengeber und Stifter haben die Konkretion ihrer Wünsche nie gesehen. Wesentlicher Teil der Geschichte der Treppe – denn deren Ausführung hat am Ende nur gut zwei Jahre benötigt – ist ein fast 70jähriger politischer Streit, in dem es um nichts Geringeres ging als um die künstlerische Gestaltung des europäischen Hegemonialanspruches Frankreichs im Herzen des christlichen Abendlandes.

Aber auch das war nicht der Anfang. Der Rom-Plan von Bufalini von 1551 zeigt anstelle der heutigen Treppe den weinstockbestandenen Hang des Pincio, der 1578 enteignet wurde, um Planungen für eine Treppe zu ermöglichen. Erste Pläne hierfür, inspiriert von den im Entstehen begriffenen großartigen Terrassenanlagen der Villa des Kardinals d'Este in Tivoli, hatte bereits zehn Jahre zuvor Giacomo della Porta vorgelegt. Dann geschah zunächst jahrzehntelang nichts. Unter Papst Innozenz X. (1644-1655) und Alexander VII. (1655-1667) gerieten alle Überlegungen für das städtebauliche Vakuum in den Sog der Spannungen zwischen Frankreich und dem Heiligen Stuhl.

Das Kloster auf der Höhe des Pincio erfreute sich seit eineinhalb Jahrhunderten französischer Protektion. Als 1655 der Orden neuen Generalvikaren unterstellt wurde, die spanische Staatsangehörige waren, kam es – angesichts des Ringens der niedergehenden mit der aufsteigenden europäischen Großmacht – zum Eklat und zu einer erbitterten Kontroverse zwischen Paris und Rom. Kardinal-Kanzler Mazarin (eigentlich Giulio

Mazzarini) schickte 1660 den Finanzminister seiner Majestät als Sonderbotschafter nach Rom. Unterdessen hatte der französische Gesandte beim Heiligen Stuhl, Etienne Gueffier, in seinem Testament dem Orden zum Bau einer Treppe 10 000 Scudi vermacht, weniger eine fromme Stiftung als ein politischer Schachzug, um dem französischen Anspruch auf repräsentative architektonische Gestaltung des Pincio-Hanges ein materielles Fundament zu geben. Noch bevor die Erbschaft anfiel (1661), entschied der Kardinal in Paris – eben hatte der Pyrenäenfrieden die Vormachtstellung Frankreichs und den Triumph über das Haus Habsburg besiegelt –, die Treppe auf Kosten des französischen Staates bauen zu lassen. Vier verschiedene Entwürfe, einer davon aus der Hand Berninis, gipfelten allesamt in einer Reiterstatue Ludwigs XIV. von Frankreich, die den Hügel vom Mont Victoire seiner Herrschaft adelte. Papst Alexander VII. verbat sich eine solch ungeheuerliche Provokation und brachte den »Aufgalopp« des Königs gegen den kapitolinischen Marc Aurel zu Fall. Berninis wahrscheinlich im Zusammenhang des Treppenprojektes konzipiertes Reitermonument, das nicht die Gnade des Königs fand, landete am Ende im Park von Versailles. Mazarin starb 1661 und das umstrittene Treppenprojekt wurde ad acta gelegt.

Erst die Wahl Giovanni Francesco Albanis im Jahre 1700 zum Papst (Clemens XI.) und der Tod Ludwigs XV. von Frankreich 1715 belebten die Planungen neu und ermöglichten eine von politischen Kontroversen unbelastete Lösung.

1703/04 entstand Alessandro Specchis Anlage des Landeplatzes am Flußhafen Ripetta, die in mehrfacher Hinsicht die Treppengedanken befruchtete. Der städtebauliche Akzent am Beginn der Straßenachse Via Tomacelli – Via Condotti machte eine Lösung an deren Ende immer notwendiger. 1717 beteiligten sich neben Specchi, dem Architekten des Ordens, auch Francesco de Sanctis als Architekt der römischen Straßenbaubehörde und Filippo Juvarra an einem ersten Wettbewerb. Aber erst der zweite Wettbewerb 1723 brachte überzeugende Lösungen. Clemens XI. entschied sich – nicht ohne vorher seine Entscheidung in Paris absegnen zu lassen – für De Sanctis Entwurf, nachdem dieser wesentliche Ideen seines Konkurrenten Specchi in seine Planungen einbezogen hatte. De Sanctis Name verbindet sich mit einem einzigen künstlerisch bedeutenden Werk, das ihm Unsterblichkeit sicherte. Schon 1726 war der Bau zum Ruhme der Krone Frankreichs und zum Gedächtnis seines Stifters vollendet. Daß er fortan nicht Frankreichs, sondern Spaniens Namen tragen sollte, ist eine Ironie der Geschichte.

Die Spanische Treppe ist Bühne für ein immerwährendes Theaterstück, das nur in wenigen Nachtstunden zur Ruhe kommt, um im Morgengrauen neu zu beginnen. Vielleicht umgeht man die Treppe zunächst, indem man rechter Hand über die Rampa di S. Sebastianello zum Platz hinabsteigt, um dann die Treppe von der Via Condotti her anzugehen und gemächlich wieder hinaufzusteigen. Der Umweg lohnt sich, denn die Treppe ist voller Überraschungen.

Die beiden Palazzetti rechts und links verdecken den Blick auf deren Weite, die nur die drei seitlich etwas überkragenden »Vorstufen« mit ihren mit Wappenlinien (französische Könige) und Adler (Papst-Familie Corsini) geschmückten Pollern schon vorwegnehmend andeuten. Steigt man die flachen Stufen empor, wechseln Formen, Bewegungsrichtung, An- und Aussichten unaufhörlich. Die Dreizahl, die im Namen der Kirche der Hl. Dreifaltigkeit aufscheint, bestimmt dabei Struktur und Rhythmus der Anlage und dominiert die Vertikale ebenso wie die Horizontale.

Der untere Abschnitt mit seinen 36 Stufen wird durch zwei niedrige, zur Mitte hin einschwingende Sitzbalustraden dreifach geteilt und läuft auf eine schmale Terrasse zu, von der aus der mittlere Abschnitt mit zwölf über die ganze Breite ausgreifenden, in der Mitte konvex zurückschwingenden Stufen aufsteigt.

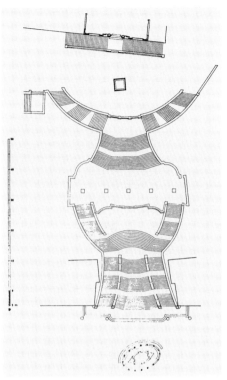

Spanische Treppe, Grundriß (nach Lotz)

Diese führen auf den unteren, nach hinten von einer Stützmauer begrenzten Teil der zweiten Terrasse, um das seitliche Treppenläufe herum auf den balkonartigen oberen Teil der Terrasse führen, der das mittlere Treppen-Segment abschließt. Bevor man sich auf diesem Balkon umwendet, der Stadt zu, kann man auf der Stützmauer die erste der beiden Inschriften lesen, die den Stifter Etienne Gouffier preist und dann die drei Päpste Clemens XI., Innozenz XIII. und Benedikt XIII. nennt, denen die Planung und Ausführung der städtebaulich so wichtigen Anlage bis zu deren Vollendung 1725 ein Anliegen war. Mit der oberhalb der Stützmauer gelegenen Terrasse erreicht die Treppe ihre größte Breite, um sich gleich darauf, zu Beginn ihres oberen, dritten Abschnitts mit zweimal zwölf Stufen auf die geringste Breite zu verengen. Die nun erreichte letzte Plattform wird wiederum von einer Stützmauer begrenzt, auf der sich eine kürzere Inschrift findet:

> Gott dem Besten, dem Grössten.
> Während Papst Benedikt XIII.
> (auf dem Heiligen Stuhl) sass,
> Ludwig XV.
> in Frankreich herrschte
> und dessen Geschäften beim Heiligen Stuhl
> vorgesetzt war
> Melchior, der Heiligen Römischen Kirche
> Kardinal, de Polignac,
> Erzbischof von Auch,
> ist zu des heiligen Hauses und der näheren Stadt
> Schmuck
> und zur Annehmlichkeit für die Bürger
> die marmorne Treppe
> in einer so hohen Bauherrschaft würdigen Ausführung
> fertiggestellt worden
> im Jahre des Herrn 1725.

Von hier greift die Treppe mit zwei seitlichen Läufen von je dreimal zwölf Stufen noch einmal weit aus, um auf dem Platz vor der Kirche zu enden.

Der Grundriß zeigt nicht nur die Dreigliederung der Treppe in der Vertikalen und Horizontalen, sondern auch, daß die Achse der Gesamtanlage leicht verzogen ist und daß Brunnen, Treppe, Obelisk und Kirchenfassade nicht dieser Achse folgen. Dies mindert den grandiosen Gesamteindruck jedoch nicht.

Der **Barcaccia** (100) genannte Brunnen am Fuße der Treppe ist ein Werk Pietro Berninis.

Pietro Bernini war seit 1624 leitender Baumeister für die Unterhaltung und Erweiterung des Leitungssystems der Acqua Vergine (vgl. **(107)**). Als er 1629 starb, waren die Bauarbeiten noch nicht abgeschlossen. Sein Sohn Gianlorenzo vollendete den Brunnen bis 1632 nach den Plänen des Vaters.

In einem flachen, in das Pflasterniveau eingetieften Bassin schwimmt ein Boot. Bug und Heck tragen an der Außenseite das Papstwappen Urbans VIII. Nach innen füllen fächerförmige Kaskaden aus zwei Sonnenmasken das Boot mit Wasser, in dessen Mitte sich eine Fontäne in ein gestelztes Auffangbecken ergießt. Aus dem Schiffsbauch wiederum strömt das Wasser in das

Sie steigt nur an, um immer wieder eine Möglichkeit der Entfaltung zu geben, Schauplätze zu schaffen, Massen zu gliedern, Gruppen zu beschwören, zusammenströmen zu lassen und zu trennen. Das Ganze hebt sich für einen mächtigen vielgegliederten Chor, eine große römische Szene, in der sich das Volk bei scheinbar freier Entfaltung einem dekorativen und imperatorischen Willen unterwirft. Viel Größe, aber ebensoviel Schaustellung; das faschistische Pathos ist ja gewiß nicht ohne Tradition.

*Reinhold Schneider, Tagebuch, 30. März 1931*


## *Über die Piazza di Spagna werde ich gehen*

Ein klarer Himmel wird sein.
Die Straßen werden sich öffnen
auf den Hügeln der Pinien und Steine.
Das Getümmel der Straßen
wird jene unbewegliche Luft nicht trüben.
Die farbsprühenden Blumen der Brunnen
werden blinzeln
wie belustigte Frauen. Die Treppen,
Terassen, die Schwalben
werden im Sonnenlicht singen,
schwirrend wird schlagen das Herz
wie die Wasser der Brunnen –
dies wird die Stimme sein,
die deine Treppen ersteigt.
Die Fenster kennen den frühen
Ruch von Gestein und Luft.
Eine Tür wird aufgehn.
Das Getümmel der Straßen
wird sein des Herzens
Aufruhr im bleichen Licht.
Du wirst es sein – wirklich und hell.

*Cesare Pavese, 1950*

umgebende Bassin. Das Bootsmotiv erinnert an die häufigen verheerenden Überschwemmungen des Tiber, dessen Wasser erst 1598 bis am Fuß des Pincio gestanden hatte (47). Die Versenkung des Brunnens diente auch der Lösung eines technischen Problems; damit sollte der zu geringe Wasserdruck ausgeglichen werden.

Die Anlage der Treppe ein Jahrhundert später wertete die städtebauliche Bedeutung des Brunnens, der nun den Anfangspunkt einer großartigen Achse Brunnen – Treppe – Obelisk – Kirche markierte, erheblich auf.

Der **Spanische Platz (101)** hat seinen Namen von der Botschaft des Königreichs Spanien beim Heiligen Stuhl (Nr. 103). Er ist das touristische Zentrum des Stadtbezirks.

Das unterste Podest der Treppe wird seitlich gerahmt von zwei symmetrisch gestalteten kleinen Palazzi. Sie entstanden zusammen mit der Gesamtanlage, ebenfalls nach Plänen De Sanctis. Die Fensterrahmen und Bekrönungen zeigen die Rokoko-Formen der Entstehungszeit. Lilie und Sonne symbolisieren einmal mehr die Ansprüche Frankreichs und seines Königs auf das Areal. Im linken Gebäude (Nr. 21-25) hat eine Institution britischen Lebensgefühls, »Babington's Tea Room«, seinen angestammten Sitz, wo man heute wenige Briten und wenig Britisches, dafür aber gehobene Preise vorfindet. Waren es im 16. und 17. Jahrhundert Reisende aus den Ländern der beiden rivalisierenden Weltmächte Spanien und Frankreich, die den Platz beherrschten, so im 18. Jahrhundert vermehrt solche von den Britischen Inseln, die von den Einheimischen, ob adelig oder nicht, als »milordi« tituliert wurden und im »ghetto dell'Inglesi« logierten.

Der Palazzetto rechts neben der Treppe (Nr. 26/27) beherbergt eine andere Institution britischer Präsenz in Rom, das **Keats-Shelley-Memorial (102)**. Quasi ein Pendant zur Casa di Goethe, ist die Keats-Shelley Memorial Association Träger des Gebäudes und unterhält in der kleinen Wohnung im zweiten Obergeschoß, in der der englische Dichter John Keats (1795-1821) die letzten Wochen seines kurzen Lebens verbrachte, ein Museum. Sein Freund Percy Bysshe Shelley (1792-1822), der in der Nähe wohnte, starb ein Jahr später, auch er nur dreißigjährig. Sie waren nur zwei von Hunderten berühmter und vergessener englischer Künstler, die kürzer oder länger in Rom lebten und arbeiteten – und manchmal dort auch starben. Lord Byron gehörte zu ihnen

Der Barcaccia- Brunnen am Fuß der Spanischen Treppe

wie Walter Scott und Thomas Lawrence oder J. S. Copley, die Maler Joshua Reynolds und William Turner.

Im Gebäude gegenüber, an der Ecke zur Via Condotti (Nr. 77-78), befand sich im 19. Jahrhundert eine der römischen Nobelherbergen, der Albergo d'Alemagna, in dem der deutsche Geburts- und Geldadel, Künstler und Wissenschaftler abstiegen.

Richtung Süden erreicht man die Denkmalsäule, auf deren Spitze eine Marienfigur thront. Die **Colonna dell'Immaculata Concezione (103)** ist eines der letzten Monumente des Macht- und Herrschaftsanspruches des Bischofs von Rom, nicht nur über Stadt und Kirchenstaat vor dessen Ende, sondern vor allem auch als Oberhaupt der katholischen Kirche.

Der von Papst Johannes Paul II. im Anno Santo 2000 heiliggesprochene Papst Pius IX. (1846-1878) ließ die Säule 1856, zwei Jahre nach der Verkündigung des Dogmas von der unbefleckten Empfängnis der Gottesmutter Maria, errichten. Der Glaubenssatz, daß Maria vom Augenblick ihrer Zeugung an vor der Erbsünde, der alle Sterblichen – ohne eigenes Verschulden – anheimgegeben sind, bewahrt bliebe, war Anlaß heftiger innerkirchlicher Auseinandersetzungen. Pius IX. verkündete das Dogma ohne vorherige Beratung mit Bischöfen und Kardinälen auf einem Konzil und berief sich auf die päpstliche Autorität in allen Fragen der Glaubenslehre. Damit stärkte er ein auf die kirchlichen Hierarchien mit dem Papst an der Spitze ausgerichtetes Selbstverständnis der Kirche, das einige Jahre später – gerade in dem Augenblick, als er seine weltliche Macht über den Kirchenstaat verlor und italienische Truppen die Stadt eroberten – seine verbindliche Formulierung in der Feststellung der päpstlichen Unfehlbarkeit durch das Erste Vatikanische Konzil finden sollte.

## An die Melancholie

(...)

SIE wohnt bei Schönheit, welche sterben muß,
Bei Wollust, die die Finger an den Lippen,
Stets Abschied nimmt, und schmerzhaftem Genuß,
Der Gift wird unter Bienenrüssels nippen.
Ach, mitten in des Glückes Tempel ragt
Der Schwermutsgöttin Heiligtum; gewähren
Kann sie nur der, des Zunge sonder Bangen
Die Traube Wollust zu zerdrücken wagt.
Sein Herz wird ihre wehe Macht erfahren
Und unter ihren Nacht-Trophäen prangen.

*John Keats*

**John Keats**, geboren 1795 in London, war einer der bedeutendsten Dichter der englischen Romantik. Seine bewegendsten Dichtungen wie die großen Oden »Auf eine griechische Urne«, »An eine Nachtigall«, »An den Herbst« und das Epos »Hyperion« entstanden, nachdem sich 1818 Anzeichen einer Tuberkulose-Erkrankung gezeigt hatten. Sein Stil war geprägt von großer Musikalität und einem an der antiken Kunst geschulten Schönheitsideal. Zu spät reiste Keats nach Italien. Er starb im Februar 1821, wenige Wochen nach seiner Ankunft in Rom, an der Piazza di Spagna. Sein Grab befindet sich auf dem Friedhof bei der Cestius-Pyramide **(109)**.

Sein drei Jahre älterer Freund **Percy Bysshe Shelley**, der einer begüterten Adelsfamilie entstammte, lebte bereits seit 1818 in Italien, wo sein Hauptwerk, das Drama »Der entfesselte Prometheus«, entstand. Auf den Tod des Freundes schrieb er die Elegie »Adonais«. Er kam 1822 bei einem Bootsunglück vor der toskanischen Küste ums Leben. Seine Leiche verbrannten die Freunde, unter anderem der Dichter Lord Byron, nach seinem Tod am Strand bei Viareggio, zusammen mit den Abschriften von Gedichten seines Freundes Keats, die er bei sich trug und die eine Identifizierung ermöglichten.

Keats-Shelley-Gedenkstätte, ehemaliger Wohnraum

Die 11 Meter hohe antike Säule aus Cipollin, einer Marmorart, war 1777 bei S. Maria in Campo Marzio entdeckt und dann auf die Piazza Monte Citorio transportiert und abgelegt worden. Am 18. Dezember 1856, dem Fest der Unbefleckten Empfängnis Mariä, wurde sie an der heutigen Stelle aufgerichtet. Für das Denkmal hatte der Architekt Luigi Polenti den Entwurf geliefert. Die Säule wird bekrönt von einer bronzenen Marienstatue von Giuseppe Obici, die auf einem antiken Kompositkapitell steht. An den vier Ecken des Sockels kauern vier marmorne Propheten – Moses, Jesaia, Ezechiel und David –, die an Prophetengestalten Michelangelos erinnern. In der Zone darunter sind in den Sockel vier Marmorreliefs eingelassen, die Szenen aus dem Leben Mariens darstellen (*Verkündigung*, *Josephs Traum*, *Krönung der Maria* und *Verkündigung des Dogmas*).

Im September 1857 weihte Pius die Säule im Beisein von über 200 Bischöfen und Prälaten. Ferdinand Gregorovius kommentierte das Ereignis aus Sicht des protestantisch-liberalen Historikers: »Da war es am 8. Dezember 1854, daß Pius IX. ein Dogma verkündete, jenes der unbefleckten Marienempfängnis. Dies war der jesuitische Abschluß der Reformen des einst geistreichen und liberalen Papstes. Über diesen Reformen von 1847 und über der Revolution, welche sie hervorriefen, wird nun jene Säule und jene Jungfrau aufsteigen, der Nachwelt zum Denkmal, wie schnell sich im Leben alles wandelt.« (»Wanderjahre in Italien«).

Der Säule gegenüber steht der Palazzo Monaldeschi, der unter diesem Namen kaum bekannt ist und seit 1647, als die spanische Botschaft hier einzog, **Palazzo di Spagna (104)** genannt wird. Diese Bezeichnung ging dann alsbald auch auf den Platz über. Der alte Palast wich 1653 einem Neubau, als dessen Architekt Antonio del Grande urkundlich genannt wird. Die Fassade des kubischen Baublocks wird nur durch das dreiteilige Portal und eine in den seitlichen Abständen nicht ganz gleichmäßige Verteilung der Fensterachsen akzentuiert. Ansonsten fügt sie sich unauffällig in die Randbebauung des Platzes, ohne besondere Aufmerksamkeit zu erregen.

In der Ecke des Spanischen Platzes, am Eingang zur Via dei Due Macelli, die zum 3. Bezirk gehört, und nördlich der Stirnseite des Palazzo di Propaganda Fide **(105)** wurde 1986 die erste **McDonald's-Filiale** Roms eröffnet (Nr. 46/47). Das Ereignis löste seinerzeit in Rom heftige Kontroversen aus, die auch die deutschen Medien erreichten. So berichtete die Frankfurter Allgemeine Zeitung über das »Gesundheitskomitee gegen die Herabwürdigung der Stadt«. Im Innern finden sich – in eine Wand eingelassen – Reste antiker Bodenmosaiken, die beim Ausbau des Gebäudes gefunden wurden (Aufgang zum Obergeschoß).

## Exkurs V: »Ad fontes«

Den südöstlichen Abschluß des Platzes, schon im Rione Colonna gelegen, bildet die Fassade des **Palazzo di Propaganda Fide (105)**, der ein ganzes Carré, eine »insula«, begrenzt von der Via Due Macelli, der Via Capo le Case und der Via di Propaganda, einnimmt.

1622 gründete Papst Gregor XV. Ludovisi die »Congregazione Di Propaganda Fide« (lat. propagare = ausbreiten) als kirchliche Institution, welche die Verbreitung des katholischen Glaubens in der ganzen Welt steuern sollte. Gleich nach der Gründung stiftete der spanische Priester Giovanni Battista Vives neben seinem Vermögen den Palazzo Ferratini am Spanischen Platz, in dem ein Kolleg zur Ausbildung von Priester-Missionaren untergebracht war. Dieser Ende des 16. Jahrhunderts errichtete Palast wurde bis zum Ende des 17. Jahrhunderts zu dem von den genannten Straßen begrenzten Gebäudekomplex erweitert.

Die Kongregation wurde zunächst vom Bruder des Papstes Urban VIII. (1623-1644), Kardinal Antonio Barberini, tatkräftig unterstützt. Er finanzierte den Erwerb der benachbarten Grundstücke und ließ durch Gaspare De Vecchi 1639 bis 1645 für die Studenten des expandierenden Kollegs den Flügel zur Via Due Macelli aufführen. Der von den Barberinis protegierte

Gianlorenzo Bernini hatte bereits 1634 zur Via Propaganda, an der Stelle der heutigen Kirche, eine Palastkapelle gebaut. Zehn Jahre später versah Bernini den alten Palast zum Platz hin mit einer repräsentativen Fassade, die im Gegensatz zu seiner Kapelle heute noch besteht. Kaum war diese fertig, starb 1644 erst der Barberini-Papst und 1646 sein Förderer, der Barberini-Kardinal. Der neue Papst Innozenz X. und seine Familie, die Pamphili, setzten auf andere Künstler, und so war der Weg frei für einen Architektenwechsel. Auf persönliche Empfehlung des Papstes beauftragte die Kongregation den schärfsten Konkurrenten Berninis um öffentliche Aufträge, den Architekten Francesco Borromini mit der Fortführung des Bauvorhabens. Dies war der Anfang einer dramatischen Entwicklung. Borrominis Planung für die Flügel zur Via Capo le Case und zur Via Propaganda gipfelten nämlich im Vorschlag, die Kapelle Berninis wieder abzureißen. In mehreren Planungsschritten verwandelte Borromini den Ovalraum Berninis mit seiner repräsentativen Fassade zur Straße hin in einen von der Tordurchfahrt zugänglichen Rechteckraum. Aber erst 1655/58 stand der Palastflügel zur Via Propaganda im Rohbau. 1660 wurde dann Berninis Kapelle tatsächlich beseitigt, in den Jahren 1661 bis 1663 die neue Kirche errichtet. Laut Inschrift war der Bau 1666 vollendet, als Borromini jedoch 1667 starb, waren zumindest die Stuckarbeiten im Inneren noch nicht ausgeführt. (Endgültige Weihe 1729, Restaurierungen 1815 nach Verwüstungen durch die Franzosen und 1955).

Grundstück und Palast gehören gemäß den Verträgen zwischen dem Heiligen Stuhl und Italien von 1929 (sogenannte Lateranverträge) zum Vatikanstaat.

Papst Sixtus V. schuf 1588 die Kardinalskongregationen (damals 15) als Organe zur geistlichen und weltlichen Leitung und Verwaltung der Kirche. Die *Congregatio super negotiis sanctae fidei et religionis catholicae* stellte jedoch ihre Arbeit kurze Zeit später wieder ein und wurde 1622 unter dem Namen **Congregatio di propaganda fide** neu gegründet. Aufgabe war die Verbreitung des Glaubens bei den »Ungläubigen« vor allem in Übersee. Die Schaffung einer solchen Behörde war ein gutes Jahrhundert nach der Kolonialisierung der Welt durch die europäischen Staaten ein dringendes innerkirchliches Anliegen. Sie war die wichtigste nach der älteren Kongregation des Heiligen Offiziums (kurz »Inquisition« genannt, die für die Verteidigung des Glaubens zuständig war) und hatte wie diese eine eigene Rechtspersönlichkeit, das heißt, sie konnte vor allem auch Eigentum erwerben. Sie verwaltete die römische Kirche außerhalb der katholischen Länder Europas in ihrer Gesamtheit. Die Kongregation blieb auch nach den Kurienreformen Pauls VI. (1967) und Johannes Pauls II. (1988) erhalten, wurde allerdings umbenannt in »Kongregation für die Evangelisierung der Völker«. Sie wird derzeit geleitet von dem slowakischen Kurienkardinal Jožef Tomko.

Die Fassade des Palastes zur Via di Propaganda ist ein Meisterwerk öffentlicher Architektur, wenngleich heute wegen der Enge der Gasse nicht angemessen, das heißt mit notwendigem Abstand, zu betrachten. Den südlichen Teil gestaltete Bernini in Anlehnung an den nördlichen, noch zum Palazzo Ferentini gehörenden Teil schlicht, um den siebenachsigen Mitteltrakt um so stärker zu akzentuieren. Das Grundprinzip der Wandgliederung des Innenraumes übertrug er auf die Fassade. Kolossale Pilaster fassen Sockel-, Mezzanin- und Hauptgeschoß zusammen. Die Fenster des Hauptgeschosses sind so zwischen die Pilaster gespannt, daß

**Francesco Borromini** wurde 1599 in Bissone am Luganer See geboren, einer Region, die seit der Renaissance ungezählte Architekten, Baumeister und Bauhandwerker hervorgebracht hat. Er war ein Jahr jünger als Gianlorenzo Bernini und als Architekt zeitlebens dessen Konkurrent im Streben nach Aufträgen und Anerkennung. Von 1624 bis 1630 arbeitete er unter Leitung von Carlo Maderno, dann ab 1629 von Bernini, in der Bauhütte von St. Peter an der Vollendung von Langhaus und Fassade, zunächst als Steinmetz, später als Meister.

Ab 1634 als freier Architekt tätig, entwarf er zunächst Kloster und eine dem hl. Karl Borromäus geweihte Kirche für den Trinitarier-Orden (San Carlo alle quattro fontane). 1637 wurde er Architekt der Kongregation des hl. Filippo Neri, der er ein Ordenshaus und ein Oratorium baute. Sein bedeutendster, kühnster und hinreißendster Bau ist die Kirche der päpstlichen Universität S. Ivo della Sapienza (ab 1642). Innozenz X. setzte nicht mehr wie sein Vorgänger auf Bernini, sondern betraute Borromini mit wichtigen Vorhaben, vor allem mit dem Umbau von S. Giovanni in Laterano zum Heiligen Jahr 1650. 1651 kam es zum vollständigen Bruch mit Bernini, der immer noch einflußreiche Förderer in der Stadt hatte. Projekte der späten Jahre waren S. Agnese in Agone an der Piazza Navona (1653ff.), S. Andrea delle Fratte (1653ff., unvollendet), die Fassade von S. Carlo und die Villa Falconieri in Frascati. 1667 nahm sich Borromini in Rom das Leben.

Borrominis künstlerische Leistung war die Abwendung von der »klassizistischen«, letztlich immer an der Antike orientierten monumentalen Architektur des römischen Hochbarock. Mit seinen rhythmisch schwingenden Raumdispositionen, in denen sich die einzelnen Glieder zu reich bewegten Räumen verbinden und durchdringen, entwickelte er einen Stil, der die Architektur des späten 17. und 18. Jahrhunderts besonders im süddeutsch-böhmisch-österreichischen Raum nachhaltig prägte.

sie sich unter deren Seitendruck aus der Ebene zu wölben scheinen. Das mittlere Segment fängt diesen Druck auf, indem Gebälk, Gesims und Wandflächen konvex zurückschwingen, dabei die seitlichen Pilaster und das Gebälk gleichsam mitziehen. Nur das mittlere Fenster entlädt seine Bewegungsenergie in einer gegenläufigen konkaven Wölbung. Hundertfach ist dieses Muster in den Kirchen und Palastfassaden des Spätbarock in ganz Europa wiederholt worden.

Es lohnt noch ein Blick auf die Ausarbeitung dekorativer Details, etwa der Fenstereinfassungern mit ihren palmengefaßten Okuli in den Giebeln oder auch die nobel proportionierte

Palazzo di Propaganda Fide, Fassade

Rahmung des Portals, hinter dem linker Hand der Zugang zur **Kirche der Heiligen Drei Könige (Chiesa di Rei Magi)** (106) liegt. Sie nimmt den Raum hinter der linken Hälfte der Fassade ein (daher die Scheinportale im Sockelgeschoß). Sie kann nach Voranmeldung bei der Kongregation oder auch nach Anfrage beim Pförtner besichtigt werden.

Der Innenraum ist Borrominis spätestes Werk, in dem seine Raumkunst zur Vollendung gelangt. Die Raumschale wird durch bis zur Decke reichende Pilaster gegliedert, deren Kapitelle die für Borromini typischen Engelsköpfe mit nach innen gedrehten Voluten zieren. Die zwischen den Pilastern ausgespannten Wandfelder lösen sich im Untergeschoß vollständig in Nischen, Durchgängen zu den vier Seitenkapellen und dem Altarraum, im Obergeschoß in Fensteröffnungen auf. Ein sich hinter den Pilastern durchziehendes Gebälk und ein verkröpftes

Gebälk oberhalb der Kapitelle verspannen die »Punktstützen« miteinander. Gleiches leisten die diagonalen Rippen im flachen Muldengewölbe, deren Verlauf dort ein Rautenmuster zeichnet, das im Zentrum zu einem Sechseck kontrahiert wird. Diese Kontraktion, unterstützt durch die Abrundung der Raumecken (die beiden die Ecken flankierenden Pilaster sind raffinierterweise leicht konkav gewölbt), erzeugt in dem nicht großen Raum eine Spannung und einen spürbaren Rhythmus, der von der sparsamen, weiß-grau getönten Stuckdekoration noch verstärkt wird.

Borromini hat in unnachahmlicher Weise alle Architekturglieder zu einem raumumspannenden Netz verbunden, das die sich hier versammelnden polyglotten Kardinäle umfängt. Diese »unklassischen« Tendenzen der Architektur Borrominis zogen die Kritik vieler Zeitgenossen auf sich, waren aber von großem Einfluß auf die Architektur des Spätbarock, besonders in Böhmen, Österreich und Süddeutschland.

In den Gewölbestichkappen der Schmalseiten findet sich das Wappen Alexanders VII., während dessen Pontifikat die Kirche 1666 fertiggestellt wurde (Inschrift über dem Eingangsportal). Die Büsten in den kurvierten Raumecken wurden Wohltätern der Kongregation und des Bauvorhabens gesetzt. In der linken Mittelnische steht die Büste des Kardinals Antonio Barberini. Das Bild des Hochaltars von Giacinto Gemignani von 1643 zeigt die Anbetung der Heiligen Drei Könige.

Nach Verlassen des Palastes führt der Weg linker Hand weiter auf der Via Propaganda. Nach Überqueren der Via Capo le Case geht man an der Kirche S. Andrea delle Fratte mit Borrominis exzentrischer weißer Laterne auf der Kuppel vorbei. Geradeaus geht es in in die Via di Sant'Andrea delle Fratte, an deren Ende nach links in die Via del Nazareno. Auf der rechten Seite zwischen den Häusern Nr. 12 - Nr. 7 b sind vier Meter unter dem heutigen Straßenniveau monumentale Reste einer antiken Wasserleitung, der **Acqua Vergine (107)**, zu sehen, die vom Pincio kommend große Teile des Marsfeldes mit Frischwasser versorgte.

Rom ist auch heute wie in Zeiten der Antike eine Stadt der Brunnen. Der gewaltige Wasserbedarf konnte bereits in der spätrepublikanischen Zeit nicht mehr aus den innerstädtischen Quellen und Bächen gedeckt werden. Im Laufe der Jahrhunderte wurde deshalb ein System der Zufuhr von Frischwasser durch Leitungen in die Stadt entwickelt, das zu den Meisterleistungen römischer Ingenieurbaukunst gehört. Elf große Wasserleitungen, Aquädukte, wurden in den fünfeinhalb Jahrhunderten von

312 v. Chr. bis 226 n.Chr. konstruiert und gebaut, die Wasser aus dem umliegenden Bergland über ein System von unterirdisch und oberirdisch – teilweise auf gewaltigen brückenähnlichen Substruktionen – geführten Leitungen in die Stadt fließen ließen. Wasser war nach römischer Rechtsauffassung öffentliches Eigentum, und die Wasserbewirtschaftung war ein wichtiger Bereich der Staatsverwaltung. Schätzungen zufolge soll die Kapazität des Leitungssystems Anfang des 3. Jahrhunderts n. Chr. etwa 600 000 Kubikmeter täglich betragen haben (Frank Kolb). Die aus den Quellen von Salone rund 20 Kilometer östlich von Rom gespeiste Acqua Vergine wurde 19 v. Chr. fertiggestellt. Dieser Aquädukt verlief bis zum Hang des Pincio bei der Villa des Lukullus **(91)** unterirdisch, von da ab entlang der Via Due Macelli, dann die Via Nazareno kreuzend zur Piazza di Trevi (von lat. *Trivium*, d.h. einer Kreuzung dreier Wege), schließlich zum Corso entlang der Via del Seminario bis zur Saepta unmittelbar östlich des Pantheon. Mit dem Wasser dieser Leitung, die täglich rund 100 000 Kubikmeter heranführte, wurden unter anderem die Thermen des Agrippa, die ältesten öffentlichen Badeanlagen Roms, gespeist.

In der spätantiken Zeit begann der allmähliche Verfall der Aquädukte, beschleunigt durch die germanischen Belagerungen und Eroberungen der Stadt. Ab dem 7. Jahrhundert war nur noch die Acqua Vergine intakt, deren Leitungen wegen ihres unterirdischen Verlaufs vor Zerstörungen geschützt waren. Aber auch diese wurde im Mittelalter zum Rinnsal, als die Quellen von Salone nicht mehr mit der Leitung verbunden waren. Der Aufschwung der Stadt setzte nach dem Papst-Exil in Avignon in der ersten Hälfte des 15. Jahrhunderts ein. Das neu eingerichtete Amt *der magistri aedificiorum et stratarum* umfaßte auch die Unterhaltung der Acqua Vergine und ihres Mündungsbrunnens an der Piazza di Trevi, mit dem das dicht besiedelte Areal des Marsfeldes mit Wasser versorgt wurde. Unter Papst Pius V. wurde die Wiederanbindung der Leitung an die Quellen abgeschlossen. Damals erreichte die Leitung wieder ihre antike Förderkapazität, und am Fuße des Pincio wurde ein Wasserreservoir angelegt (hinter dem Brunnen des Nichione, **(89)**). Ende des 16. Jahrhunderts erhielt der Architekt Giacomo della Porta den Auftrag zur Errichtung von 18 öffentlichen Brunnen, die aus der Acqua Vergine gespeist werden sollten (u.a. der Brunnen auf der Piazza del Popolo, **(2)**). Im 17. Jahrhundert wurden nach und nach auch andere antike Aquädukte instand gesetzt. Immer mehr Wasser stand als Element der »städtischen Szenographie« zur Verfügung. Rom wurde wieder wie in antiker Zeit zur Stadt der Brunnen und Wasserspiele. Dabei stand die Verschwendung des Wassers in zahlreichen Brunnenanlagen in keinem Verhältnis zur unzureichenden und dürftigen Wasserversorgung der privaten Haushalte. Selbst aufwendig ausgestattete Palazzi verfügten nur selten über Bäder oder gar fließendes Wasser. Papst Benedikt XIV. wollte im 18. Jahrhundert die hohen Kosten für die Wasserversorgung auf die Verbraucher umlegen, doch die Bevölkerung berief sich unter heftigen Protesten auf das uralte Privileg der kostenlosen Wasserversorgung. Anfang des 19. Jahrhunderts zapfte Valadier die Acqua Vergine für seine Brunnen auf der Piazza del Popolo an **(3)**, die nach jahrzehntelanger Stilllegung zum »Giubileo« 2000 restauriert und wieder aktiviert wurden.

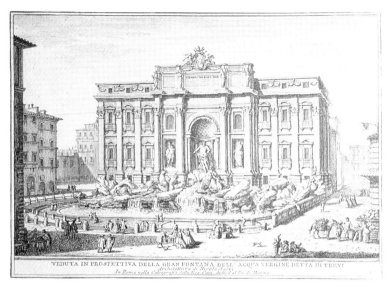

Fontana di Trevi, Kupferstich von Giovanni Battista Piranesi
aus den Vedute di Roma, nach 1745

Nach Überqueren der Via del Tritone geht es die Via della Stamperia entlang, die in einer Linkskurve zur Piazza di Trevi führt. Die **Fontana di Trevi (108)** ist vielleicht nicht der schönste, aber der grandioseste Brunnen Roms, ein Brunnen der Brunnen. Das sei kein Brunnen, sondern »ein Brunnenpalais, die Residenz eines königlichen Wassergottes«, schrieb Werner Bergengruen 1949 in seinem »Römischen Erinnerungsbuch«.

Seit dem 15. Jahrhundert endete der Aquädukt vor der Hauptfassade des Palazzo Poli an der Piazza dei Crociferi in einem einfachen Becken. Seit dem 16. Jahrhundert gab es dann immer neue Planungen für eine repräsentative Neugestaltung. Schließlich wurde nach 1640 an der heutigen Stelle mit dem Bau eines neuen Brunnens nach einem Entwurf von Bernini begonnen. Allein, fertiggestellt wurde nur das Wasserbecken, die zugehörige Brunnenfassade wurde nicht realisiert. Schließlich erhielt nach langem Hin und Her 1728 Paolo Benaglia den Auftrag von Papst Benedikt XIII., der aber 1730 starb. 1732 wurde mit dem Bau des Brunnens (unter Verwendung des Beckens von Bernini) nach einem Plan von Nicola Salvi begonnen. 1735 wohnte Papst Clemens XIII. einer Eröffnungszeremonie bei, aber erst 1762 kam es zur feierlichen Einweihung der Anlage (zuletzt von 1989 bis 1991 restauriert).

Die durch Kolossalpilaster gegliederte Schaufassade des Brunnens ist der Seitenfront des Palazzo Poli vorgeblendet. Der dreiachsige Mittelteil imaginiert einen monumentalen Triumphbogen: Vor die Pilaster sind Säulen gestellt, die ein verkröpftes Gebälk tragen, auf dem wiederum eine hohe Attika ruht. Vor dieser stehen Personifikationen der vier Jahreszeiten. Die Inschrift verweist auf die Inbetriebnahme der Anlage 1732: »Papst Clemens XII. / hat die Wasserleitung ›Jungfrau‹, / die durch ihre Ergiebigkeit (*abundantia*) und Bekömmlichkeit (*salubritas*) empfohlen ist, / mit großartiger Ausgestaltung geschmückt / im Jahre des Herrn 1735, seines Pontifikats 6.«

Fontana di Trevi, Okeanos

In der mittleren halbrunden Tor-Nische steht der Gott Okeanos, Herr der Wasserfluten, dessen Muschelwagen von zwei ungebärdigen Pferden gezogen wird, die von zwei Tritonen mühsam im Zaume gehalten werden (von Pietro Bracci). In der rechten Nische steht die Personifikation der Heilkraft (»salubritas«), darüber ein Relief mit der namengebenden Legende von der Jungfrau (»Virgo«), die nach Wasser suchenden römischen Soldaten Quellen zeigt, aus denen dann der Aquädukt gespeist werden konnte. In der linken Nische steht die Personifikation des Überflusses (»abundantia«), die wie ihre Schwester, die Heilkraft, für die Qualität der Leitung und ihres Wassers steht. Im Relief darüber prüft Marcus Agrippa, Schwiegersohn des Augustus, den Entwurf für den Aquädukt. Über die Felsformationen, die noch von Bernini stammen, plätschert und strömt das Wasser in das die Weite des Meeres

Münzenfischer in der Fontana di Trevi

verkörpernde Becken. Der Trevi-Brunnen ist ein Theater unter freiem Himmel, ein grandioses Schauspiel, das allerdings nicht des Lärms, sondern der Stille seiner Zuschauer bedürfte, die ihn durch ihre geräuschvolle Unruhe um seine Wirkung bringen. Es ist das Theater der Welt, das hier unter freiem Himmel in der Enge eines kleinen Platzes dargeboten wird, ein Schauspiel für Götter und Menschen; und es ist der Abgesang einer ganzen Epoche, der hier inszeniert wird, während am Horizont ein neues Zeitalter heraufzieht.

Es sind Phantasien von Werden und Vergehen, die den Besucher hier einholen. Vielleicht sind diese der tiefere Grund für die Rituale von Abschied und Wiederkehr, die mit diesem Ort verbunden sind: Wer wiederkehren wolle, der müsse beim Schein des Mondes vom Wasser des Brunnens trinken, sagt eine alte Überlieferung. Später trat an die Stelle dieses nächtlichen Rituals der Brauch, eine Münze in den Brunnen zu werfen; er wird heute weltweit an vielen Orten kopiert.

Wie der ununterbrochene Kreislauf des Wassers, so strömen tagaus, tagein die Menschen über diesen Platz. Das Gewirr der Stimmen vermag das Rauschen aber nicht zu übertönen; ihr Klang mischt sich mit den Urlauten des Wassers.

In einer der unsterblichen Szenen der Filmgeschichte entsteigt die heute fast vergessene Schauspielerin Anita Ekberg nach nächtlichem Bad dem Trevi-Brunnen. Federico Fellini hat in »La dolce Vita« der Stadt eine Ikone für das Medienzeitalter geschenkt, welche die Erinnerung an die in einem fernen Zeitalter dem Schaum des Meeres entstiegene Göttin Aphrodite-Venus bewahrt.

## Fußnote zu Rom

Ich werfe keine Münze in den Brunnen,
ich will nicht wiederkommen.
Zuviel Abendland,
verdächtig.
Zuviel Welt ausgespart.
Keine Möglichkeit
für Steingärten.

*Günter Eich*


## Rom, am Trevibrunnen

(...)

Die Münze, ja. Wenn ich sie gebe, werd ich
Lässig »per Lei, Signore« sagen? Oder
Sag ich, erkennend jäh, mein Stichwort, sag
»Dein Fährgeld, Charon«?
Charon, fahr mich gut –

*Albrecht Goes*

Zu nächtlicher Stunde mag hier angesichts von lärmenden Menschenmassen keine rechte Abschiedsstimmung aufkommen. Wer aber in der menschen- und autolosen Stille der frühen Morgenstunden den Brunnen besucht, der wird nach Rom zurückkehren – auch ohne eine Münze im Wasser versenkt zu haben.

Schon mancher Besucher mag sich gefragt haben, was mit den Münzen geschieht, die in den Fluten des Brunnens untertauchen. Nach altem kommunalem Gerichtsbeschluß sind sie herrenloses Gut. Deswegen kann auch nicht belangt werden, wer, wie der Römer Roberto Cercelletta, seinen Lebensunterhalt mit Münzfischerei bestreitet. Früher hatte die römische Stadtverwaltung wöchentlich den »Überfluß« – Münzen im Wert von mehreren Hundert Euro – zugunsten karitativer Zwecke aus dem Brunnen holen lassen. Seit dem Sommer 2002 tut sie es täglich, woraufhin sich Cercelletta am 31. Juli 2002 aus Protest Schnittwunden zufügte. Der Presse stellte er sich – den antiken Meeres- und Wassergott im Rücken und durchaus medienbewußt – als moderner Neptun: mit Kescher anstelle des Dreizacks und von barocker Leibesfülle.

## Exkurs VI: Abgesang

Der Ort endgültiger Abschiede aber könnte dort sein, wo die Rom-Begeisterung so vieler Nicht-Römer und sie selbst zur letzten Ruhe gekommen sind. Eine der bekanntesten der unbekannten Sehenswürdigkeiten dieser Stadt, mit dem sich zahlreiche große Namen verbinden, ist der **Cimitero degli Stranieri Acattolici ((109)** nicht auf der Karte) bei der Cestius-Pyramide nahe der Porta Ostiense.

300 Jahre vor dem Bau der gewaltigen Stadtmauern im 3. Jahrhundert n. Chr. ließ sich der Volkstribun Caius Caestius an der Fernstraße nach Ostia ein Grabmal in Form einer ägyptischen Pyramide errichten. In dieser verlassenen Gegend, weit entfernt von den Siedlungsgebieten, wurden im Schatten der antiken Mauer um die Mitte des 18. Jahrhunderts erstmals in Rom verstorbene Nicht-Katholiken, »eretici« – »Häretiker« nach dem Sprachgebrauch der Zeit, Ketzer also vor allem aus den nordischen Ländern, bestattet.

Das älteste erhaltene Grabmal stammt aus dem Jahre 1765. Die Verwaltung des Friedhofs lag bei der Kommune. Die Einrichtung von Gesandtschaften protestantischer Fürsten beim Hl. Stuhl nach der Wiederherstellung des Kirchenstaates 1814 führte – auch im Zusammenhang mit der Bildung nicht-katholischer Gemeinden in der Stadt – zu einer diplomatischen Lösung der Begräbnisfrage. Die letzte Bestattung erfolgte 1822, sofort anschließend begann man mit der Anlage eines »neuen« Friedhofs unmittelbar neben dem alten, beide Friedhöfe wurden vollständig mit einer Mauer umgeben. In den folgenden Jahrzehnten entwickelte sich die Anlage, auch durch die Bepflanzungen, immer mehr zu einem dicht belegten Friedhof, dessen Verwaltung bis 1871 bei der preußischen Gesandtschaft beim Hl. Stuhl, bis 1918 bei der kaiserlich-deutschen Botschaft in Rom lag. 1888 wurde das Areal des neuen Friedhofs noch einmal erweitert.

Ein Gang durch die Reihen der Gräber des neuen Teils (B), mehr noch zwischen den verstreut liegenden Gräbern des alten Teils (A) des Friedhofs ist ein Gang durch zweieinhalb Jahrhunderte vor allem europäischer Italien-Sehnsucht. Dänen, Norweger und Schweden ruhen neben Briten, Schweizern, Österreichern, Polen und Russen, aber auch Christen neben Nicht-Christen und Agnostikern. Vor allem aber sind es Deutsche, die hier bestattet sind, viele auf ihren ausdrücklichen Wunsch.

Nicht wenige Gräber sind die von Diplomaten, die ihre Staaten beim Hl. Stuhl (ab 1870 beim Königreich Italien) vertraten und deren Angehörige wie das Hans Otto von Bülows (1827-1901, Gesandter des Königs von Preußen beim Hl. Stuhl, B) oder August Kestners, des Sohnes von Goethes Jugendfreundin Charlotte, der er im »Werther« ein literarisches Denkmal gesetzt hat. (1777-1854, Gesandter des Königs von Hannover beim Hl. Stuhl, B). Für seine beiden Söhne Wilhelm (1796-1803) und Friedrich

In Rom habe ich in der Früh vom Protestantischen Friedhof zum Testaccio hinübergesehen und meinen Kummer dazugeworfen. Wer sich abmüht, die Erde aufzukratzen, findet den der andern darunter. Für den Friedhof, der an der Aurelianischen Mauer Schatten sucht, sind die Scherben auf dem Testaccio nicht gezählt, aber gering. Er hält sich eine große Wolke wie eine Muschel ans Ohr und hört nur mehr einen Ton. In den sind eingegangen: »One whose name was writ in water«, und neben Keats' Versen eine Handvoll Verse von Shelley. Von Humboldts kleinem Sohn, der an Sumpffieber starb, kein Wort. Und von August von Goethe auch kein Wort. Von den stummen Malern Karstens und Marées sind einige Linien geblieben, ein Farbfleck, ein wissendes Blau. Von den anderen Stummen wußte man nie etwas.

*Ingeborg Bachmann, Was ich in Rom sah und hörte*


Konstantin Gustav (1806-1807) erwirkte der preußische Resident Wilhelm von Humboldt die Konzession einer Familiengrabstelle auf dem Friedhof (A). Über den Tod des Sohnes schreibt er am 27. August 1803 an Schiller: »Sein Tod war sanft, sehr sanft, er hatte fröhliche Phantasien, litt nicht und ahnte nichts. Er liegt jetzt bei der Pyramide am Scherbenberg, von der Ihnen Goethe erzählen kann. Ich habe mit diesem Kinde unendlich viel verloren (...) dieser Tod hat mir auf der einen Seite alle Sicherheit des Lebens genommen (...) Und auf der anderen habe ich wieder auf einmal so eine unendliche Sicherheit mehr gewonnen.«

Nicht wenige Wissenschaftler und Leiter deutscher Forschungsinstitute finden sich unter den Bestatteten, so etwa der Archäologe Johann Friedrich Reiffenstein (1719-1793, Goethes »Rat Reiffenstein«, der von 1762 an in Rom lebte; A), Leo Bruhns (1884-1957, B), der die Biblioteca Hertziana von 1934 bis 1952 leitete. Auch deren Stifterin Henriette Hertz (1846-1913) fand hier ihre letzte Ruhe (NT). Schließlich ruht auch der große alte Mann der deutschen kunsthistorischen Rom-Forschung, Richard Krautheimer (1897-1994), der als Jude 1933 Deutschland verlassen mußte, neben seiner Frau Trude in römischer Erde. Auch das deutschsprachige Feuilleton scheint diesen Ort zu lieben. Als einer der erst jüngst Verstorbenen hat der große Schweizer

Feuilletonist Hanno Helbling (1930-2005) hier sein Grab gesucht und gefunden, ganz in der Nähe des Goethe-Sohns und mit Blick auf die Pyramide.

Nicht wenige bildende Künstler starben dort, wo sie – manchmal fast lebenslang – um Schönheit und Form gerungen hatten. Der Bildhauer Alexander Trippel, ein Vorläufer Canovas, von dessen Hand ein bekanntes Marmorbildnis Goethes aus seiner römischen Zeit stammt, starb 1793 in Rom (A), der dänische Maler Jacob Asmus Carstens, Professor an der Berliner Akademie, 1794 (A), der Architekt Gottfried Semper, geboren 1803 in Hamburg, 1879 (B), der Maler Hans von Marées 1887 (B).

Am Ende aber bleiben die Dichter.

Auch der Schwabe Wilhelm Waiblinger, der 1826, 22jährig, nach Rom kam und den es nicht in die Kirchen und Museen zog, sondern auf die Straßen und unters Volk, liegt seit 1830 auf diesem Friedhof. Eines seiner ersten römischen Gedichte ist *Der Kirchhof*, und in *Der Mond* heißt es:

> Stets blickst mit gleicher Liebe dein Rom du an,
> Und unaussprechlich finster erhaben ruht's,
> Mit den Trümmern und Zypressenhügeln
> Dämmernd im Mondlicht und totenstille.

Die Inschrift auf dem schlichten, nur mit einer Lyra zierten Grabstein für den Engländer John Keats, der 1821 der Tuberkulose erlag (Nr. 101), lautet:

> THIS GRAVE / CONTAINS ALL THAT WAS MORTAL, / OF A / YOUNG ENGLISCH POET, / WHO / ON HIS DEATH BED, / IN THE BITTERNESS OF HIS HEART, / AT THE MALICIOUS POWER OF HIS ENEMIES, / DESIRED / THESE WORDS TO BE ENGRAVEN ON HIS TOMB STONE / »HERE LIES ONE / WHOSE NAME WAS WRIT IN WATER« / FEBR. 24TH. 1821

»Ewig ist doch nur«, schrieb Rolf Hochhuth 1987 in seinem Gedicht *Name is writ in water*, »daß man uns vergißt«.

Schließlich ruht hier auch der Sohn des großen Weimarer Dichters, August, »der Erhabene«, der sich und seine Sohnschaft zu Tode trank. Die Inschrift des Grabsteins, der ihn mit römischen Lettern begräbt, nennt seinen Namen nicht, nur den des Vaters:

> GOETHE FILIUS PATRI ANTEVERTENS OBIIT ANNO XL
> MDCCCXXX

Das Reliefporträt, das Bertel Thorvaldsen nach der Totenmaske schuf, wurde 1962 durch einen Bronzeabguß ersetzt und ziert heute einen Raum der deutschen Botschaft.

Mit 2000 Talern und seinem Vertrauten Eckermann hatte der Vater den Sohn aus den unglücklichen Weimarer Verhältnissen auf die Reise, noch einmal auf *seine* Reise geschickt. Scheinbar unbewegt nahm der Dichter die Todesnachricht am 10. November 1830 am Frauenplan in Weimar auf, so wie ein Jahrhundert später ein anderer Dichter-Fürst in Pacific Palisades den fernen Tod seines begabten, auch dem Vater auf andere Weise nicht entkommenen Sohnes. Goethe und Thomas Mann haben beide die Gräber der Söhne nie gesehen.

Friedhof an der Cestius-Pyramide, Grabmal John Keats

Vater Goethe hatte über vierzig Jahre zuvor den Friedhof besucht. Wenige Wochen vor seiner endgültigen Abreise, im Februar 1788, war er des Abends in wehmütiger Stimmung hinausgegangen und tuschte die mondbeschienene Pyramide mit seinem eigenen Grab unter Pinien und Zypressen. 45 Jahre später fand er ein Staatsbegräbnis in einem Grab-Tempel, der eines Fürsten würdig gewesen wäre; aber vielleicht war es ihm 1830, fast am Ende des eigenen Lebens, doch ein schönes, beruhigendes Gefühl, daß ein Teil von ihm in seinem Arkadien, in Rom, zur letzten und ewigen Ruhe gebettet worden war. Denn dort hatte er selbst einst erlebt, »was eigentlich ein Mensch sei«.

»Et in Arcadia ego« – das »Ich« dieses Bildmottos von Poussin (s.a. S. 147f.), das Goethe als Motto auch seiner Reiseerinnerungen gewählt hatte, dieses »Ich« ist nicht das des Dichters oder das

Goethe, Aquarell der Cestius-Pyramide, 1788, Weimar, Goethe Nationalmuseum

der jungen Schäferin in Poussins Bild, wie der Kunsthistoriker Erwin Panofsky 1936 erkannt hat; es ist der Tod selbst, der von sich in der ersten Person spricht und der so als Subjekt im Bilde ist.

Als Goethe ab 1813 seine italienischen Erinnerungen ordnete, kompilierte und redigierte, hatte er bereits die Bedeutung der Italienreise für sein Leben eindeutig und knapp bilanziert: »Zu dieser Höhe, zu diesem Glück der Empfindung bin ich später nicht wieder gekommen«.

Nicht zuletzt der Erinnerung an dieses »Glück der Empfindung« ist die Casa di Goethe gewidmet – Ausgangs- und Endpunkt der römischen Spaziergänge durch den Rione Campo Marzio. Hier, im Kleinen und Begrenzten, »in der Nußschale« gewissermaßen, kann man – mit und ohne Goethe – den gesättigten Steinen ihre Erinnerungen ablauschen und eigene Erinnerungen wachsen lassen.

*Replik auf Rom*

Auch hier steigt kein Phönix,
steigt kein Wort
aus der Asche
der wörtlichen Rede.
.

Nacht,
aus Soutanen genäht,
der Mond mittendrin ist ein Fleck,
den sie beichten.
.

Am Samstag geboren zu sein
und rechts des Tibers,
das wär ein Mittel gegen
die heilige Pest, gegen
das Knurren der Steine, gegen
die Fragen Was bleibt.
.

Hier war ich, hier
bin ich, hier werd ich
vor den Brunnen geizig sein.

*Friedrich Christian Delius*

# Abbildungsnachweis

Archivio Fotografico Sopraintendenza Beni Artistici e Storici di Roma, Rom: 71
Associated Press, Frankfurt: 212
Biblioteca Hertziana, Rom: 67, 163, 191, 194
Biblioteca Besso, Rom: 130, 158
Commune di Roma, Assessorato per le Politiche del Territorio: 127 oben
Deutsches Archäologisches Institut, Rom: 126
Fratelli Alinari/ Fondo Anderson, Florenz: 176
Gabinetto Communale delle Stampe, Rom: 107, 117, 195
Gabinetto dei Disegni, Museo degli Uffizi, Florenz: 62
Goethe-Nationalmuseum/Stiftung Weimarer Klassik und Kunstsammlungen, Weimar: 218
Hirmer-Verlag München: 55
Istituto Centrale per il Catalogo e la Documentazione, Rom: 118 oben, 177
Keats-Shelley Memorial, Rom (Chr. Warde-Jones): 203
Kunsthistorisches Institut der Universität Bonn: 84, 168
Musei Vaticani, Rom: 136
Peter Palm, Berlin: Gesamtkarte vorderer Vorsatz, Einzelkarten: 34, 78, 112, 144, 170; Detailplan: 70
Alessandra Pedonesi: 40, 97, 115, 157
Sopraintendenza per I Beni Ambientali ed Architettonici del Lazio: 99
Staatliche Museen zu Berlin, Preußischer Kulturbesitz: 180, 182
Stiftung Preußische Schlösser und Gärten, Berlin-Brandenburg, Bildergalerie, Potsdam: Umschlagabbildung
Villa Massimo, Rom (Joachim Blüher): 36, 141
Archiv des Verfassers: hinterer Vorsatz, 19, 22, 28, 29, 31, 38, 39, 42–46, 48-50, 52, 56, 57, 63, 64, 69, 73, 75, 76, 80, 83, 86, 88, 89, 91, 98, 103, 106, 108, 109, 110, 116, 118 unten, 119-123, 125, 127, 129, 131, 133, 137-139, 142, 145, 147, 148, 150-153, 155, 159, VI61, 166, 167, 171-174, 184, 189, 193, 197, 201, 207, 211, 217

# Literaturhinweise

Die Literatur zum Thema Rom ist unübersehbar, regelmäßig kommen neue Werke hinzu.

Die nachfolgende Auswahl enthält zum einen Titel, die für die Entstehung des Buches von grundlegender Bedeutung gewesen sind und 2005 mit wenigen Ausnahmen, teilweise in späteren Auflagen, auch noch lieferbar waren, zum anderen jene Veröffentlichungen, aus denen zitiert wurde. Der genaue Nachweis der Zitate findet sich nicht im Text, sondern an dieser Stelle.

Assesorato alla Cultura di S.P.Q.R. (Hrsg.): Guide Rionali di Roma. Campo Marzio, 7 Hefte, Rom 1981/1997

Bachmann, Ingeborg: Statement in einer Sendung des österreichischen Fernsehens (1969), in: Christine Koschel, Inge von Weidenbaum: Ingeborg Bachmann. Wir müssen wahre Sätze finden. Gespräche und Interviews, München 1983, Zitat auf S. 94: hier S. 65, © 1983 Piper Verlag GmbH, München

Bachmann, Ingeborg: Was ich in Rom sah und hörte (1955), in: Werke in 4 Bänden, hrsg. von Christine Koschel u.a., Band 4, München, 3. Aufl. 1978, Text auf S. 215: hier S. 34, © 1978 Piper Verlag GmbH, München

Bartels, Klaus: Roms sprechende Steine. Inschriften aus zwei Jahrtausenden, Mainz 2000: Inschrift von S. 38: hier S. 124; Inschrift von S. 119f.: hier S. 122; Inschrift von S. 135: hier S. 109; Inschrift von S. 136: hier S. 105

Bender, Hans: Postkarten aus Rom. Autobiographische Texte, München 1983

Bongaerts, Ursula in Verbindung mit Renata Crea und Dorothee Hock: Die Casa di Goethe in Rom, Rom 2004

Breidecker, Volker: Rom. Ein kulturgeschichtlicher Reiseführer, Stuttgart 2000

Buchner, Edmund: Die Sonnenuhr des Augustus, Mainz 1982

Casa di Goethe: »… endlich in dieser Hauptstadt der Welt angelangt!« – Goethe in Rom. Publikation zur Eröffnung der Casa di Goethe in Rom, hrsg. von Konrad Scheurmann und Ursula Bongaerts-Schomer, 2 Bände, Mainz 1997

Claussen, Horst: »Kein Ort der ältern Völker lag so schlecht als Rom …« Rom und der Campo Marzo am Ende des 18. Jahrhunderts, in: Casa di Goethe, Band 1, S. 106-119

Coarelli, Filippo: Roma. Guida Archeologico Mondadori, Mailand, 3. Aufl. 1997

Delius, Friedrich Christian: Kerbholz. Gedichte, Berlin 1965, Text auf S. 219: hier S. 48

Eich, Günter: Gesammelte Werke in 4 Bänden, hrsg. von Ilse Aichinger, Band 1, Frankfurt a.M. 1991, Text auf S. 213: hier S. 130, © Suhrkamp Verlag

Falda, Giovanni Battista und Specchi, Antonio: Il terzo libro del nuovo teatro delle chiese di roma, dissegnata in prospettiva da Giovanni Battista Falda, Rom 1669/1670

Fest, Joachim: Im Gegenlicht. Eine italienische Reise. Berlin 1988, Zitat auf S. 51: hier S. 460

Ficacci, Luigi: Piranesi. The complete Etchings, Köln 2000

Freese, Rudolf: Wilhelm von Humboldt. Sein Leben und Wirken dargestellt in Briefen, Tagebüchern und Dokumenten seiner Zeit, Berlin o.J. (1957), Zitat auf S. 179: hier S. 791

Frommel, Christoph Luitpold: Zur Geschichte der Casa di Goethe, in: Casa di Goethe, Band 1, S. 78-95

Garms, Jörg: Vedute di Roma Dal Medioevo all'Ottocento. Atlante iconografico, tipografico, architettonico, 2 Bände, Neapel 1995

Goes, Albrecht: Tagewerk. Prosa und Verse. Frankfurt a.M. 1973, Text auf S. 213: hier S. 170f., © Suhrkamp Verlag

Goethe, Johann Caspar, Reise durch Italien, zitiert nach: Goethe, Italienische Reise, S. 890.

Goethe, Johann Wolfgang von: Italienische Reise, hrsg. von Andreas Beyer und Norbert Miller in Zusammenarbeit mit Christof Thoenes, Band 15 der Münchner Ausgabe, München 1992. Zitat S. 137: hier S. 476.

Gregorovius, Ferdinand: Geschichte der Stadt Rom im Mittelalter vom V. bis zum XVI. Jahrhundert, hrsg. von Waldemar Kampf, 4 Bände, 2. Aufl. München 1988 (Erstausgabe 1859-1872), Zitat auf S. 187: hier S. 1-3

Gregorovius, Ferdinand: Wanderjahre in Italien, hrsg. von Hanno Walter Kruft, München 1967, Zitat auf S. 203: hier: S. 203f.

Günter, Roland u.a.: Rom – Spanische Treppe. Architekturerfahrungen und Lebensformen, Hamburg 1978

Harig, Ludwig: Die Laren der Villa Massimo, Landau 1986, Zitat auf S. 58: hier S. 10f.

Henze, Anton: Rom und Latium, Kunstdenkmäler und Museen, Stuttgart, 4. Aufl. 1981 (zuerst 1962), Reclams Kunstführer Italien, Band V

Hermann-Fiore, Kristina: Die Fresken Federico Zuccaris in seinem römischen Künstlerhaus, in: Römisches Jahrbuch für Kunstgeschichte 1979, Band 18, S. 35-112
Humboldt, Wilhelm von: Werke in 5 Bänden, hrsg. von Wilhelm Flitner, Band 5, Darmstadt 1981, Zitat auf S. 188: hier S. 216
James, Henry: Tagebuch vom 21. Januar 1873, in: Worbs 1988, S. 57f.
Kaschnitz, Marie Luise: Gesammelte Werke in 7 Bänden, Band 5: Gedichte, Frankfurt a.M. 1983, Text auf S. 95: hier S. 582ff., © Insel Verlag 1983
Keats, John: Eine Kopie des maschinenschriftlichen Originals der Übersetzung wurde mir freundlicherweise von Dr. Fritz Jacobs, Kunsthistorisches Seminar der Universität Hamburg, zur Verfügung gestellt.
Kesten, Hermann: Dichter im Café, Wien-München-Basel 1959, Zitat auf S. 65: hier S. 7ff., S. 298
Koeppen, Wolfgang: Neuer römischer Cicerone, in: Gesammelte Werke, Band 4, Frankfurt a.M. 1986, Zitat auf S. 114: hier S. 253, © Suhrkamp Verlag
Kolb, Frank: Rom. Die Geschichte der Stadt in der Antike, München 1995
Krautheimer, Richard: Rom. Schicksal einer Stadt 312-1308, München 1987 (englische Originalausgabe 1980).
Krüger, Michael: Die Dronte. Gedichte, München 1985, Text auf S. 7f.: hier S. 7f.
Lotz, Wolfgang: Die Spanische Treppe, in: Römisches Jahrbuch für Kunstgeschichte 1969, Band 12, S. 41-74
Mahr, Johannes (Hrsg.): Rom – die gelobte Stadt, Texte aus fünf Jahrhunderten, Stuttgart 1996
Miller, Norbert: Die Wanderer. Goethe in Italien, München 2002
Montaigne, Michel de: Tagebuch einer Reise durch Italien, die Schweiz und Deutschland in den Jahren 1580 und 1581, hrsg. und übersetzt von Otto Flake (1915), Frankfurt a.M. 1988, Zitat auf S. 160: hier S. 123
Oswald, Stefan: Italienbilder. Beiträge zur Wandlung der deutschen Italienauffassung, Germanisch-Romanische Monatsschrift, Beiheft 6, Heidelberg 1985.
Pavese, Cesare: Sämtliche Gedichte, übersetzt von Dagmar Leupold, Michael Krüger, Urs Oberlin, Lea Ritter-Santini, Christoph Meckel, Düsseldorf 1988, Text auf S. 199f.: hier S. 165

Reinhardt, Volker: Rom. Ein illustrierter Führer durch die Geschichte, München 1999

Reinhardt, Volker (Hrsg.): Die großen Familien Italiens, Stuttgart 1992

Schneider, Reinhold: Tagebuch 1930-1935, Frankfurt a.M. 1983, Zitat auf S. 199: hier S. 331f.

Smollett, Tobias: Tagebucheintrag 5. März 1765, in: Mahr, 1996, S. 142f.

Tönnesmann, Andreas: Kleine Kunstgeschichte Roms, München 2002

Touring Club Italiano (Hrsg.): Roma (Guide rosse), Mailand, 9. Aufl. 1999

Wagner, Cosima: Tagebücher, hrsg. von Martin Gregor-Dellin, 2 Bände, München 1976, Zitat auf S. 104: hier S. 1013

Worbs, Michael: Rom. Literarische Spaziergänge, Frankfurt a.M. 2000

Worbs, Michael: Rom. Ein Städtelesebuch, Frankfurt a.M. 1988

Zanker, Paul: Augustus und die Macht der Bilder, München 1987

# Personenregister

Erfaßt sind alle Personennamen, nicht jedoch die von mythologischen Gestalten und Heiligen. Die Namen der Päpste finden sich in alphabetischer Reihenfolge unter dem Stichwort »Päpste«, die der römischen Kaiser unter »Kaiser, römische«. Einige berühmte Künstler finden sich unter ihrem Vornamen, der vollständige Name folgt in Klammern (»Raffael« statt »Sanzio, Raffaello«). In einigen Fällen wurde auf die Übernahme ins Register verzichtet, so etwa die Namen der Bestatteten bei Grabmälern, wenn es sich nicht um Persönlichkeiten von historischer Bedeutung handelt, oder wenn die Namen in einem Zusammenhang genannt werden, der unmittelbar nichts mit der Person zu tun hat (»das Spanien Philipps II.«; »der Jacob Fugger Italiens«). Auch Eigennamen in Straßennamen oder topographischen Bezeichnungen werden nicht aufgeführt.

D'Annunzio, Gabriele 103
Agrippa (M. Agrippa) 18f., 116
Alarich 22
Albani, Alessandro Kardinal 79, 85
Alberti, Leon Battista 162
Alexander der Große 99, 114
Algardi, Alessandro 59, 129
Ammanati, Bartolomeo 71, 98, 153
Anna Amalia, Herzogin von Sachsen-Weimar-Eisenach 184
Andersen, Hans Christian 180
Andreae, Bernard 133
Antinous 67

Baburen, Dirk 102
Baccio, Nanni di 41, 70
Bachmann, Ingeborg 94, 95, 215
Baldeweg, Juan Navarro 193
Barat, Madeleine Sophie 174ff.
Barberini (Adelsgeschlecht) 149
Barberini, Francesco und Antonio Kard. 124, 204, 205, 208
Bartels, Klaus 38, 120, 135, 136
Bartholdy, Jakob Salomon 192
Beauharnais, Ortensia, Louis, Joséphine 99

Beauharnais, Eugène de 183
Bender, Hans 82
Bergengruen, Werner 210
Bernini, Gianlorenzo 41ff., 47, 59, 62f., 138, 149f., 165, 167, 173, 177, 196, 198, 205f., 210f.
Bernini, Pietro 149, 198
Berthault, Louis Martin 35
Bertolini, Paolo 141
Biagini, Alfredo 120
Bolognetti, Giorgio 82, 83
Bonaparte, Letizia und Jerôme 97
Bonaparte, Carolina 165
Bonaparte, Napoléon, s. Napoléon
Boncompagni (Adelsgeschlecht) 106
Bosio, Giacomo und Antonio 93
Borghese (Adelsgeschlecht) 60, 161, 163ff.
Borghese, Paolina 85, 165
Borghese, Scipione Kardinal 149, 164f.
Borgia (Adelsgeschlecht) 53ff
Borgia, Cesare und Lucrezia 53f.
Borromini, Francesco 89, 205ff.
Boulogne, Jean 59

Bracci, Pietro 14, 211
Bramante, Donato 47, 61, 162
Branca, Alexander von 193
Brandi, Giacinto 83, 90, 124
Bregno, Andrea 46, 51ff., 63
Browning, Elizabeth und
  Robert 87f.
Brueghel, Pieter 59
Breidecker, Volker 33
Bril, Paulus 102
Buchner, Edmund 132f.
Bülow, Bernhard von 184
Bülow, Otto von 214
Bufalini, Leonardo 195
Bunsen, Christian Carl 133
Byron, George Gordon Lord
  200, 202

Caestius, L. Gaius 214
Cairoli, Enrico und Giovanni 66
Canova, Antonio 85, 105, 158,
  165, 179
Capranica (Adelsgeschlecht) 79
Caracci, Annibale 59
Caravaggio (Michelangelo
  Merisi) 56ff., 99, 102, 178
Carolsfeld, Ludwig Schnorr von
  192
Catanei, Vanozza und Nicholetta
  53
Cavalier d'Arpino (Giuseppe
  Cesari) 79
Cerasi (Adelsgeschlecht) 52, 55f.
Champagne, Jean de 176
Chateaubriand, François-René
  147, 188
Chigi (Adelsgeschlecht) 47ff.,
  59ff.
Chigi, Agostino 59ff.
Christina, Königin von
  Schweden 30, 41, 70
Cibo (Adelsgeschlecht) 49, 51f.,
Colonna (Adelsgeschlecht) 60,
  116, 176
Colonna, Pietro 27, 60, 83
Cornelius, Peter 192
Corsini (Adelsgeschlecht) 197

Cortona, Pietro da 89
Crispi, Francesco 180

Delius, Friedrich Christian 219
Deprez, Louis 147
Donatello 61

Eich, Günter 213
Ekberg, Anita 212

Fellini, Federico 212
Ferrazzi, Feruccio 119
Fest, Joachim 51
Fiesole, Mino da 51
Floris, Frans 59
Fonseca, Gabriele 149f.
Fontana, Carlo (zwei gleich-
  namige Künstler) 42ff., 51,
  138, 141
Fontana, Domenico 37
Fontana, Giovanni 128, 130
Franz I., König von Frankreich
  172, 174
Friedrich I. Barbarossa 66
Friedrich II., König von
  Preußen 42
Frommel, Christoph Luitpold
  13, 15, 190

Galilei, Galileo 69
Galitzin (russisches Adels-
  geschlecht) 162
Garibaldi, Giuseppe 66, 180
Gastaldi, Girolamo Kardinal
  43ff.
Gerhard, Eduard 133
Giambologna, s. Boulogne
Goes, Albrecht 213
Goethe, August 216f.
Goethe, Johann Caspar 37
Goethe, Johann Wolfgang 9f.,
  13ff., 33, 35, 46, 76f., 79, 81f.,
  100, 137, 148, 159, 181f., 184,
  215ff.
Goldoni, Carlo 92
Gonzaga, Luigi 162
Gonzaga, Scipione 162

Goya, Francisco 92
Gregorovius, Ferdinand 184, 186f., 203
Grünbein, Durs 10
Gubinelli, Familie 96
Gueffier, Etienne 196
Guerisi, Michele 48
Gustav Adolf II. Wasa, König von Schweden 41
Gustav III., König von Schweden 154, 178
Gustav V., König von Schweden 110

Händel, Georg Friedrich 99
Hackert, Jacob Philipp 96
Harig, Ludwig 58
Hausenstein, Wilhelm 33
Hawthorne, Nathaniel 159
Heemskerck, Maarten van 26, 59
Helbling, Hanno 216
Held, Jutta 58
Hertz, Henriette 192f., 215
Hitler, Adolf 113, 157
Hochhuth, Rolf 216
Honthorst, Gerrit van 102
Humboldt, Alexander von 188
Humboldt, Caroline von 178ff., 188, 192
Humboldt, Wilhelm von 179, 180ff., 184ff., 188, 215
Humboldt, Kinder 181, 188, 214

Ingres, Dominique 188

Jandolo, Augusto 102f.
James, Henry 68
Jones, Edward B. 108
Joseph II. (deutscher Kaiser) 71
Juvarra, Filippo 194, 196

Kaiser, römische (Regierungsjahre in Klammern)
   Antonius Pius (138-161) 136
   Augustus (Gaius Octavius) 9, 18, 20f., 24, 37, 113ff., 116f., 124f., 128, 132, 134f.
   Augustus, Familie des 115f., 125, 211
   Aurelian (270-275) 21, 40
   Claudius (41-54) 73, 116
   Domitian (81-96) 21, 23, 134
   Hadrian (117-138) 67
   Heraclius (Byzanz; 610-641) 121
   Marc Aurel (161-180) 141, 183, 196
   Nero (54-68) 45, 55
   Tiberius (14-37) 20, 116
   Vespasian (69-79) 116
Karl (d. Gr.) 10, 23
Karl V., deutscher Kaiser 93, 122
Kaschnitz, Marie Luise 95
Kaschnitz-Weinberg, Guido von 133
Kauffmann, Angelica 96, 184, 192
Keats, John 200, 202, 216
Kesten, Hermann 64f.
Kestner, August 133, 188, 214
Kljkovic, Joza 121
Kniep, Christoph Heinrich 96
Koeppen, Wolfgang 114
Kolb, Frank 21, 209
Krautheimer, Richard und Trude 215
Krüger, Michael 8

Leopardi, Giacomo 96
Lemoyne, Paul 147
Leonardo (Leonardo da Vinci) 61
Liszt, Franz 103
Longhi, Onorio und Martino 89, 98, 128, 158
Lorrain, Claude 102
Lotto, Lorenzo 62
Lukull (L. Licinius Lucullus) 20, 172
Ludwig I, König von Bayern 67, 81, 183ff.
Ludwig XIV., König von Frankreich 71ff., 149, 173, 196

Ludwig XV., König von
   Frankreich  196, 198
Luise, Königin von Preußen
   179f.
Luther, Martin  47f., 53

Maderno, Carlo  84, 164
Mann, Thomas und Heinrich
   90, 217
Manzini, Giuseppe  67
Marcillat, Claude und
   Guillaume  55
Marées, Hans von  215f.
Mazarin, Jules Kardinal  195f.
Medici (Adelsgeschlecht)  41,
   69ff.
Medici, Ferdinando de'  70, 73,
   76
Medici, Cosimo I.  71, 153
Meier, Richard  33, 128
Mendelsohn, Moses und
   Abraham  177, 192
Mengs, Anton Raphael  192
Mertens, Dieter  133
Michelangelo (Michelangelo
   Buonarotti)  41, 47, 57, 61, 79,
   107, 129, 175, 177f.
Miller, Ferdinand von  96
Mommsen, Theodor  186
Montaigne, Michel de  160f.
Morpurgo, Vittorio  113, 124
Morris, William  108
Mussolini, Benito  32, 113f.,
   119f., 124, 140

Napoléon I. (Napoléon
   Bonaparte)  10, 31, 35, 71, 85,
   183
Napoléon III.  99, 110
Nolli, Giovanni Battista  101

Orsini (Adelsgeschlecht)  154,
   161, 184, 190
Otto von Wittelsbach, König
   von Griechenland  185
Overbeck, Friedrich  184, 192

Päpste (Familiennamen und
   Jahre ihres Pontifikats in
   Klammern)
   Agaton (678-691)  121
   Alexander VI. (Borgia; 1492-
      1503)  50, 52f., 54
   Alexander VII. (Chigi; 1655-
      1667)  35, 38, 41ff., 47, 59,
      149, 195f.
   Benedikt XIII. (Orsini; 1724-
      1730)  197f., 210
   Benedikt XIV. (Lambertini;
      1740-1758)  31, 154, 209
   Benedikt XV. (della Chiesa;
      1914-1922)  155
   Bonifaz VIII. (Caetani; 1294-
      1303)  23
   Clemens VII. (de' Medici;
      1523-1534)  28, 98, 101
   Clemens VIII. (Aldobrandini;
      1592-1605)  56, 110
   Clemens IX. (Rospigliosi;
      1667-1670)  45
   Clemens X. (Altieri; 1670-
      1676)  45
   Clemens XI. (Albani; 1700-
      1721)  131, 196f.
   Clemens XII. (Corsini; 1730-
      1740)  172, 211
   Clemens XIII. (Rezzonico;
      1758-1769)  85, 210
   Gregor I. (d.Gr., 590-604)  22
   Gregor VII. (1073-1085)  23,
      121
   Gregor XIII. (Boncompagni;
      1572-1585)  29, 75, 93,
      104f., 163, 186
   Gregor XV. (Ludovisi; 1621-
      1623)  204
   Gregor XVI. (Cappellari;
      1831-1846)  86
   Innozenz VIII. (Cibo; 1484-
      1492)  50f., 54
   Innozenz X. (Pamphili; 1644-
      1655)  51, 138, 149, 195, 205f.
   Innozenz XIII. (Conti; 1721-
      1725)  197

Johannes Paul II. (1978-2005) 201, 205
Julius II. (della Rovere; 1503-1513) 46f., 53f., 60, 173, 175, 177
Julius III. (del Monte; 1550-1555) 153
Kalixtus III. (Borgia; 1455-1458) 54
Leo III. (795-816) 23
Leo X. (de' Medici; 1513-1521) 27f., 61, 84, 98, 101, 172
Leo XI. (de' Medici; 1605) 71, 164
Leo XII. (Sermattei; 1823-1829) 84
Martin V. (Colonna; 1417-1431) 54
Nicolaus V. (Parentucelli; 1447-1455) 26, 54, 128f.
Paschalis II. (1099-1118) 24, 46, 55, 146, 151
Paul I. (757-767) 24
Paul III. (Farnese; 1534-1549) 13, 28, 101f.
Paul V. (Borghese; 1605-1621) 164, 167
Paul VI. (Montini; 1963-1978) 146, 205
Petrus († 64 oder 67) 17, 24, 56, 58f., 121
Pius II. (Piccolomini; 1458-1464) 50
Pius IV. (di Medici (nicht aus dem Florentiner Geschlecht); 1559-1565) 41
Pius V. (Ghislieri; 1566-1572) 154, 209
Pius VI. (Braschi; 1775-1799) 135, 172
Pius IX. (Mastai-Feretti; 1846-1878) 146, 201, 203
Sixtus III. (432-440) 146
Sixtus IV. (della Rovere; 1471-1484) 26f., 46f., 52, 55
Sixtus V. (Peretti; 1585-1590) 29f., 35, 37ff., 102, 122, 128f., 131, 178, 205
Stephan II. (752-757) 22
Urban VIII. (Barberini, 1623-1644) 45, 102, 123, 149, 198
Paola, Franz von 172
Palladio, Andrea 123f.
Panofsky, Erwin 218
Pavese, Cesare 199
Perugino, Pietro 50, 61
Peruzzi, Baldassare 60, 84
Pforr, Franz 184, 192
Phidias 81
Philipp IV., König von Spanien 91
Pinturicchio (Bernardino di Betto) 49ff., 54, 61
Piombo, Sebastiano del 61
Piranesi, Giovanni Battista 178, 180, 182
Platen, August von 180
Pollaiuolo, Antonio 52
Pompejus (Cn. Pompeius) 18
Ponzio, Flaminio 79, 164, 166
Porta, Giacomo della 106f., 163, 173, 195, 209
Poussin, Nicolas 102, 147f., 177, 217f.
Praxiteles 76
Psammetich II., Pharao in Ägypten 136
Puccini, Giacomo 103

Raffael (Raffaello Sanzio) 47, 55, 57, 59ff., 175f., 192
Raguzzini, Filippo 152, 171
Rainaldi, Carlo 42f., 82, 150, 165ff.
Ramses II., Pharao in Ägypten 37
Ranke, Leopold von 186
Rauch, Christian Daniel 179f., 188
Reiffenstein, Johann Friedrich 215

Reinhart, Johann Christian  188
Reinhardt, Volker  10, 164
Reni, Guido  150
Respighi, Ottorino  52f.
Retti, Leonardo  167
Ricci, Giulio und Giovanni  70, 72
Rilke, Rainer Maria  88
Rimskij-Korsakow, Nicolaij  53
Rondanini (Adelsgeschlecht)  79ff.
Rosa, Ercole  66, 87
Rossi, Giovanni Antonio de  88, 97
Rovere, della (Adelsgeschlecht)  46ff., 51ff., 175
Rubens, Peter Paul  102, 178
Rucellai, Orazio  98
Ruspoli (Adelsgeschlecht)  91, 98f., 101, 151

Sacconi, Giuseppe  140
Sallust (C.Sallustius Crispus)  20, 171
Salvi, Nicola  210
Sanctis, Francesco de  196, 200
Sangallo. Antonio da  84
Sangallo, Giuliano da  86
Sansovino, Andrea  53, 86
Schadow, Gottfried Wilhelm, Rudolph, Wilhelm  179, 192
Schattner, Karljosef  193
Schick, Christian Gottlob  188
Schimmelmann, Charlotte Gräfin  183
Schinkel, Karl Friedrich  11, 183
Schlegel, Dorothea  177
Schneider, Reinhold  199
Semper, Gottfried  216
Sforza, Ascanio und Ludovico  53f.
Shelley, Percy Bysshe  200, 202, 215
Sinkiewicz, Henryk  97
Smollett, Tobias  74
Specchi, Alessandro  130, 196
Speer, Albert  32

Street, George E.  107f.
Sustris, Lambert  59

Tadolini (Bildhauerfamilie)  105
Tenerani, Pietro  146
Thorvaldsen, Bertel  146, 179f., 183, 185, 188, 217
Tiberius  20
Tieck, Christian Friedrich  179
Tintoretto, Jacopo  123, 177
Tischbein, Johann Heinrich  14f., 159
Torlonia (Adelsgeschlecht)  64, 97
Trippel, Alexander  216

Umberto I., König von Italien  103

Vaga, Perino del  176
Valadier, Giuseppe  35, 39, 47f., 52, 64, 66, 83, 103, 123, 145, 163
Vasari, Giorgio  100
Veit, Philipp  177, 192
Verdi, Giuseppe  154
Vergil (P. Vergilius Maro)  148
Vittorio Emanuele II, König von Italien  140, 154
Vivardi, Antonio  129
Vives, Giovanni Battista  204
Volterra, Daniele da  175ff.

Wagner, Richard und Cosima  102ff.
Waiblinger, Wilhelm  216
Wilhelm I., deutscher Kaiser  192
Winckelmann, Johann Joachim  85, 192
Wittel, Gaspar A. van  102

Zanelli, Angelo  140
Zanker, Paul  133
Zola, Emile  103
Zuccari, Taddeo und Federico  177, 190ff.
Zucchi, Jacopo  72, 100

## Dank

Bücher sind nicht allein, und oft nicht einmal zum überwiegenden Teil, Produkt des Autors. Die wenigsten wissen, wieviel tätiger Mithilfe, Geduld und Nachsicht es bedarf, bis der Leser ein fertiges Buch in den Händen hält. Deswegen ist »Dank« konstitutiver Bestandteil eines jeden Buches.

Er gebührt zuerst Ursula Bongaerts, der Leiterin der Casa di Goethe, dafür, daß sie einer fast zehn Jahre alten gemeinsamen Idee die Treue gehalten hat und sich nicht abbringen ließ von dem Gedanken, ein Büchlein wie das vorliegende könnte auch die Neugier der Besucher dieses einzigen deutschen Museums im Ausland für dessen unmittelbare topographische Umgebung wecken.

In den Dank schließe ich die beiden Deutsch-Italienerinnen des Museums-Teams, Dorothee Hock und Renata Crea, sowie die beiden Praktikantinnen Karin Lagemann und Insa Wilke ein, ohne deren Hilfe die Realisierung des Buches nicht zu bewältigen gewesen wäre.

Daß sich mit Thedel v. Wallmoden ein Verleger fand, in dessen profiliertem Verlagsprogramm Reiseliteratur bislang nicht vertreten war, der aber an der Idee dieses Stadtteilführers gleichwohl Interesse zeigte, erwies sich als Glücksfall. Fast noch wichtiger war die Betreuung des Bandes durch Andrea Knigge, die mit vielen Ideen und Ausdauer nichts weniger als die Metamorphose vom Typoskript und einer großen Menge von Abbildungen zu einem ansehnlichen Ganzen bewältigt hat.

Rudi Schmitt hat bei der Bildbearbeitung Erstaunliches aus den Vorlagen herausgeholt, Peter Palm hat mit Präzision und Liebe zum Detail die Karten »erfunden«, die den Leser zum Spaziergänger werden lassen.

Der leitende Gesichtspunkt bei der Auswahl passender Abbildungen war, die Gegenstände der Beobachtung in ungewohnter oder auch in historischer Perspektive zu zeigen. Das machte die Suche nach und die Beschaffung von Abbildungsvorlagen teilweise aufwendig. Den Mitarbeiterinnen und Mitarbeitern der im Abbildungsnachweis genannten Archive und Institute bin ich ebenfalls zu Dank verpflichtet.

Dem Nestor der deutschen Journalisten in Rom, Erich Kusch, selbst Verfasser eines Rom-Buches, verdanke ich die interessanten

Hinweise auf Spuren Thomas Manns in Rom, Herrn Professor Dr. Albrecht Dihle, Universität Köln, die Lösung eines Übersetzungsproblems.

Bände wie der vorliegende, die nicht in relativ hoher Auflage erscheinen, sind heute kaum noch kostendeckend zu verlegen, zumal, wenn der Verleger von bestimmten Qualitätsstandards keine Abstriche machen möchte. Der Band hätte nicht erscheinen können ohne die Begeisterung einer Goethe-Freundin, der die Casa di Goethe von Beginn an viel verdankt. Frau Herta Gumprecht, Rinteln, hatte schon vor Jahren Interesse an diesem Projekt bekundet. Sie ist Ihrem Förderungs-Vorsatz bis zum Ende treu geblieben und hat sich mit einem namhaften Betrag an den Herstellungskosten beteiligt. Bedauerlicherweise hat nur die römische Kommunalverwaltung das Recht, marmorne Gedenktafeln zu setzen; so muß ich mich mit Worten des Dankes begnügen.

Schließlich und endlich, was eigentlich ganz am Anfang stand und stehen müßte: Über Rom und Römisches könnte ich heute nicht schreiben, hätte ich diese Stadt nicht so häufig besucht. Der entscheidende Impuls aber ging von der allerersten Reise aus, die mich 1976 nach Rom führte. Dieses Buch ist also – nicht zuletzt – die späte Folge einer langen Geschichte.

*Bonn, 28. August 2005*

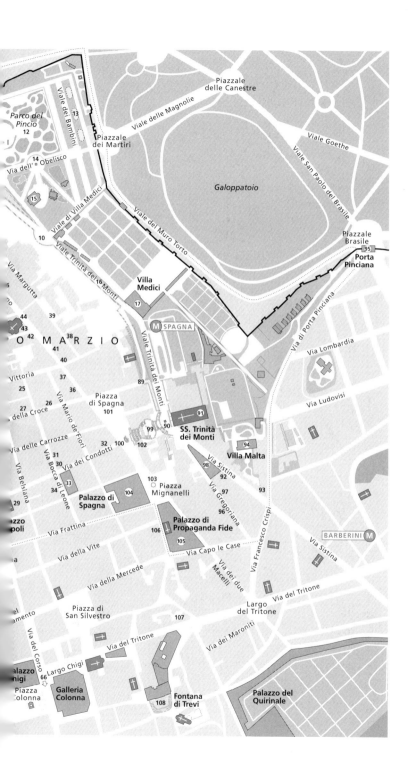